蔡仁厚著

新儒家的精神方向

臺灣學生書局印行

自序

儒家所講的，大體以常理常道爲主。常理常道是永恆眞理，本就沒有古今之異；而儒家就是儒家，亦實可不作新舊之分。但常理常道必須依時順事而落實起用，所以儒家之學又特重「隨宜變應」以得「時中」。在二千多年的相續講明中，每一個時代都有因革損益，都有引申發揮。因此，我們稱某一階段的儒家爲「新儒家」，亦是可被容許的。

何況，近年以來，早已有人打着新儒家的名號在著書立說了。學術、名號，乃是天下之公器，當然人人可得而講，可得而用。但公器之所以爲公器，却還有一個基本特性，就是必須「名實相符」。因此，學問的義法不可違亂，義理的分際不可攪混，而作爲公器的名號，更不容許假借。儒家自來鄭重「正名」，即以此故。今爲求「實」以正視聽，亦不得已而標舉此名，非敢僭越，藉申一己之見而已。

本書所輯各文，前半大體是近二年來所撰述的論文和講錄。在我講論這些問題時，有一個最中心的意思，就是要通過中國文化的開合發展，以肯定儒家的主位性，和顯示當代儒家的精神方向及其文化使命。而對於儒家與道德宗教的關係，亦作了一些比較明確的說明。但因講述的時間有先後，聽講的對象不相同，而談論的問題却又相互關聯，所以各文的內容，有些地方不免會有重複。但我覺得那些重複之處，亦正是一貫用心措意之所在，因此未加刪訂，仍然原原本本地印出來。

書之後半，計有六篇論及宋明儒學，可以作爲拙撰宋明理學各書之補述。另有四篇則是紀念或介述當代幾位師儒的文字。他們都是學術思想界的磐礴大才，都是可以爲民族文化生命作主的人；我的介述，只有「不及」，絕無「過之」。而且我深信：時間愈往後，他們的孤懷弘識和艱貞苦志，將愈發爲人所了解、所仰敬；他們挺顯的義理綱維和文化理想，亦將愈發爲人所印持、所弘揚。至於書末幾篇附錄，有憶想、有感懷、有記述、有答問，和本書的精神意向，亦是頗相一致的。

儒家是中國文化的主流，以前是，現在是，將來亦是。如果這一個主幹挺立不起，則中國文化復興之願望必將落空。爲此，敬祈邦人君子，各秉精誠，分工合作，以使儒家學術與中國文化，眞正進於充實光暢之境。

蔡仁厚

民國七十年八月
於東海大學哲學系

新儒家的精神方向

目錄

〔附錄〕

中國文化開合發展的方向

甲、中國文化開合演進的歷程

中國文化，是自本自根生長發展的文化。在演進發展的歷程中，有開有合。所謂開合，是就民族文化生命而言。「開」是表示文化生命的破裂或歧出，破裂歧出當然不好，但在破裂之中，也可以開出新的端緒，在歧出之中，也可以吸收新的內容，所以「開」也並非一定不好。每逢開的階段，儒家大體是採取堅強固守的態度，以期孕育出文化的新機。「合」是表示文化的融鑄消化與綜和構造。融鑄是求質的純一，消化是求量的充實。質量並重，而後乃能構造成更精深更博大的文化。在合的階段，儒家所擔負的，是護持政教、光大學術的使命。

中國幾千年來，就是在一個「文化生命主流」的涵蓋籠罩之下，表現而爲大開大合的發展。

一、從先秦到兩漢——第一度的開合

在中國文化的發展中，孔子居於一個關鍵的地位。對二帝三王的聖王之統來說，孔子是「繼往」。他順周公之「據事制範」（制禮作樂：包括宗法、封建、井田等全部周文的內容），而提升一

步以「攝事歸心」：點出「仁」來作爲禮樂文化之內在而超越的根據。故曰人而不仁，如禮何、如樂何？孔子重建了「道之本統」，使王者的禮樂之敎轉而爲成德之敎（仁敎），這是孔子的創造。就此而言，孔子是「開來」——開啓了中國文化的長江大河。

聖王的禮樂之敎是生活的形式規範，而孔子的成德之敎則是自覺的道德實踐。在成德之敎中，人不再是被動的接受沐浴熏化，而是人人都可以反求諸己、自我作主地從事道德實踐（爲仁由己，我欲仁斯仁至矣），以完成自己的德性人格。而且本乎自己的仁心，人人都可以就近取譬，「己欲立而立人，己欲達而達人」，而發揮「仁以爲己任」的淑世精神。孔子爲周公所代表的中國文化原初的綜和形態，作了「開光點醒」的工作，使得中國文化這條「神龍」眞的「活現」了。

孔子以後，諸子百家興起，這是中國文化生命第一度的「開」——學術思想的開。從好處說，是百花齊放，多姿多采。民國以來大家盛稱先秦諸子之學爲中國文化思想的黃金時期，就是從好處一面來說的。但學術思想的光輝燦爛，卻無補於戰國時代政敎的衰亂。這表示就整個民族文化生命來說，是有破裂歧出而不够順暢健康的。孟子荀子以及當時一批儒家人物的努力，便是針對這種破裂歧出的情勢，挺身出來護持內聖外王之道，以期文化生命由「開」轉「合」。秦以强力統一天下，而卻沒有安天下之道。進到漢朝，「除强秦之苛暴，流大漢之愷悌」（班固語），復古更化，通經致用，以學術指導政治，以政治指導經濟，纔完成了中國文化第一度的「合」。

但漢代的「合」，並不圓滿。在「內聖」方面來說，只落於倫常敎化（所謂三綱五常）的層次，而德慧生命未能充分透顯——(1)經生之學重文獻，不重德性生命之自覺，(2)對人性無善解，只落在氣性才性方面看人性，(3)以聖人爲「天縱」，不可學而至。而「外王」一面，雖有西漢五德終始的禪讓說，但其結局却歸於王莽之乖僻荒誕，乃反激成東漢光武的天子集權，形成君主專制的政治形態。從此天下爲私（就政權方面說）歷二千年而不變。

二、從魏晉到宋明——第二度的開合

漢代的士人政治與察擧制度，雖代表治權一面的開放，但因外戚宦官干政弄權，到東漢中葉，政治每況愈下，於是有所謂「淸議」。下及魏晉，政治上的淸議又轉爲學術思想上的「淸談」，而形成儒學衰而玄學盛的新局面。中國民族的文化生命又歧出去了。這個時期的特徵，客觀面是政教混亂，主觀面是德性生命委縮，情意生命泛濫。而由生命情調所表現的美的欣趣，轉出了智悟的境界。結果是，道家的玄智玄理得到了弘揚，而同時也搭起一座橋梁，把佛教般若學的思想接引進來。從此，佛教思想正式進入中國的文化心靈。中華民族的文化生命，因爲異質文化的加入，而大開了。

這個開，是宗教信仰和人生方向的開，而且一開就開了六百年。由於佛教是印度來的，就中華民族的內心來說，是不甘於受化於佛教的。所以一方面護持政教與家庭倫常，一方面則譯習佛經，以期消化佛教。到了隋唐之時，終於開出了天台、華嚴、禪三宗，使佛教在中國大放異采。而中國民族能够吸收而且消化一個外來的大教——一個文化系統，也正表示「文化生命浩瀚深厚、文化心靈明敏高超」。一個心智力量不衰的民族，必然有它光明的前途。而「對他」的消化工作既已完成，則自己方面的文化生命自然要重新歸位。所以隋唐佛教的盛世過去之後，儒家學術的復興，乃成爲歷史運會自然要迫至的一步。

宋明儒學有六百年的發展，他們重建道統，把思想的領導權從佛教手裏拿回來，重新挺顯了孔子的地位，使民族文化生命返本歸位，而完成第二度的「合」。他們最大的貢獻，應該是復活了先秦儒家的形上智慧。道家講玄理所顯發的「無」的智慧，以及佛教講空理所顯發的「空」的智慧，雖皆達到玄深高妙的境界，但由玄智空智而開顯出來的「道」，畢竟不是儒聖「本天道爲用」的生生之大道。儒家之學，一面上達天德，一面下開人文，以成就家國天下全面的價值。這樣的道，當然比佛老更充實、更圓滿。這「於穆不已、純亦不已」的天人通而爲一的浩浩大道，是通過「仁的德慧」而彰顯。這是先秦儒家本有的弘規。北宋諸儒由中庸易傳之講天道誠體，回歸到論語孟子之講仁與心性，再到陸王之心學、良知之學，正表示儒家形上智慧的復活，和道德文化意識的重新發揚。

同時，宋明儒又以民間講學的方式，掀起了一個影響久遠的文化思想運動，而造成中國哲學史上光輝的時代。但宋明儒的成就和貢獻，畢竟偏重於內聖一面。外王事功方面，則缺少積極的講論和表現，此即所謂「內聖强而外王弱」。所以宋明儒學所代表的「合」，仍然不够完整。而明末顧亭林、黃梨洲、王船山諸儒自覺地要求由內聖開出外王事功，這是很中肯的。

三、晚明以來——第三度的大開

要求事功，在中國也有一個長遠的傳統。自墨子開始到南宋葉水心陳同甫以及清初的顏李學派，都有這種思想的傾向。但他們或者是狹隘的實用功利主義，或者是英雄主義、或者是事務主義、或者是直接的行動主義，他們缺少一個本源弘深的文化理想，因此始終無法在文化生命中開出客觀的事功精神。晚明顧黃王三大儒由內聖轉外王的思想方向，則是有本有源的。儒家的內聖之學（心性之學）與外王之學（開物成務、利濟天下），是本末一貫的。內聖之學以道德實踐爲中心，但也必須該攝家國天下而爲一，纔能達於究極圓滿的境地，所以內聖必通外王。而外王一面的「政道、事功、科學」，也必須統攝於內聖心性之學，纔能有本有源，纔能保護文化價值的安立和文化理想的繼續開發。

顧、黃、王所代表的「由內聖開外王」，是儒家本身之開，是從宋明儒學的「合」之中而引出的「開」。這本是一個很恰當相應的文化發展之方向。可惜滿清入主，民族生命受挫折，文化生命受歪曲，三大儒所代表的思想方向無法申展。由於外王開不成功，學術的風氣乃一步步走向考據。考據本身自有一定的價値，事實上也沒有人直接反對考據。但考據成一代的學風，學術只限於考據，那就必不可免地會造成文化心靈之閉塞和文化生命之委頓。而風習所至，讀書人的頭腦日漸趨於僵化，甚至連用思想的能力也喪失了。這就是形成近百年來中國悲劇的根本原因。

民國以來，上承清代學風的餘勢，學術界瀰漫着新考據的風氣，而三百年前顧黃王「開外王」的「本願」，早已爲人淡忘而拋之於九霄雲外。再加上受到西方文化宗敎的衝擊，民族文化生命更是破裂歧出而落到信心喪失、中風狂走的地步。起初，這第三度的文化生命之大開，是受到頓挫而轉爲考據，現在則成了一開而不易收拾之勢。所幸數十年來，也有三五賢哲發其孤懷閎識，護持道脈一線於不墜，而新儒家的學者們，更在國勢艱困、文運否塞之時，本於他們對國家民族、歷史文化、時代學術的感受，動心忍性地從頭疏導民族文化生命的本性、發展和缺點，以及今日所當走的道路。面對國族的遭遇和未來的遠景，牟宗三先生已確定地指出儒家第三期的「文化使命」，主要是集中在三個中心點上：第一，是道統之肯定——肯定道德宗教的價值，以護住孔子孟子所開闢、宋明儒者所承續的人生宇宙之本源。第二，是政統之繼續——認識政體發展的意義，以肯定民主政治的必然性。第三，是學統之開出——由民族文化生命中轉出「知性主體」，以融攝希臘傳統，開出學術知識的獨立性。第一點是民族文化之統的延續與光大，這是引發文化創造力的源頭活水，必須使它永遠充沛而暢通。第二第三兩點，則是繼晚明三大儒而推進一步，以期徹底開出外王事功。而中國的近代化或現代化，也正好是集中在這後面二點上。

乙、中國文化發展的方向

一、內聖成德之教的承續與光大

以儒家爲主流的中國文化傳統，是有著永恆之價値的，這就是平常所謂「道統」，也卽民族文化之統。這個由孔子的仁教而開顯的內聖成德之教，經過二千多年的發展，它已成爲民族文化生命中的常道——定常的骨幹。生活的原理和生命的途徑，都植根於此。這是必須永遠承續不絕，而且應該不斷地加以充實發皇的。

首先，我們必須時時講明這內聖成德之教（仁教）的「本義」。在反省與講論之中，作爲常道的仁教之意義，纔能重新顯發出來。凡是一個常道，都有它的「不變性」和「普遍性」。(1)只要是人，他就永遠要依於怵惕惻隱的仁心，來成就人品人格，完成人倫人道。在這裏，便顯示了儒家仁教恆久如常的「不變性」。(2)再就上下內外而言，一面要求與天地合德，以達到天人和諧、天人合一。一面要求與天下民物相通，以達到天下一家、萬物一體。在這裏，又顯示了儒家仁教的實踐，其主旨就在於體現常道的「普遍性」。通過這「合天人、通物我」的自覺實踐，既可以完成圓滿的德性人格，開創充實豐厚的人生，而且可以建造安和的人間社會。因此，承續光大這個己立立人、成己成物的常道，不應該只是某一部分人的職責，而應該是我們全民族的共同責任。

其次，是文化宗教的融攝問題。文化有「化」的力量。一個民族或者同化別人，或者爲別人所化，或者與外來文化相持不下而形成壁壘（如印度對於回教之入侵），或者是融攝外來文化而加以消化，以達到賓主相安、互不相礙的境地（如中國之於佛教）。中國以往相當成功地吸收而且消化了印度來的佛教，今後是不是也可以成功地吸收而且消化西方來的文化宗教呢？或者竟爲西方的文化宗教所化呢？如果有一天，「黃帝堯舜、禹湯文武、周公孔子」爲「耶和華、摩西、耶穌」或「馬克思、列寧……」等外方人物所取代，這就是中華民族爲人所「化」了。會不會這樣呢？應該不會。但如果我們守不住民族文化的傳統，不能發揚民族文化的精神理想，不能保住民族文化的原則性、方向性，誰又能保證一定不會落到那一步田地呢？（你看，馬恩列史的巨幅畫像不是赫然豎立在北平天安門前嗎？對中華民族來說，這是前所未有的奇恥大辱，豈能無動於衷？）我這樣說，是爲了要突顯文化問題的嚴肅性。這種地方是不可以不用心，不可以不措意的。如果懵懂久了，文化心靈便可能會痲痺而難以甦醒。果眞如此，中國文化就要成爲「材料」，而任人擺弄，任人處理，那還有資格和外來的文化宗教相會通、相融攝呢？過去一二千年的中國歷史，是「儒釋道」三教互相摩盪的過程，結果凝成了「以儒家爲主位」的中國文化。今後，必將是「儒、佛、耶」三教的互相摩盪，以求融通。（至於馬列教，乃人類文化之公敵，它不可能為人類文化帶來光明的前途。在此無須多說。）而文化價值系統的融通，第一要靠「精誠」，第二要靠「機緣」，第三還要靠「時間」。在目前，我們希望先能做到：互相尊重，互相了解，互相觀摩。然後各本眞誠與信念，在不離失自己本性的原則下，充實自己，改進自己，以與不同性質的文化宗教，相資相益，相融相攝，以期導致一個「和而不同，交光互映」的人類文化的新境界。

文化上的反省講論和會通融攝的過程，也就是文化心靈漸次甦醒、漸次暢通的過程。必須先有醒豁的文化心靈和暢通的文化生命，然後纔能決定文化的方向，開顯文化的理想，以恢復文化的創造力。在西方，文化創造的靈感是來自宗教。在中國，則來自儒家。儒家的仁敎（內聖成德之敎），不但⑴能建立一個「日常生活的軌道」——如人倫生活的規矩、婚喪喜慶的儀節、以及祭祀之禮等等；而且⑵能够開出「精神生活的途徑」——就主觀方面而言，是人格的創造，就客觀方面而言，則是歷史文化的創造。這主客觀兩面的創造，是必須世世代代永續永繼的。這是維持中國文化的生命方向與形態的問題，也是維持中國文化自己的主位性的問題。所以內聖成德之敎的承續與光大，在民族文化未來發展的過程中，乃是最爲首要的事。

二、徹底開出新外王

儒家的學問，統稱內聖外王之學。內聖一面以孔子開立的仁敎爲標準，外王一面則以聖王之統爲原型——孔子損益三代、作春秋，孟子宣揚仁政王道，荀子提出禮義之統，則是外王之學的引申和發揮。而漢儒通經致用，以學術指導政治，當然也是外王精神的一步表現；

但自從君主專制的政治形態定型之後，外王方面的精神理想，便受到長期的貶壓。二千年中，儒家人物對於那個「首出庶物」的「君權」，想不出好辦法來對付，結果只能講一些「修德愛民」的話，久而久之，連「民貴君輕」的觀念，也漸漸淡忘而不再提起了（唯陸象山兄弟特申此義）。就儒家的義理說，本是嚮往天下爲公、賢者爲君（禪讓）的聖王之治，而對於三代的家天下並不滿意。至於儒者多稱三代，乃是就禹湯文武的「德」而說，並不是贊成家天下，所以又盛讚湯武之革命。但湯武革命的結果還是家天下，對於這個「政權轉移」的問題，幾千年來一直沒有建立起一個客觀的法制。這是關於政治方面的「政道」問題。（註一）

順著政道問題下來，便是「事功」的問題。上文曾經提到，中國本有一個要求事功的思想線索，但只順著那個線索用心，並不能開出客觀的事功精神。事功精神仍然要順著儒家的外王之學纔能開出來。不過，以往直接由內聖推外王的講法，在今天看來已顯得不夠了，所以必須有新的講法和新的內容。本著儒家的內在要求或內在目的（己立立人、兼善天下、開物成務、利用厚生），必然地會要求完成民主政體的建國和科學技術的發展。所以在今天講新外王，一定要落在民主和科學上來講。

民主政治的體制是新外王的第一義，也是新外王的形式意義和形式條件。民主政治是實現各種價值的基礎——不只是保障「人權」而已。中國以往所講的「民本、民爲貴」的觀念，以及人性的發揚、人品的尊重、人格的完成，乃至於人道精神的顯發，都必須在民主體制的政治形態下，纔更能獲得充分自由的發展和實現。因爲人文精神的發揚和人文價值的創造完成，皆須在自由開發的社會政治之下，纔能獲得充分有利的條件。而事功的出現，在老的形態之中是以英雄打天下的方式來表現，這是違背儒家理性主義的精神的。儒家服從理性原則，而英雄則服從生命原則。順生命原則而表現的，是浪漫的精神，是首出庶物的自由揮灑，這種英雄事業不是眞正的事功。眞正的理性主義的事功精神，卑之也無甚高論，它只是服從客觀的原則與規範——步步踏實，實事求是，仔細精密，分工合作，奉公守法，敬業樂羣。這樣的事功精神，必須在民主政治的形態中，纔能得到正常而充分的表現。

至於科學，則是新外王的材質條件（材料、內容）。科學的精神，講求一件件一步步實際做出來，這也正是事功的精神。儒家以往講學問，雖然不落在知識上講話，但儒家並不反對知識。在以前的老社會，有那些知識便大體可以應付生活上的需要，所以並不發生「知識」的問題。但社會不斷往前發展，原來的知識已不够應付，當然就需要新的知識，這是一種正當的要求。而儒家的內在目的也必然要求科學。因爲根據儒家的道德動機，必須實現一切善的價值。如果一個好的存心和動機，由於知識技術條件的欠缺而無法實現，則道德心（良知、良心）一定不安不忍，而必將發出促其實現的要求。所以，在中國文化生命中發展出科學知識，正是儒家所要求的。因此，良知自覺地坎陷自己而轉爲認知心，以透顯知性主體，使知性主體（認知心）獨立發用以開出科學，也正是中國文化所必然要進到的一步。

三、完成第三度的「大合」

自晚明以來，中國文化一直是「開」的趨勢。從好處說，在「開」的過程中，可以吸收異質的文化，藉以調整自己、充實自己。但這裏有個條件，卽：必須先保住中國文化的主位性才行。如果這個主位性保不住，則中國文化便失去了原動力，失去了生命的方向。在這種情形之下，卽使有了民主與科學，也已經不是「中國」的身分，而已淪爲一個殖民地的身分

了。所以承續儒家所代表的中國文化的「常道」，以維持民族文化生命的主位性，是天經地義、絕對必要的。（註二）

這個主位性貞定住了之後，在中國文化第三度的「大合」之中，纔能獲得正面的積極的利益——那就是完成民主建國和開出知識之學。有「開」必有「合」，這是理所當然，勢所必至的事。照目前的現狀和情勢來看，中國文化第三度的「大合」，似乎是言之過早。但就思想疏導的工作而言，我以為牟宗三先生的著作，已經為中國文化發展的方向和途徑，作了明確而中肯的提示。（註三）

來臺以後，牟先生首先寫成三書：「道德的理想主義」、「歷史哲學」、「政道與治道」。這三部書有一個共同的基本用心，是即：本於中國的內聖之學以解決外王事功的問題。牟先生認為：⑴在政治方面，必須在治道之外，再開出政道，完成近代意義的民主建國之大業，以樹立國家民族足以眞正自立的鋼骨。⑵必須疏通中國文化生命的發展，透顯知性主體，開出知識之學（邏輯數學與科學），藉以極成「開物成務」的外王事功之大用。

前述三書既是本於內聖之學以解決外王問題，則其所本的「內聖之學」，自然也要重新加以展露，這就是「才性與玄理」、「佛性與般若」、「心體與性體」三部巨著。這三部書分別疏導和詮表魏晉一階段的玄學、南北朝隋唐的佛學、宋明六百年的儒學。這三個階段的學術疏解清楚了，中國全部學術的綱脈，乃隨之而通體朗現，而儒釋道三教的義理價值，以及中國哲學史演進發展的關節脈絡，也可以據之而得一相應的了解、和通貫的講述。

此外，有關中西哲學思想的會通與融攝，牟先生也表現了他深遠的睿智和精實的學力。羅素的「數學原理」和康德的「純理批判」是西方近世學問的兩大骨幹，這是中國學術傳統中所不具備的。牟先生以十年的奮勉（三十到四十歲），鍥而不捨，出入其中，並以究竟了義爲依歸，而扭轉了羅素的歧出，照察了康德的不足，進而予以融攝與證成。這就是「認識心之批判」一書的用心。牟先生在這部書中所顯示的弘卓的哲學器識，對於失去獨立精神的中國學界，實在是一種莫大的鼓舞與激勵。過了二十年，牟先生又先後完成「智的直覺與中國哲學」與「現象與物自身」二書。前作「認識心之批判」，是就康德哲學向邏輯數學方面伸展的一套，予以修正和改造。而「智的直覺與中國哲學」，則進而對康德哲學向形上學方面伸展的一套，再重新加以疏導。同時抉發中國儒釋道三大教所含的智的直覺之意義，以證成「人可有智的直覺」；並順康德「超絕形上學」的領域，而開出康德所嚮往而却未能建立的「道德的形上學」。至於「現象與物自身」一書，是先由人的道德意識顯露一「自由無限心」，由此而說「智的直覺」。自由無限心是道德的實體，由此開「道德界」；它又是形上的實體，由此開「存在界」。再進一步，(1)由自由無限心開存在界，而成立「本體界的存有論」；(2)再由自由無限心開出知性，由「識心之執」執成現象，而成立「現象界的存有論」。哲學家依於各方聖哲的智慧，疏通而爲一，以成就兩層存有論，並通而爲一個整一的系統（哲學原型），這就是「哲學家」最積極也是最高的使命。

照上面簡要的敍述，可以看出牟先生已經爲中國文化第三度的「大合」，作了「思想疏導、方向抉擇」上的努力。當然，文化的創造和發展，不是一個人或少數人的事，必須學術界思想界的人士，一起秉公誠，愼思辨，以分工合作，再加上全體中國人輸精誠，注心血，以力行實踐，如此繼之以數十年一百年的努力，中國文化光明的遠景，自然會臨近到我們的面前。

註一：關於中國傳統政治所涉及的各層面的問題，請參閱牟宗三先生的「政道與治道」一書。

註二：現在有些人不喜歡「本位」二字，他們聽到你說以中國文化為本位、為主位，就一口咬定你是落伍的「本位主義」，奇怪的是，他們的話居然也有人應和，這些人都是中心無主、站不穩脚根的「游魂」！試問，中國人講文化，不以中國為本位、為主位，難道一定要自我作賤，將自己貶作末位、退居客位（讓外來的文化宗教喧賓奪主）不成嗎？世界上有那一個有文化的民族不以自己為本位、為主位的呢？何況，你能找得出一個文化系統，比中國文化絕對更優越、更偉大嗎？民國二十年左右的「中國本位文化宣言」自然很疏略，甚至空洞，但我們豈能由於不滿意這篇宣言而因噎廢食，就連「中國本位」的詞語都不敢提了？民族文化之統，乃是在歷史長期的摩盪中而一步步自然形成的，豈能隨便放棄？豈能隨意取代？中國文化是一個生命之流，你能斬斷它嗎？你這想要斬斷它、不以它作主的念頭，有一絲一毫的高貴性嗎？再往下說，我們就不忍心了。

註三：關於牟先生的著作，我曾撰寫過一篇長文：「牟宗三先生的學思歷程與著作」，對牟先生各階段的學思，作了一個完整而通貫的敘述。文已編入「牟宗三先生的哲學與著作」一書。臺灣學生書局出版。

六十九年三月「書目季刊」十三卷四期文化問題特大號

新儒家的精神方向

近數十年來，西方人喜歡稱宋明理學爲新孔子學派或新儒家，而以先秦時期的儒家爲原始儒家。近二三十年來，一般學者又把臺港兩地幾位弘揚儒家學術的前輩學者，稱之爲當代的新儒家。其實，儒家講的是常理常道，理是恒常不變的理，道是亙古長存的道，所謂「天變地變，而道不變」。所以，儒家就是儒家，並無所謂新舊。不過，儒家亦特別重視「時中」之義，隨着時代的演進，常常因時制宜而有所因革，有所損益。因此，從「隨時變應」這個意思上看，稱某一階段的儒家學術爲新儒家，亦並非一定不可以。題目中的「新儒家」，便是在這種隨俗順時的情形下而使用的。

甲、對宋明儒學的反省

由先秦到兩漢，是儒家學術的第一階段。下來經過魏晉玄學，南北朝隋唐之佛學，而發展到宋明，是儒家學術的第二階段，現在，則是第三階段。第三階段是承接第二階段而來，所以要講當代新儒家的精神方向，還得從宋明階段說起。關於宋明儒學的內容，這裏不擬涉及。下面只提三點，以說明宋明儒者在中國文化的演進發展中所盡到的貢獻，並指出他們的不足處在什麼地方。

一、復活先秦儒家的形上智慧

從本質上說，宋明儒者最大的貢獻，是復活了先秦儒家的形上智慧。孔子講仁，孟子講心性，中庸、易傳講天道誠體，都蘊含着而且顯發出「天道性命相貫通」的大義，這是一種極其平正而又極其高明的形上智慧。

但秦漢以來，先是陰陽家的攪混，又加上象數的穿鑿附會，儒聖的慧命遂因之而沉晦（兩漢儒生皆對聖人無善解）。接下來是魏晉玄學興起，玄學代表道家的復興，他們表現的是玄智，講的是玄理。東晉以後，玄學趨衰，佛教因緣時會，靠着道家玄智的接引，而進入中國的文化心靈，形成南北朝隋唐階段佛學的盛行。佛家表現的是空智（亦曰空慧），講的是空理。講玄理而顯發的「無」的智慧，以及講空理而顯發的「空」的智慧，都已達到玄深高妙的境界（正因為其境界極高，所以能在中國第一流的頭腦裏盤旋達數百年之久）。然而，由玄智空智而開顯出來的「道」，畢竟不是儒聖「本天道爲用」的生生之道。這生生之道，要等宋儒出來，纔能重新光復。

須知天道生生，仁道亦生生。天道生生是生化萬物，仁道生生是由「純亦不已」的道德心發出道德命令，發動道德創造——不斷地表現道德行爲、不斷地成就道德價值。所以儒家之學，一方面上達天德，一方面又下開人文，以成就家國天下全面的價值。這樣的道，當然比佛老更充實，更圓滿。這「於穆不已，純亦不已」的天人通而爲一的浩浩大道，是通過「仁的德慧」而彰顯，是先秦儒家本有的弘規。孔子「踐仁知天」，孟子「盡心知性知天」，便是這個弘規的基本模型。自北宋諸儒由中庸易傳之講天道誠體，回歸於論孟之講仁與心性，再到陸王之心學、良知之學，正表示儒家形上智慧的復活和道德文化意識的重新發揚。「天道性命相貫通」的大義既已恢復，中國文化的生命亦就返本而歸正了。

二、光暢民族文化生命之大流

道家是中國根生土長的學派，但它只是旁枝，而非主幹，不能代表文化的大流。下及魏晉之清談、談玄，雖然言談甚美，智悟甚高，但魏晉人「有聰明而無眞性情，有美感而無道德感」。那是一個德性生命萎縮而情意生命泛濫的時代。所以在那個階段，中國的文化生命是不健康的。他們的玄智接引了佛教，但佛教是印度來的，不能代表中華民族的慧命。只因中國文化生命有歧出而衰微不振，故讓佛教在中國大出鋒頭。然而就中華民族的內心來說，是並不心甘情願的。所以一方面護持政治教化，以保住廟堂之上的典章制度和社會民間的倫常禮俗，一方面翻譯佛經，研究佛法，持續地作消化佛教的努力。到了隋唐之時，終於把這一個大教（亦是大的文化系統）消化了。這表示在佛教傳入中國的數百年中，中華民族並沒有渾渾噩噩地睡大覺，而是另有一番用心處。一個民族能够吸收而且消化一個外來的異質的大教，正是「文化生命浩瀚深厚，文化心靈明敏高超」的表徵。這在人類文化史上，還沒有第二個例子。

消化的工作逐漸完成，文化生命自然重新歸位。所以隋唐佛教的盛世過去之後，宋明儒學正式出臺，這是歷史的運會自然迫至的。在此，我們只舉兩件事來說：第一，他們重建道統，重新樹立孔子的地位，把思想的領導權從佛教手裏拿回來。第二，他們以民間講學方式，掀起一個影響久遠的文化思想運動，而造成中國哲學史上的光輝時代。由於他們的精誠努力，使魏晉以來長時期歧出的文化生命，終於導歸主流而恢復了文化生命的正大光暢。

三、內聖强而外王弱

不過，宋明儒者的成就和貢獻，畢竟偏重於內聖一面，外王事功方面，則缺少積極的講論和表現，此卽所謂「內聖强而外王弱」。宋明儒學的不足處，正是在這一點上。宋明諸儒當然知道內聖必通外王，他們亦持守仁政王道的原則和精神，同時，亦講春秋大義，並要求君王修德愛民以利用厚生；但「政道」的問題（說見後）不得解決，外王之學就沒有新義可講，而中國傳統政治的困局亦就無法作根本的消解。兼之宋代上承五代之衰頹，開國形勢又太弱，所以盤踞北方一隅的遼、金，亦竟成爲中國長時期的邊患。國勢積弱的結果，乃有陷於金、亡於元的慘禍。明代國勢雖强大，但政治太壞（此亦正以外王事功精神未能客觀挺顯之故），所以最後仍不免有滿清之入主。顧、黃、王諸儒懍於亡國亡天下之痛，深切反省民族文化生命的方向和途徑，而自覺地要求由內聖開出外王事功，這是很中肯的。

可惜滿清入主，民族生命受挫折，文化生命受歪曲，顧黃王諸大儒的思想方向無法得到伸展。而乾嘉以下，考據成風，士習卑瑣，他們假託漢學之名以張大門戶，其實，清學只是清客的學問，那有漢儒通經致用（以學術指導政治）的器識？風習所至，使得中國人的頭腦趨於僵化，而變成古董箱，不會用思想了。「國以賢才爲寶」。一個國家民族沒有「大儒」，沒有器識恢弘的學者思想家，當然會造成各方面的悲劇。

近數十年來，新儒家的學者們，在國勢艱困、文運否塞之時，本於他們的孤懷閎識，和對於國家民族、歷史文化、時代學術的感受，從頭疏導民族文化生命的本性、發展、和缺點，以及今日所當走的道路。面對國族的遭遇和未來的遠景，牟宗三先生確定地指出儒家第三期的「文化使命」，主要是集中在三個中心點上：一是道統的肯定：肯定道德宗教的價值，以護住孔孟所開闢、宋明儒所承續的人生宇宙的本源。二是政統之繼續：認識政體發展的意義，以肯定民主政治之必然性。三是學統的開出：由民族文化生命轉出「知性主體」，以融攝希臘傳統，開出學術的獨立性。第一點是民族文化之統的延續與光大，這是引發文化創造力的源頭活水，必須使它永遠充沛而暢通。第二第三兩點，則是繼晚明三大儒而推進一步，以期徹底開出外王事功。而中國之近代化或現代化，亦正好是集中在這最後二點上。

茲分三節，作一簡要的說明。

乙、當代儒家的精神方向

一、道統的光大——重開生命的學問

道統，即是民族文化之統。它是文化生命的根源和人倫教化的綱維，而個人安身立命亦須取則於此。依據道統而講學問，它必然是「生命的學問」。由生命的學問，乃能開顯生活的原理，決定生命的途徑。

「生活的原理」，散開來說，可以說得很多，但如果集中地講，它只是一個「怵惕惻隱之心」，而這怵惕惻隱之心亦就是孔子所說的「仁」。仁，就其爲德而言，它是生生之德，就其爲理而言，它是生生之理。說得更具體一點，它就是人之所以爲人的「本」。本立而道生，因此，它能顯發而爲人生的大道——生生之道，亦同時就是我們的自救之道、救國之

道、救文化之道。孟子說：「道，一而已」。這個「一」，正是就「仁」而說的。自救、救國、救文化，必須救活而使它生存下去，這就必須要有一個能夠「使之生、使之活」的「生活原理」。

生活的原理當然是就「人」而說的。自古以來，人性、人品、人倫、人道，早已成為我們日常生活中所熟知的名詞——但這些不只是名詞，而正是「仁」的彰顯與實踐。我們中國人，一向都是自覺地「把人當一個人看」（所以說仁者人也），而不是「把人當一個物看」（所以特嚴人禽之辨）。因為一旦「視人如物」，便必會抹煞人性、糟蹋人品、破壞人倫、毀滅人道，而淪為一個「動物世界」。人雖然亦是動物之一，但人却不只是動物，沒有人願意他自己只是一頭動物。那末，「反物化」，豈不正是天經地義的事？而且，文化的演進過程，亦可以說正是一個反物化的過程。否則，人同於物，那能創造文化價值？而現代人却偏偏把「人」作「動物」看，拼命地要把人拖入動物羣中去討生活。這種情勢，更迫使我們要加緊展開「反物化」的奮鬥。

「反物化」有兩個方面，第一是反思想上的唯物主義：視人如物的馬列共產主義，是從根上「反人性、反人道」的邪惡思想，他代表一個魔道。第二是反生活上的唯物主義：凡是趨向情意泛濫、物欲恣縱的觀念意識，以及實際追求感性層之物質享受的，都是生活上的唯物主義，都將消磨人們向上的意志、腐蝕人類道德的心靈。這兩種唯物主義，都是人類的公敵，都和中國文化精神絕不相容。要想開出文化理想，護持生活原理，就無可避免地要對思想上和生活上的唯物主義兩面作戰。

「生命的途徑」，是本乎生活原理決定出來的道德實踐的軌轍，和人生努力的方向。這可以分爲兩面來說：⑴主觀方面是成己、成就德性人格，是要求與天道天德合而爲一，以達到天人合一、天人和諧的境地，這是一種「通上下」的縱的實踐。⑵客觀方面是成物、成就家國天下，是要求與天下民物通而爲一，以達天下一家、萬物一體的境界，這是一種「合內外」的橫的實踐。通過這一縱一橫的實踐，人就能超脫形軀血氣的限制，以精神生命向上升進，向外充擴，而開創一個充實飽滿的人生，建造一個安和的人間社會。

護持生活的原理，暢通生命的途徑，而後乃能重開「生命的學問」，以延續而且光大民族文化之統。這一根而發、相繼綿衍的道統，既不可斷，亦不可化。尅就此義而言，重建沉晦千年之久的道統，使中華民族沒有爲佛敎所化，實乃宋明儒者最偉大的貢獻所在。所以佛敎雖已普及於中國民間社會，雖已佔住了數不清的大小山頭（語云：天下名山僧佔多），但佛敎始終只是一個很鬆泛的民間宗敎，而不是中國的國敎。於此，可見中國民族道統意識之強，同時亦可看出中國文化生命之寬平博厚，而能載能容。關於儒釋道三敎在中國文化中的地位，我曾經用一個三角圖形來表示：

道家（敎）是中國土生土長的，但它不能擔綱，相對於作爲中國文化之主流的儒家而言，它是居於副從旁枝的地位，所以儒與道是主從的關係。佛敎從印度來，它在中國是客位。而佛敎亦自知這一點，所以能自覺地守這個分，這就使它和儒家之間形成賓主的關係（附註）。至於道佛之間，則似乎若即若離，關係微妙，彼此雖曾發生過幾次衝突摩擦（如佛教方面所說的三武之難），但終於亦能相安無事。

儒釋道三敎之間的主從、賓主關係，不是任何人所能强調出來，而是歷經千百年相摩相盪、相融相攝，而後纔自然形成的。在今後中國文化發展的進程中，必然將是「儒、佛、耶」三教互相摩盪以求融通。如何融通？我們認爲除了必須互相尊重、互相觀摩、互相了解之外，此時恐怕訂不出一個立即有效的具體辦法。須知文化的融通，一要精誠，二要機緣，三要時間，這是急不來的。但有一點是可以確定的。那就是任何外來的宗教或文化系統，在中國都是賓朋，都是客位，應該抱持「與人爲善」的原則，而不可以「喧賓奪主」。（因為中華民族雖然涵容深廣，但絕對不願意為人所化而斷喪自己五千年的道統。）若問誰可以做中華民族的主？當然必須能够代表民族文化之統的人纔可以。這個人誰都知道就是孔子。（共黨想以馬列篡奪孔子的主位，必敗無疑。而且其必敗的徵象，現在亦已經顯示出來了。）其實，孔子亦並沒有要來做我們的主，他只敎我們自我做主，所以說「我欲仁，斯仁至矣」。欲仁而仁至，這正是「道德主體自由」立根的地方。亦是人人皆可以堂堂地做個人的、最眞實的根據所在。人人自我做主，合起來就是「中華民族自己做自己的主」。所以，道統的延續與光大，人人有分，因爲心同理同，個體生命本就是和民族文化生命合流的。

二、政統的繼續——完成民主建國

「政統」是落在政體、政道上說。中山先生曾有政權與治權的劃分。順着這個劃分，可以講政道與治道。治道是安排治權的軌道，政道是安排政權的軌道。依於安排政權的方式，而形成各種不同的政體，如君主政體、民主政體等。政體可以隨着時代社會而有轉進、有發展，而且這種轉進發展都是歷史的必然，所以能够成統。繼續這個政統，纔能在發展中開出客觀眞實化的政道。牟先生說「中國有治道而無政道」，這是極有特識的一句話。在此應略加說明。

中國的士人政治，可以說已經達到了相當「合理」的境地，但那只是「治道」方面的成就。在「政道」方面，却一直沒有進到客觀法制化。中國傳統政治對於政權的轉移，大體有四種方式：

(1)禪讓——這是公天下。堯禪舜，舜禪禹，都很順適自然。到了禹禪益時，天下諸侯百姓却不從益而從禹之子啓，這當然亦是天心民意的表現，並無問題。但讓位傳賢，是取決於天子的德，並沒有訂爲法制。啓之德不及堯舜禹，他傳位於子而不傳賢，乃造成世襲家天下之局。可見沒有客觀法制化的禪讓，公天下的理想，便無法保證它必然實現。

(2)世襲——這是家天下。家天下是世代相繼而爲君，這當然不合理，所以終於促成湯武「革命」。

(3)革命——革命是順乎天理、應乎人心之事。然而湯武革命的結果還是家天下。這表示政權轉移的問題，依然未得解決。到了秦漢以後，乾脆就以武力打天下了。

(4)打天下——革命是德加上力，打天下則純以武力搶奪政權，這就變成「私天下」，連三代家天下的半公半私都說不上了。（三代雖是世襲家天下，但封侯建國，則亦表示與諸侯共天下，其中仍含有相當的公性。）

由禪讓而世襲，而革命，而打天下，正表示在政權轉移這個問題上，一直沒有建立客觀的法制。秦漢以來，更明顯地造成政治上的三大困局，歷二千年而不得解決。一是「朝代更替」的問題，形成一個治亂相循的惡性循環。二是「君位繼承」的問題，常常演成宮廷明爭暗鬥，皇室骨肉相殘的局面。三是「宰相地位」的問題，代表治權的宰相，不能與代表政權的君王相抗衡，因而使得中國士人政治受到一個無法突破的限制。這三個困局的消解，關鍵只在「政道」之客觀法制化，而近代的民主政體，正提供了一個客觀的解決之道。對中國來說，這就是民主建國的問題。

要恰當的了解民主政體的建國，就必須對下列幾點意思，先有清楚的認識：

第一、國家主權在於國民全體：「主權」是一個形式的定常的「有」。它爲國民全體共同地總持地有之。它不專屬於任何個人（主權在民的「民」字，是指國民全體，不分指任何個人），亦不專屬任何階級。因此，它第一不可分割，不能你一半，我一半。第二不可私有，所以不能說朕即國家，亦不能說某某階級專政。

第二、劃分政權與治權：安排政權和維護政權的，是「政道」，是第一義的制度。這是屬於建國的問題。建立治權機構以處理公共事務，是「治道」，是第二義的制度。這是屬於治國的問題。當政道獲得客觀法制化，不但朝代更替和君位繼承的問題自然消解，而宰相的地位，亦因治權和政權分開，而有了客觀法制的保障。這就是近代三權分立或五權分立的憲政體制。

第三、公民自覺與政治的獨立性：把道德宗教劃分到政治的領域之外，以透顯政治的獨立性，這是近代民主政治的一大貢獻。所以，尅就政治而言，人只是政治的存在，只是權利義務的主體，這就是「公民」這個觀念的恰當意義。「公民」乃是一個政治上的觀念。通過公民的自覺，而後纔能表現政治主體的自由。而政治主體的自由，主要是集中在權利與義務上來表現。就權利而言，它可以爭取，而不可以拋棄（如人身自由），亦不可以讓度（如選舉權）。就義務而言，它有強制性，故不可以逃避，亦不可以代替。在此，可以接觸到政治的法制性與獨立性。

民主，是一種政治的體制（通常亦說為憲政體制），是政治建國的一個「鋼架」。政治的活動，就在這個鋼架下運用進行。至於自由、平等、人權、法治，則是民主政治的「內容」。鋼架是常，必不可缺，必不可變，這是民主之所以爲民主的本質所在。至於內容，則是量的問題，它常隨着各個國家民族的文化背景、宗教信仰、民情禮俗，以及現實政治的情況而增損。這其中的參差，並不影響民主政治的本質。只要鋼架定了，內容方面隨時可以調節充實。我們所殷切注意的，是這個鋼架的眞正樹立，這纔是政體建國的大業所關。而數十年來一些所謂「民主人士」（這個名詞根本不通。難道除了他們，別人都是「非民主人士」不成？）却不知正視這個鋼架，只在內容上紛爭計較，那根本不足以言政治家的器識。所以這些人的夸奢喧嚷，對民主建國大業，實在沒有正面的積極的貢獻。而且對於民主建國意識的豁醒，還產生了攪擾混淆的反效果。

依據上面的說明，我們可以看出民主建國的大業，不但是辛亥革命以來仁人志士捨命以求其實現的目標，而且正是晚明三大儒要求由內聖轉出外王事功的一大關節所在。如果再說得遠一點，二千年來儒家「由內聖通外王」的理想，亦正須落在民主政體建國這個關節上，纔能豁然通暢，以獲得充分的實現。（有些人疑慮中國文化的傳統，是否與民主不相容，這實在是不學不思之過。）而且，中國的近代化或現代化，亦正須以民主建國爲骨幹，而科學的發展以及經濟等的建設，亦同樣需要民主政治的軌道，纔能獲得堅實穩固的基礎。

三、學統的開出——轉出知識之學

就中國的學問傳統而言，道統與學統是二而一的。儒家的學問，說它是學統所在，可；說它是道統所在，亦可。但現在我們使用「學統」一詞，則是專指知識之學而言。在西方，知識之學是希臘傳統發展出來的學問。在中國，則須從儒家所代表的道統中轉出來，使它獲得獨立的發展。

有人說，中國是重德的文化，西方是重智的文化。這個說法雖然尚嫌簡略，但說中西文化的演進各有它所着重的一面，亦並不錯。不過，中國亦本有「德性之知」與「見聞之知」的分別。德性之知雖然不萌於見聞，却亦不離乎見聞。而且見聞之知亦正是天德良知的發用。（張橫渠、王陽明，都曾說到這個意思。）因此，儒家的內聖成德之教，雖然並不落在見聞之知上講學問，但一定要直接指說儒家輕忽知識，亦不能算是一個恰當的評斷。

德性之知（良知），發自道德心，它可以成就人的「德」，亦可以彰顯人的「慧」。由於中國向來着重在這一面講學問，所以中國人的哲學思考雖不足以與西方人相比，但哲學的器識與智慧則高於西方。而儒者的道德人格，尤其不是西方哲學家所能望其項背。至於見聞之知（知性之知），則發自認知心（理智心），它可以表現概念思考，成就概念系統（邏輯系統、哲學系統、科學知識系統，皆屬概念系統），這是西方最擅勝場的地方。我們現在的問題是，德性之知雖能決定一個應當的行爲，但要完成一個應當的行爲，往往需要一套知識，而這套知識却不是德性之知所能直接提供、直接成就。在這現實的應用上，使我們接觸到了德性之知的限制。然則，如何融通「德性之知」與「見聞之知」？換句話說，如何從重德性主體的中國文化傳統中，轉出知性（思想）主體，以成就科學知識？這就是我們當前所面臨的新課題了。

對於這個問題，牟先生在他的「現象與物自身」書中，有一個義理圓熟，系統詳密的疏決。而在早年「王陽明致良知教」一書的「致知疑難」章中，則有較爲直接而簡要的解答。（按、致良知教一書，牟先生決定不再印行，而致知疑難一章，則已收入其新著「從陸象山到劉蕺山」書中，由台灣學生書局出版。）簡單地說，在中國，知識之學的開出，仍須通過良知（德性之知）。良知當然肯定知識之學的價值，因此良知亦必然能够自覺地坎陷它自己，而轉爲認知心。這亦就是說，良知要做一步「自我打開」的工作，使自己開爲兩層：一層是道德心（德性主體），亦即良知自己；一層是認知心（知性主體），這是良知自覺地坎陷自己而轉出來的。(1)道德心是「與物無對」的，它要求與天地萬物爲一體，它的表現或作用，是完成德性人格，以期成聖成賢。(2)認知心是「與物爲對」的，它在「主客對列」之中向外發用，以認知外在的對象，所以它的表現或作用，是成就知識，開出科學。道德心的活動，有儒家的學問傳統爲軌轍；而認知心的活動，則有西方的學問規模可資借鏡。（按、發展科學，可以西方爲借鏡，而向西方學習；但卻不是檢人家現成的東西，以爲可以「移花接木」似的，便把西方的文化學術轉到中國來。如果這樣想，中國將永遠隨人脚跟，不可能開出科學。）

我們無須疑慮中國文化是否可以自本自根的產生科學，亦不必去列舉中國古代科學技術上的成就以爲誇耀。知識之學（邏輯、數學、科學）在中國古代當然亦有表現。但名家墨辯並不能直接視爲邏輯，中國亦沒有順承名家墨辯而發展成邏輯學的傳統。古代雖有高深的數學，而且古代中國人表現的數學智慧甚至爲西方所不及，但中國仍然沒有發展成數學這門學術的傳統。古代亦有精微巧妙的科學技術，那是中國人的聰明才智在實用上的表現，當然很了不起，很不平凡，但多半只是智巧，而欠缺純學理的探索；如果有，亦沒有成爲理論系統；如亦有之，則仍然沒有成爲歷代承續不絕的知識之學的學統。這就是問題的關鍵所在。

所以知識之學的轉出，不能只是聰明才智的直接發用，而必須在中國的文化生命中透顯出知性主體（亦可名之為思想主體），使它獨立起用，而後纔能開啓科學的心智，以表現：

(1)純客觀的知識興趣；

(2)重學理而不計較實用的態度；

(3)主客對列的思考方式。

因此，良知自覺地坎陷它自己以轉出認知心，透出知性主體，乃是絕對必要的一步。（此中義理的關節，拙著「王陽明哲學」第四章亦有敘述，請參看。）必須這樣，以「道德心」爲主的中國文化傳統，纔能轉出「認知心」來獨立起用，以建立純知識的學理。這一步做到了，那些成就事物的具體知識和實用技術，亦就獲得解決的基礎了。

從上所述，可知講儒家學問，並不只是「述古」，而是「返本以開新」，以期民族文化慧命之相繼光大。中國文化本就具有一種開放融攝的精神，而能隨時變應，日新又新。在內聖一面，中國文化生命向上透的境界，已經極其高明，今後只須在外王一面補足「政道」與「知性」這中間架構性的鋼骨，便可以向下撐開，以獲得穩固堅實的自立之基。所以，激發文化意識，暢通文化生命，樹立文化理想，使道統、政統、學統，三統並建，以恢復文化的創造力，這不僅是新儒家的精神方向，而且亦是全民族共同奮鬥的中心目標。

六十八年十一月「中國文化月刊」創刊號

〔附註〕：關於這個意思，當代佛教界的善知識印順法師表示了很平實中肯的看法。他說：「儒學——新儒學——是純中國文化縱面的產品，是不可旁解的，是入世的，是天道的，是萬世不朽的經緯線」；「而佛家是介入的，是出世的，是偏於究竟空寂的；精深是精深矣，博大是博大矣，豈奈不及儒家何！」——引見民國六十八年七月一日「天華月刊」第四版、陳慧劍先生「當代佛教思想家印順導師」一文之第五節。上引諸語句，原刊文皆用引號括出，當係印順法師親撰之文或口講之言。印順法師又說，他是站在學佛者的地位發言，他認為「新儒家自是新儒家」，「佛家自是佛家」。我覺得印順法師的話說得坦誠而信實，希望學界人士不要再說什麼宋明理學「陽儒陰釋」一類的顢頇之言，以免貽笑大方。

新儒家的批判性與戰鬪性

七十年五月七日講於中國文化大學哲學學社

儒家就是儒家，本無所謂新舊。但儒家有二千多年的演進和發展，順著它的演進發展，我們稱某一階段的儒家爲新儒家，也並非一定不可以。稱宋明儒家爲新儒家，是歷史反省的講法，如果扣緊中國文化的問題和當前儒家第三期的使命而言，則所謂新儒家，應該是指民國以來的儒家學者而言。

儒家以「仁」爲宗，以「和」爲貴，不可能好戰好鬪。但儒家也「尙義」「尙勇」，加上道德意識文化意識的鼓舞，當然也會奮其義勇，而表現爲浩然磅礡的剛毅精神，所以，儒家絕不是柔弱之徒，而實能依於文化使命之承擔，而顯發出强韌的戰鬪性。

不過，儒家表現的戰鬪性，是批判的，是理性的。其戰鬪的目的，並不在於「擊敗對方」，而在於「批謬正誤」，以糾正對方；也不在於「黨同伐異」，而在於「化干戈爲玉帛」，以與人爲善。但從批判一面說，則儒家的批判，却又帶有戰鬪性，而不是價值中立的。其批判的用心，是要「捍衞正道」，以挺顯文化理想，開創文化前途。

一、儒家批判精神的淵源

孔子是儒家的開山，他是聖人。聖人的人格精神，溫潤、和粹、寬平、深廣、而不顯涯岸，好像用不上批判戰鬥的意思。然而，儒家的批判精神，却仍然以孔子爲淵源，玆擧三端，以略示孔子的批判精神。

第一、因革損益

孔子自稱「好古」，一個眞正「好古道」的人，一定會想到如何「用古道」。如果古道不可用，好之何益？如可用，則必有所講求。孔子「好古」而又能「敏以求之」，這正透露了一個消息——那就是孔子之講求古道，意在通過理性的批判，以肯定古道的價值，發揮古道的效用。此之謂「批判地繼承」。（其實，就孔子的「仁教」而言，更顯示他是「發展地繼承」、「創造地繼承」。）

史稱孔子以詩書禮樂敎人。但他絕不是照本宣科，而是有一個權衡斟酌以定取舍的。所謂「刪詩、序書、訂禮、正樂」，便是他在「敏以求之」之中所顯發的批判精神。孔子能言三代之禮，但他說：「夏禮吾能言之，杞不足徵也；殷禮吾能言之，宋不足徵也；文獻不足故也，足，則吾能徵之矣。」文獻不足，難以徵驗，故寧可闕疑而不信口漫說，這也是謹嚴的批判精神之表示。

孔子又曾說到：「殷因於夏禮，所損益可知也；周因於殷禮，所損益可知也；其或繼周者，雖百世可知也。」典章制度，一方面有其定常性，一方面也有其時效性。原理原則與基本精神，是定常的；而規儀節度，則必須切合時宜，以發揮時效。定常者不可輕易更張，故必有所「因」；而不切時宜者，自亦必須有所「革」。同理，多餘的，「損」之；不足的，「益」之。因革損益，豈不就是批判精神的表現？而孔子所謂「行夏之時，乘殷之輅，服周之冕，樂則韶舞」，便更是他損益四代（虞、夏、殷、周）禮樂的具體實證了。

第二、時中

時，也是孔子所持守的一個原則。時是時宜，因時制宜以合乎中，所以又曰「時中」。孔子「無適也，無莫也，義之與比」。他的行事，並不執着一個固定不變的態度。他「無可無不可」，「可以仕則仕，可以止則止，可以久則久，可以速則速」。因爲道理本身雖然恆常不變，但道理落實於行事，則須因時因地因人因事而作一個權衡，以求各當其可，各得其宜。假使只知道死守一個道理，而不能物來順應，因事制宜，便成孟子所謂「執中無權」了。人若只知死死抓住一個固定的中，又如何能隨宜變化，以得「時中」呢？

孟子稱伯夷爲聖之清者，伊尹爲聖之任者，柳下惠爲聖之和者；「清、任、和」都只是一節之善，而不是全體之仁。只有孔子終始條理，德智齊透，力能及其遠，巧能中其的，當清則清，當任則任，當和則和，而能得其時中。所以孟子說：「孔子，聖之時者也」。權衡事物之本末、輕重、先後、緩急，以使行事無不中節合宜，這正是通過批判而達到的效果。

另如禮記所謂「禮以義起」，「禮，時爲大」，也表示儒家對於典制禮儀之事，乃是據「義」而制作，以期切合「時」用，這仍然是求其「時中」的批判精神。

第三、正名

儒家的批判精神，又可通過「正名」而顯示。孔子本乎他「政者正也」的認定，而提出了「君君、臣臣、父父、子子」的主張。因爲社會政治之所以混亂，價值標準之所以不立，都是起因於「名」不正而「實」不符。孔子「觚不觚，觚哉觚哉」的感歎，便是他正名以救時的一個委婉的表示，而「必也正名乎」，則更是他對當時政治發出的嚴正之呼聲了。

照孔子的意思，「名不正則言不順，言不順則事不成，事不成則禮樂不興，禮樂不興則刑罰不中，刑罰不中則民無所措手足。」當一個國家的政治，落到人民動輒得咎，手足無措的境地，則其喪道失軌的情形，也就可想而知了，孔子「必也正名乎」的主張，正是對症下藥的大手法，由此也可看出，孔子之作春秋，實非偶然。

春秋尊王攘夷，褒善貶惡，皆無非要發揚正名主義之精神。太史公說「春秋以道名分」。正名定分，正是要通過嚴正的批判，以穩住價值的層序，挺顯價值的標準，以使天下的亂臣賊子，無法顚倒是非，破壞綱常。所以孟子說：「孔子作春秋，而亂臣賊子懼。」可見正名主義的發揚，是能够表現批判之效果的。

以上是從「因革損益」、「時中」、「正名」三端，大略說明儒家批判精神的淵源。孔子之外，孟子知人論世，嚴人禽、義利、夷夏之辨、與王道覇政之辨，以及闢楊墨、賤縱橫、斥許行、論「執中有權」之義，都顯示他的批判精神和戰鬭精神。還有荀子的解蔽、正名、非十二子，以及俗儒、雅儒、大儒之辨，也同樣是批判精神的表現。我們可以這樣說，只要有文化理想和文化使命的自覺，就必然能顯發他的批判性和戰鬭性。先秦儒家如此，宋明儒者亦復如此。

二、宋明儒的兩面批判

所謂兩面批判，一面是對外，一面是對內。

對外是闢佛老，而以闢佛爲主。宋明儒之闢佛，自然也顯發了戰鬪精神，但却從來沒有戰事。而所謂戰鬪精神，也實只是道德意識文化意識之昂揚。對於佛教，宋明儒者說話不多，他們只是在緊要關節上，作了一些本質而中肯之批判（而横渠、明道、象山，尤為明透）。宋明儒者的用心，是要光復魏晉以來闇然不彰的聖賢學問，使中華民族的文化生命回歸到主流的航道，以求民族文化之相續光大。這是一種承擔文運、延續文化慧命的態度。他們這種光明俊偉、正大堅卓的立場，就是佛弟子也要承認的。所以佛教方面雖然有時候也會說幾句批評儒家的話，但多半只是一些風光話頭，並不是很謹嚴、很認眞的。佛弟子一直很懂得分際，也能守住這個分際，他們只管弘揚佛法，做自己的事，而從不越分妄論儒聖之道。這種態度，既顯示他們自愛自重的身分，也表示對儒家主位性之尊重。所以儒佛之間，倒也能够「相忘於道術」而賓主相安。我覺得這是佛教很高明的自處之道，值得現代一般宗教界的人士借鏡參詳。（或許有人會說，明代高僧如憨山等人，豈不也講中庸、老莊？其實，那只是在當時倡導「三教合一」的氣氛之下，湊熱鬧，談談玄而已。而他們講中庸的書，也從來沒有引起重視。而且，除此之外，佛弟子不輕議儒聖之學的規範，直到今日，依然未變。）

至於宋明儒對內一面的批判，我們可以列出五點，作一個大略的提示：(1)反漢儒的章句注疏之學：因爲漢儒的學問，既不能透顯儒家形上的智慧，也未能接續孔孟的慧命，以光暢本乎「德性生命之自覺」的內聖成德之教。(2)反科舉時文：因爲科舉時文，只是拿聖賢之學作文章，以獵取功名富貴，所以必須加以針砭，以拯救知識分子的靈魂。(3)辨義利：這是上承孔孟下來的道德意識之發揚。辨義利，也卽辨公私，這是人品德業升降成敗的關鍵所在，故須念念點醒，時時提撕。(4)辨王霸：王道以德爲本，以義爲先；霸道以力爲本，以利爲先。王霸之辨，正是義利之辨的引申。故朱子對陳同甫「義利雙行，王霸並用」之說，嚴加批評。陳同甫是英雄主義的立場，而朱子所表示的則是道德的判斷。若就歷史判斷而言，朱子之說，自也有不足够處。關於這個問題，請參看牟先生「政道與治道」第十章。(5)辨心性：心性是一，還是二？性卽理，心是否卽是理？天道性命如何相貫通？成聖成賢如何可能？什麽是道德實踐的本質工夫？凡此等等，都是宋明儒者用心致力的問題，而且常以「當面問難，公開討論」的方式，來進行理性的思考和批判。（今年初，中國時報有一篇關於美國狄百瑞教授的訪問報導，這位美國學者就曾特別提到宋明儒這種公開討論的開放精神，使他深為感動云云。）

宋明儒所表現的批判精神，實際上已超越了「量的、平面的、知識的」層次，而進入到「質的、立體的、生命的層次。」（這是西方未曾達到的層次，因為西方本就沒有心性之學的傳統。就是康德的批判哲學，也只是知性的思想的層次，而仍未進到生命的層次。）生命層次的批判，不只是表現學問的眞誠，而且表現生命的眞誠。譬如上述五點對內的批判，就顯示了宋明儒者「內自訟」以「正本清源」的、軒昂篤實之器識。這也是儒家能够堅卓自立，綿綿不絕的基本原因。

三、當代儒家的彌天風雨

大明既亡，滿淸入主。民族生命受挫折，文化生命受歪曲，而儒家的慧命也隨顧黃王三大儒之老死而中斷了。民國以來，上承淸代之餘勢，學風卑陋，士品猥雜。抱殘守闕的人，固然學無義法，言失宗趣；而醉心西化之輩，尤其淺慧小識，浮囂歧離。時代心靈既已「無體、無理、無力」，則雖聰明才智之士，也不免心志散塌，趨時流走。在這種情形之下，儒家之遭受誤解、詬詆、和打擊，遂成爲事勢之不可免。

首先，是把孔子的地位拉下來與諸子並列。在民國時代的知識分子看來，會覺得這樣很公平，殊不知這正是淺陋、一版糕的頭腦。我們必須清楚的了解，尊儒，並不是尊諸子百家中的一家，而是尊儒家傳承下來的民族文化之統。這是中華民族的常道，而孔子就代表這個道統（民族文化之統）。而諸子之學，則只是「各得一察焉以自好」的一家之言，是不可以作爲常道的。在漢書藝文志裏，六經和論語著錄在「六藝略」（六藝即六經），諸子百家之書則著錄在「諸子略」；二者的身分地位，有如根幹與支脈，是不可以相提並論的，然則，中國之尊儒尊孔子，實乃義理之當然。而歷代帝王之尊儒尊孔，乃是果，不是因。他們只是順從天下人心所顯示的公意，不敢狂悖違逆而已。如今却把孔子拉下來與諸子並列，這無非表示：民國時代知識分子的心中，根本沒有學術價值的層序觀念，所以一切都看成平面的。而一個欠缺縱深的頭腦，如何能平章天下古今的學術呢！

接著，又有民國時代的大名流高喊「打倒孔家店」，而另一些所謂學者之流，更輕薄之極地稱孔子爲「孔老二」，諸位可以回溯一下，你能在歷史上找得出和這一句「份量相當」的「輕薄話」嗎？一個民族的知識分子糟蹋自已的聖人到這樣「無心肝」的地步，難道也算是時代的「進步」嗎？

再下來，便是「孔子退出學校」。學校，是教學、養才的地方。但數十年來，中國的大中小學，再也看不到孔子的聖像了。雖然各級學校還有一座禮堂，但「禮」堂之中仍然沒有孔子的一席之地。而有的學校則連禮堂也沒有，而只有教堂、紀念堂。孔子是「萬世師表」，而萬世師表却已退出了學校，豈不是一件不可思議的事？而我們的「教育家」竟從來沒有覺察到這個問題，那更是不可思議之至。

當然，學校有了禮堂，有了孔子聖像，也並不表示教育的成功和文化的復興，但是，如果我們連一點象徵性的東西都不能保存，那末，民族文化「落根滋長」的引子，也就被一刀割斷了。我們必須知道，一種象徵性的莊嚴的形象，乃是發揮教化功能的必要條件（雖然不是充足條件）。當初子貢要去掉「告朔之餼羊」，孔子說：「賜也，爾愛其羊，吾愛其禮。」孔子這句話，在今天怕是「難索解人」了！

我們平時在新聞報導或電視影片上，看到基督徒、回教徒到聖地朝聖的情形，會感到那裏有一種眞誠，有一種力量。然而，中國文化的聖地又如何呢？曲阜那二千五百年歷史的孔林孔廟，在文化大革命「批孔揚秦」的大風暴中，已橫遭破壞，雖然四人幫垮臺之後，聽說已經加以修理，但大陸萬里江山早已沒有儒家立足活動的餘地了。諸位都會唱：「古老的東方有一條龍，他的名字就叫中國。」中國啊！如今，誰代表中國呢？

總算蒼天有眼，爲中華民族留下了臺灣這塊復興基地——是復興基地，是民族復興的基地，也是文化復興的基地。由於這一塊土地，使我們有機會在驚濤駭浪中死裏求生，而重新立定脚跟，站了起來。也使儒家從四面楚歌之中，培養了四面作戰的能力。而尤其使我們感奮的，是大陸上新生的一代，已經從共產主義的噩夢中覺醒，而要求由馬列教而回向中國，回向中華民族了。

四、從四面楚歌到四面作戰

新儒家沒有現實的憑藉，但他們卽以中華民族的文化生命爲憑藉；新儒家也沒有後臺的支持，但他們卽以全體中國人要求民族復興文化復興的心願爲後臺。這種憑藉，這種後臺，它雖然不會主動地支持你，但如果我們能自覺地通接這一條源遠流長的主流，匯合這一個浩瀚深廣的洪流，那末，我們就會感受到一股「沛然莫之能禦」的力量，綿綿不盡地鼓舞着我們，支持着我們。這個力量，足够堅定我們的信念，足够開拓我們的前途。這樣的用心，這樣的態度，才眞正是熊十力先生所謂「空諸依傍，自誠自明」，「一切依自不依他」；也才算是眞正內發的莊敬自强。而依我個人的觀察，似乎還沒見到有誰家比新儒家更能動心忍性，莊敬自强的。而我們所謂「四面作戰」，其實也只是對當代儒家在文化學術上的莊嚴奮鬪，作一種强調之描述而已。（雖然當代儒家確實是處於四戰之地。）

1. 批判唯物思想所造成的「觀念的災害」

共產黨爲中國帶來的大災難，人天共鑒，無須多說。現在只從思想上來檢查一下。

北伐成功之後，共黨在政治上失敗了，但他們却在宣傳上採取了攻勢，而且是在思想上作宣傳，因而也牽涉到學術。但他們不是客觀地從哲學或其他學術上說話，而是站在馬克思主義的立場，並帶著階級鬪爭的意識，而發出他們的言論。下面就是他們牽連到學術的幾個方面：

㈠從唯物論，他們攻擊位居哲學大流的唯心論（理性主義，理想主義）。

㈡從唯物辯證法，他們一方面攻擊黑格爾的唯心辯證法，一方面又攻擊形式邏輯。

㈢從唯物史觀，他們攻擊「精神表現，價值表現」的歷史觀，以建立他們歷史的經濟決定論，以及經濟決定的階級鬪爭的歷史觀。

㈣進一步，他們提倡社會主義的文學論、藝術論，對於主張文學藝術在人生價值與美學價值上有獨立永恆之意義的其他的文學論、藝術論，他們一概加以反對。
㈤他們又濫用階級的劃分，連科學（不止科學家）也被分爲資產階級的科學與無產階級的科學。如像相對論量子論，也被判爲資產階級的、唯心論的。
㈥他們又以階級爲標準，衝破國家的眞實性與眞理性，而認爲國家是階級壓迫的工具。
㈦最後，他們不承認有普遍的人性，認爲只有階級的私利性，而在各階級中又認爲只有無產階級是純潔的，所以主張由無產階級來專政。（殊不知無產階級一旦「專政」，也就成了統治階級，騎在人民頭上，而轉爲罪惡之所在了。狄托的副手吉拉斯著「新階級」，正是對此而發。）

以上這些牽連於學術的說法，都是言僞而辯的。他們那些分別，也都是虛妄的分別。果眞照他們的說法，則天地間不可能有「客觀的眞理」，一切都只是階級的立場，階級的偏見；也不可能有「永恆的、普遍的眞理」，一切都是隨經濟結構而改變，隨社會形態而改變。這眞是一個大顚倒、大否定。隨這個顚倒否定而來的，便是當代中國所遭受的這一場前所未有的「觀念的大災害」。

新儒家對這種純否定的思想，是絕對不能同意的。熊十力先生孤陷大陸，仍然堅決地反對唯物論，梁漱溟先生則至今還在共黨的軟禁之中。再以牟宗三先生爲例，他從大學讀書時起，便面對這些問題，畢業之次年（二十三年）即連續寫了幾篇文章批評唯物辯證法和唯物史觀，收入張東蓀編的「唯物辯證法論戰」一書，是該書中最有分量的文章（唐君毅先生語）。爲了救住形式邏輯以挺顯邏輯眞理之定常性，牟先生又寫了「邏輯典範」和「理則學」二書。爲了評斥並且取代唯物史觀，以建立中華民族歷史的精神發展觀，更寫成「歷史哲學」。另外，還有其他的書和文章（如：鬪共產主義者的矛盾論、實踐論，等）。這些，全都是順着「反共、反唯物」這一個長遠的用心，而寫成的發憤之作。

2. 批判外來意識形態喧賓奪主的野心

外來的意識形態，無論是主義、思想、宗教，都會造成不同程度的影響，而將減低甚至消解中國人的民族意識和文化意識。因爲每一種意識形態都有它一套價值標準。所以接受外來意識形態的人，最容易用那套外來的尺度，來衡量中國人的文化思想。在一般情形之下，他們的說法只是顯得很隔閡、很不相應，但有的時候，却嚴重地扭曲了中國文化，把中國文化講成一種四不像的形象。

這些人的基本心態，可以從下列兩點看出來：

一、他們很不喜歡中國人講夷夏之辨：其實，「夷夏之辨」乃是民族意識之提撕，文化意識之覺醒。爲了保民族、保文化，這一辨是很需要的。孔子講禮運，提出世界大同的理想，而作春秋，則又嚴辨華夷。因爲理想可以漸次促進，而禮義文化則須及時挽救。孔子既小管仲之「器」，而又大管仲之「功」，因爲「微管仲，吾其被髮左衽矣！」這種以文化價值爲根據的民族意識，豈能加以反對？所以自孔子以下，歷代儒者沒有不嚴辨夷夏的。而王船山表現得尤爲強烈。我不知道臺北的「船山學會」講不講夷夏之辨，如果不講，則船山先生在九泉之下又將作何感想呢？或者有人會這樣說：現在是什麼時代了，你們竟還「夷呀夏的」死守民族國家的小圈圈！我們的回答是：不管什麼時代，只要有外國欺凌中國，只要有人貶損中國文化，就必須講夷夏之辨。同時，我們還要問一問：民族國家是個小圈圈嗎？中國有一千一百餘萬平方公里的土地，有全人類四分之一的人口，會是小圈圈嗎？在中華民族飽受「外國」侵略、欺壓、淩辱的時候，能够不顧國家民族的獨立生存，而屏棄夷夏之辨的道理嗎？現在讓我們再舉一件事情，在北平天安門前馬恩列史的巨幅畫像沒有拆下之前，海外各地「回歸祖國」的所謂學人們，竟然沒有一個人感覺到那四幅畫像是「夷狄入主中國」的可恥的標誌。爲什麼會這樣？爲什麼面對赫然聳立在中國大門的夷狄之像而無動於衷？道理很簡單，因爲數十年來「外化」的意識，已經使中國知識分子的民族意識痲痺了！「痲木」之謂「不仁」。在這種情形之下，居然還有人無視於國族文化的艱危，而反對講夷夏之辨，眞可謂「匪夷所思」了。

二、他們也很不喜歡中國人講民族文化本位：這也是一種很奇怪的頭腦。古今中外曾有一個獨立的國家以外國的文化爲本位的嗎？守住民族文化本位，乃是自愛自重，自尊自立；我們既不排斥外來的文化眞理，當然不同於「只知有己，不知有人」的所謂本位主義。維護民族文化傳統，是珍惜祖先聖賢的文化業績以及創造這偉大業績的智慧生命；維護傳統不但不妨礙進步，而且還可以返本以開新，當然也就不同於「抱殘守闕」的所謂傳統主義或傳統派。我們念念自覺要保住民族文化的命脈，不願外來的意識形態在中國喧賓奪主。我們念念提醒儒家在中國文化中的主位性，以及民族文化的「原則性」「方向性」，而不忍心看到中國文化被視爲一堆沒有生命的材料，被人家拿去隨意處理，隨意擺弄。須知民族文化乃是一條生命之流，它必須延續光大，以浩浩蕩蕩地流下去；怎麼可以只作「材料」看待？文物古蹟可以整理，而沒有死滅的民族文化，你竟也視同「遺產」來處理嗎？西洋人說「中國文化遺產」，是表示不把中國文化當生命看，只把你和古埃及古希臘等同並論；我們是中國人，竟也跟著別人瞎嚷嚷，而不知自愧發憤，那就「太不肖」了！新儒家警覺於此，所以反對用別人的形式框框把我們自己框住；我們要依據自己文化生命的「原則、方向」，獨立自主地來開創中國文化的前途。這，就是我們要守住本位的用心所在。而唐君毅先生在香港所作的卅年艱貞苦志的奮鬪，其最中心的目的之一，也就是要守住這個本位，以求返本而開新。他那悲壯的文化意識之昂揚，中國人應該深受感動，而聞風興起。難道那些反對講民族文化本位，而意欲假外來意識形態在中國喧賓奪主的人，反而比唐先生更值得中國人來尊敬不成？

對於外來意識形態喧賓奪主的野心，新儒家理所當然的必須堅決加以反對。但新儒家秉持「與人爲善」的精神，並沒有發出直接的指責和批評，而只是採取一種「提醒」的方式。一方面提醒自己的文化心靈，以保持清明和警覺；一方面提醒對方，不可以偷樑換柱、喧賓奪主；而應該尊重儒家在中國文化中的主位性，並共同面對中華民族，以眞心誠意來維護民族文化的原則，貞定民族文化的方向。

3. 批判泛自由主義之無益於民主建國

自由人權，本是政治層上的觀念，它必須在法律的軌道中運行，必須在權利義務的對待之中求其實現。至於家庭、學校，則另有一套道德倫常與敦品勵學的規模。父母子女的身分、老師學生的身分、和政治上「公民」的身分是不同的。家庭學校是「養育、敎育」的場所，而不是政治活動的地方。但由於以西化意識爲底子的自由主義之泛濫，却造成了數十年來父母不能管敎子女、老師不能敎訓學生的情勢。這種情勢又造成青年人生命的放縱恣肆，虛誇狂蕩，由於青年人那點先天的理想性無法找到正當的出路，於是便橫衝直闖，盲目地到處掛搭，結果，很快地就被共產黨釣走了、利用了。共黨一方面製造階級鬭爭，發動武裝叛亂；一方面假借自由平等民主的美名，挑起了家庭革命和師生鬭爭。他們軟硬兼施，詭詐百出，一轉手之間，幾億中國人的自由便完全被剝奪了。這就是變了質的自由主義在中國泛濫橫決，推波助瀾，所帶出來的惡果。

自由是可貴的。但講自由主義落到只知道開「人權清單」，只知道要求「個人自由」，而却無視於中華民族「民主政體建國」的嚴肅和艱難，這就表示他們已經忘掉了自由主義的精神理想，忘掉了大是大非，而流於自私了。

新儒家當然肯定自由，但却反對泛自由主義，反對「只講個人自由，不講國家民族自由，抹煞歷史文化之價值」的所謂自由主義者。因此，新儒家必然要積極地正視民主建國的嚴肅意義，肯定民主建國的眞實價值。中華民族必須完成近代意義的民主建國之大業，以樹立國家民族足以眞正獨立自主的鋼骨，全體中國人的自由人權，乃能獲得堅實的保障。這是新儒家用心的一大重點，也是儒家新外王的基本內容。在這方面，徐復觀先生、唐君毅先生，都發表了很多的言論，分別見於他們的著作。而牟先生的立場，則主要見於他的「道德的理想主義」、「政道與治道」二書。另有張君勱先生，他對於民主政治之本性的了解，實遠過於民國以來其他的留洋生。他可能欠缺黨政事業的大才幹，而不免爲其政黨所累；但他對於民主政治所表現的器識，是應該給予公平之評價的。

4. 批判科學一層論者之壟斷學術

科學，能反對嗎？曰：不能，事實上也沒有人會反對科學。但唯科學的「科學一層論、理智一元論」者，則必須加以批判，加以反對。因爲文化學術的內容，不只是科學這一層，道德、宗教、文學、藝術，都是它的主要內容。學術眞理也不能只是理智這一元，就以西方「知、情、意」三分來說，理智也只是三者之一而已。然則，如何能以科學來壟斷一切學術？

民國十二、三年間，有所謂科玄論戰。起因是梁任公在「歐遊心影錄」裏，提到歐洲人在第一次大戰之後，已經覺悟到科學不是萬能的。接着張君勱也發表一篇文章，說到科學不能決定人生觀。梁張二人的說法，在今天應該是一種常識了。可是，新文化運動以後的中國知識分子，却認爲科學就是眞理的全部，當然也可以決定我們的人生觀。於是胡適之等人都參加丁文江的陣營，合力來打「玄學鬼」（這又是一個極其淺陋輕薄的詞語）。玄學鬼到底打倒了沒有，我不曉得。但從那以後，中國知識分子的頭腦，倒是被打得平面化了，只有科學一層了。所以無論什麼東西，都要加上「科學」二個字，遂使科學成爲橫行天下的巨無霸。只要有人指着你的鼻子，說：「你不科學！」就無異被判刑罰，打入地牢。

新儒家反對這種唯科學的「科學一層論、理智一元論」，因爲它本身既已欠缺一個價值之源以立本，而又壟斷學術、扼抑高層的深廣的文化價值。但新儒家雖反對「科學一層論」，却絕不反對「科學」，而且還積極地在爲中國文化如何「開出科學」做思想疏導的工夫。新儒家認爲，近代的科學技術，正可以滿足中國自古以來「開物成務」「利用厚生」的要求，所以開出科學，可以視爲中國文化的內在目的之一。同時，良知也必然肯定科學的價值，而且良知（德性主體）還可以自覺地作一步自我坎陷，以轉出「知性主體」，使中華民族也能在自己的文化心靈中，開出知識之學，以滿足外王事功的要求。（中國民族的科學心智本來就很高，但以前那些科技性的創造發明，只是聰明才慧之士的特殊表現，而在中國文化學術的領域裏，卻一直沒有開出一個獨立的知識之學的傳統，這是今後必須自覺地求其完成的一步文化之奮鬪。）所以儒家新外王的兩大骨幹，一個是完成民主政體之建國，這是「國家、政治、法律」一行；另一行就是開出「邏輯、數學、科學」，以極成開物成務的事功精神。

最後，我們可以總結地說，儒家當前的文化使命，主要就是集中在牟先生所提出的三個中心點上。（此三點，皆是人類精神表現的積極型態。）

第一、是道統的肯定：這是屬於內聖成德之教承續光大的問題。日常生活的軌道、精神生活的途徑、文化生命的方向，都是這方面的事。這是引發文化創造的源頭活水，必須使它永遠充沛而暢通。

第二、是政統的繼續：這是政治方面的問題。我們必須認識政體發展的意義，肯定民主政治的必然性；並在治道以外再開出客觀法制化的政道，以完成民主政體的建國。

第三、是學統的開出：由民族文化心靈轉出知性主體，融攝希臘傳統，以期在中國文化生命領域之中，開出學術知識的獨立性。如此，才能有具體的知識和實用的技術。

上述第一點，含着道德宗敎的融通問題。我在「鵝湖」56、68兩期發表的二篇有關道德宗敎的文章（卽本書第四第六兩文），可供參考。第二、三兩點，則是繼明末三大儒而推進一步，以期徹底開出外王事功。而中國的近代化或現代化，也正好集中在這後面兩點上。

刊於「鵝湖月刊」七十一期

儒家精神與道德宗教

六十九年元旦講於輔大主辦之「國際哲學會議」

從去年十二月二十八日至今年元旦，輔仁大學主辦了一次以「當代哲學與宗教問題」爲主題的「國際哲學會議」。與會的學者，來自德、意、英、美、加、印、菲、日、韓等國，加上國內各大學的哲學教授，共有五十餘人參加。筆者因爲學校有課，只出席了最後一天的會議，也最後宣讀論文。我所提的這篇論文，說的都是通義常理，行文也力求淺近平實。但出乎意料的，却引起相當熱烈的反應。當論文宣讀完畢，即有高思謙教授、薛保綸教授、曉雲法師等發言，謬加稱讚和提出詢問。休會之後，幾位外籍教授也來握手致意，並表示希望有機會到東海大學訪問。接着高思謙老先生由於弄錯了我的姓名，又特地過來致歉寒喧；曉雲法師因爲在華岡哲學研究所和我有同事之誼，也由她的女弟子陪同，一起來相敍晤，並說到會通精神對當今宗教的重要；薛保綸教授則將他的大著「墨子人生哲學」送我一册。而師大張起鈞教授更情詞誠懇地特予謬許，說在今天這個場合我所表示的儒家立場，是適時而切要的，這種平正的道理應可視爲這個會議的一個歸結。張振東教授對我所說宗教眞理中那個最後的實在只是一個，表示贊同。李振英(李震)教授則說，輔大哲研所的同學很需要了解我所提出的這一類問題，希望有機會爲他們講一講。還有陸達誠司鐸和韓國的鄭仁在博士，更和我說了很多話。到閉幕式時，蕭師毅教授（此次會議的秘書長）又特別提到他很贊同我的說法。我記述上面這些事，並沒有私心欣喜的情緒，因為我說的本就不是我個人的獨見，而是文化思想的通義常理，而諸位先生對我的謬讚，實在只是由於心同理同之故。雖然有些稱賞的話，和我論文中的本意不盡相合，但會場熱烈的反應，却也表示我文中所說，正是大家共同關心的問題。為此，特於文前略綴數語，將文稿予以發表，希望能引起更多的人士來重視和研討這個文化的根本問題。

一、文化的根源在道德宗教

當代中國知識分子所面臨的最大的問題，是文化問題。講文化，除了民主與科學，還有道德與宗教，另外還有文學與藝術。

民國初年，大家講民主、科學，而忽視道德、宗教。而且把道德看成是封建的、落伍的，是違背自由民主之原則的，所以不講道德，以至於反道德，於是有所謂「禮教吃人」的咒詛。大家又認為宗教是迷信的、不科學的，因此不講宗教，以至於反宗教，於是在民國十二三年間，出現了什麼「反宗教大同盟」的組織。但照我們今天的了解，為了講民主科學而去反對道德宗教，是不對的，這表示當時一些人對文化眞理的了解，欠缺深度。須知文化的本質正在於道德與宗教。道德宗教的作用，不只是能建立一個「日常生活的軌道」——如人倫生活的規矩、婚喪喜慶的儀節，以及祭祀之禮等等。而且它能開出「精神生活的途徑」——(1)就個人方面說，是人格的創造，以成聖、成佛、成眞人；(2)就客觀方面說，則是歷史文化的創造。所以，道德宗教正是湧發「文化創造之靈感」的泉源，也是創造文化的原動力。基於不同的道德宗教之信念與實踐，纔形成各個民族不同的文化體系。所以道德宗教纔眞正是文化的根源。

文學與藝術雖然各自成爲一個獨立的領域，但它常常表現出濃厚的民族色彩與鄉土氣息，這正是因爲它與道德宗教的觀念信仰，有着緊密關聯的緣故。假如一旦撤除了道德宗教的根核，那是不可能創造出有深度的文學和藝術的。

至於民主與科學，雖然也各有它獨立的本性，但在整個文化眞理中，尤其在實踐的過程中，仍然與道德宗教有着相依的關係。我們且不往深處說，大家只要簡單地想一想，如果沒有公正負責的政治家，沒有奉公守法的人民，民主政治將如何可能呢？而「公正負責」「奉公守法」不就是良好的道德品性嗎？至於科學家從事科學的研究，他仍然必須具有對眞理的虔誠和持恒的努力，這仍然是道德的。而宗教信仰也可以開啓人的心智，培養人的品行。所以，民主科學與道德宗教並不相礙。而且道德宗教的精神，正大有助於民主科學的實現與創造。

二、道德與宗教的關係

人在道德生活中，常常會接觸到一些問題，其中有些是屬於道德範圍以內的，有些則已逸出道德範圍之外，而與宗教發生了交涉。而道德與宗教的關係，正可以從這些地方得到了解。

第一、道德與幸福一致的問題

大體說來，道德生活有兩個特質。第一是「不怕苦難」。人爲了完成道德，可以忍受各種痛苦與危難，而且可以自覺地去忍受。文天祥正氣歌中所謂「鼎鑊甘如飴，求之不可得」。他所表現的就是這種不怕苦難的道德勇氣。第二是「不求報償」。道德行爲只求自己心安理得，而不是爲了報償，人有恩德於我，我應感念不忘；但我有恩德於人，則不可存之於心，更不可等待他人來報答。否則，便不能算是眞道德。所以有心爲善，雖然也算是好的行爲，但不能算是大善。

不過話雖如此，但當一個好人受盡苦難，一個壞人却享盡榮華，顏回短命而死，盜跖却克享天年，這其間便總會使人感到不平，而覺得天道不公。正如太史公所謂「天之所以報施善人，固若是乎」？這種不平之感，便是希望「道德與幸福一致」的深心的要求。又如中庸上說：「大德者必得其位，必得其祿，必得其名，必得其壽。」修德者既然不怕苦難，不求報答，爲什麼大德者又必得其位、其祿、其名、其壽？這便逸出了單純的道德範圍，而是一種宗教性的要求了。所以要求道德與幸福一致，乃是道德與宗教發生交涉的第一點。（註一）

第二、靈魂不滅的問題

人的自然生命雖然有限，但人却不會願意當他呼吸停止、軀體腐朽之後，就眞的從此消逝了。於是，靈魂不滅的要求，便自然被引發出來。「靈魂不滅」這個觀念，大體可以從兩種型態來表示：

其一，是承認一個鬼神世界：中國的傳統是有鬼神觀念的。（註二）人們常如此認爲：一般人死後成爲鬼，仁人君子與忠孝節義之士則可以成爲神明。人的生死，正是彼世界（鬼神）與此世界（人間）的一個來回。禮記祭義篇說：「衆生必死，死必歸土，此之謂鬼。」說文也以人所歸爲鬼，而有「鬼者，歸也」的說法。人死之後，旣仍然可以和祖先同在以得其歸依，那也就沒有什麼可怕了。所以中國人繞着祖先的墓園走一走，看一看，或者躺在祖墳旁邊休息一下，都會得到一種「慰情」之滿足。我們也許以爲受過科學的洗禮，便斥責鬼神觀念爲迷信，這個看法是否全對，暫可不論。但我們至少必須了解，世界上不止你我一二個人，不止某一部分人，而多數人心靈中的需求，卽使不全是「眞」，那也是不可忽視的。人生的道理，並不像一個普通的知識問題那麼單純。人如果只承認理智一層，決對無法解答、更無法解決複雜的人生問題。

其二，是創造不朽的價值以得永生：春秋時代魯國賢大夫叔孫豹曾說：「太上有立德，其次有立功，其次有立言。」此卽所謂「三不朽」。人把自己的精神心靈，化爲德、化爲功、化爲言，於是他的生命便隨着他所創造的價值而垂於久遠了。他永遠活在後人的心裏，因而他永生了。我們退一步說，人縱然不要求自己永生，至少我們希望聖賢能够永生。但只是希望，還不足以滿足我們深心的要求，於是又立廟宇、塑金身、立神主，祭之、享之，祀之、敬之。所以聖賢孝子忠臣義士，都能俎豆馨香，血食千秋，我們都把他們看做不朽的神明。人要求靈魂不滅，要求不朽以得永生，這不僅是道德的，而同時又使它與宗敎發生了交涉。

第三、普遍的精神生命之存在的問題

道德生活一方面是自己的，一方面也是個人對他人的（如人倫生活）。在個人對他人的道德生活中，乃有生命與生命以及心靈與心靈的交感相通。譬如這次國際哲學會議，每天都有人在講話，同時也有許多人在聽，在講者與聽者的交感相通之中，我們便感覺到自己的生命不僅是我個人的，也可以通到他人生命中。這裏便呈現了一個超越我們個人、而又包含我們個人的「普遍的精神生命」之存在。這是當下現前就可以覺察到的一大眞實。

不過，這一個普遍的精神生命，在平時我們很容易忽略它，似乎覺察不到它的存在。但是當我們處於痛苦困頓的時候，就會眞實的覺察到。太史公說：「人窮則返本，慘痛哀惻則呼父母。」又說：「未嘗不呼天也，未嘗不呼父母也」。人爲什麼要呼父母？並不是以爲父母有超人的力量，可以解除我們的痛苦，而是人有一種「回到生命根源中去」的願望和要求。人是父母所生，父母是我們生命的根源，當我們一旦在人生的途程中失去憑依，而感到生命孤獨悽涼的時候，我們就會生起一種深心的願望，想要回到生命根源中去與它合一。於是我們哀號，我們呼父母。由父母直往上推，可以推到遠代的祖先。而人類又爲天地所生，所以人在困頓無助的時候，「天啊！天啊！」這種呼求，也就自然而然地從心靈深處發出來。因爲「天」是最後的生命之根源，是生命之本體，是超越個人而又含攝個人的普遍的精神生命。人唯有和這個普遍的精神生命通而爲一時，纔能獲得生命的舒泰和心靈的平安。中國人喜歡講天人合一，也正可以從這個線索上去了解。

對於這個「普遍的精神生命」，我們稱之爲「天、天道」，耶教稱之爲「上帝、天主」，印度教名之曰「梵天」，回教又叫它「阿拉」，名號雖然不同，而它所涵指的意義層次，是相同的。孟子所謂「上下與天地同流」，易傳所謂「與天地合德」，程明道、王陽明所謂「與天地萬物爲一體」……這些話都表示人對這個普遍的精神生命，有一種「由內在通向超越」的要求。因此，人之呼天呼父母的「呼求之情」，不能只看做是道德的，它更是宗教的。

從以上三點說明，可以了解道德本就可以通往宗教，只講單純的道德而不注重宗教眞理，總覺得有些不足够。不過，⑴在西方，道德與宗教大體是採取分開的方式。他們的道德概念比較是初層次的，而較高層次的精神心靈之生活，與生死幽明之際、天人之際的問題，則交託給宗教。⑵在中國，則將道德與宗教融通而爲一。所以作爲中國文化之主流的儒家，不但具備道德精神，而且也具備宗教精神與宗教情操。

三、重新認識儒家的性格

要說明儒家是否也具有宗教的性格，首先應該分辨一下「宗教眞理」與「宗教形態」。宗教眞理是「一」，而宗教形態是「多」。宗教眞理中那個最高的主宰、最後的實在，只是一個，無論你賦予它什麼「名」，而指歸是同一的。但宗教的形態，則須通過人的生命來表現，來完成。而人的生命又是各不相同的獨立的個體，因此，依於孔子之「仁」，釋迦之「悲」，耶穌之「愛」，遂各自形成了不同的「教」之形態。因此，任何一個宗教，皆只是表現宗教眞理的形態之一。

在中國，向來都是「儒、釋、道」三教並舉，但民國以來，一般人却不認爲儒家是一個宗教。這其中的原因，一方面是民國初年康有爲陳漢章等人的孔教運動失敗，而造成一種情緒上的反感和心理上的禁忌（註三）；另一方面是大家常以西方宗教爲模式來作對比，只從形式上來觀察，以爲儒家既沒有教會組織，又沒有僧侶，也沒有很特殊的宗教性的儀式，在這些「事」上，使得儒家不像一個宗教。其實，形式或形態本就是多樣性的，我們沒有理由限制宗教的多樣性，也不應該主張凡是宗教就一定要採取某一種形態。更何況從宗教之「理」上來說，儒家又確實具有宗教性，也能表現一般宗教所表現的作用，和擔負一般宗教所擔負的責任。儒家講道德，常含有宗教性的意義，而不只是單純的道德，單純的道德只及於人生界，而儒家教義所重視的則不限於人生界，同時也重視「死」與「祭」。

子路問死，子曰：「未知生，焉知死？」一般人常以爲這是孔子只重視生、而不重視死的證明。這實在是不思之過。我們只要細細一想，應該可以看出孔子這句話，只是對子路指點生死的本末輕重與先後之序，而並不表示孔子不重視人生之「死」的問題。孔子不是說過嗎？「生、事之以禮，死、葬之以禮，祭之以禮。」從生到死，再到祭祀，都以禮一以貫之，這表示人的孝敬之誠，是徹通生死幽明的。而重視喪祭祀敬，也正表示重視人生之「死」的問題。後來由荀子所講的禮之三本（君師、祖先、天地），而演變爲三祭之禮。試問，祭天地、祭祖先、祭聖賢，能把它看做僅僅是道德的嗎？這其中，當然有宗教性的情緒，宗教性的虔誠，以及宗教性的要求。而孔子的超越意識，尤其明顯而深摯。他「知天命」、「畏天命」（畏、敬畏義）、「下學而上達」（上達天德），又說「天生德於予」、「知我者其天乎」、「獲罪於天，無所禱也」。這一類的言詞，都是我們應該加以正視的。

唯識學大師歐陽竟無曾說，佛教非宗教非哲學、而亦宗教亦哲學。我們也可以說，儒家的性格，是亦哲學、亦道德、亦宗教的。唯其如此，所以儒家的禮樂倫常，可以成爲人民生活的軌道，而儒家這個天人合德之「教」，乃能安頓中華民族的生命。（附按、佛教傳入中國，曾經有過極為興盛的時代，但佛教並沒有成為中國的國教。因為中華民族既已有了儒家作宗主，佛教便自然在中國居於賓位。佛教如此，其他傳入中國的宗教，也同樣不能例外。）

四、禮教三祭所表示的意義

儒家的道德宗教精神，具體地表現在中國的禮教之中。禮教的形式雖已衰微，但它內涵的思想精神，仍然活躍在文化心靈之中。在此，我們無暇敘述禮教的內容，而只是就它最能顯示宗教精神的「三祭」之意義，來作一個反省和考察。

一、祭天地：這裏所說的「天」，不是天文學上的天，而是有意志的天，在以前也常稱之爲「上帝」。（上帝之名，在詩經書經等典籍中屢見不鮮，如「皇皇上帝」、「上帝鑒汝」、「對越上帝」等等。）天，除了含有人格神這一層意義，又可以轉爲形上實體的意義，而說天道、天命、天理、天德等，這表示「天」有豐富的內容。因而，許多具有不同類型的宗教情緒的人，都可以從不同的方面對它引生誠敬，而來尊信它。由此也可看出，中國文化特別具有涵蓋性與包容性。其次，這裏所說的「地」，也不是地理學或地質學上的地。中國人看地是大地生機，是持載之德。中庸說「天覆地載」，地能持載萬物，這就是地的偉大。而中國文化也正表現「載」的精神，能承受一切好的東西，因而也能包容各種宗教與文化眞理，這就是「地德」。

天爲乾，爲父，地爲坤，爲母。天在上，地在下，而中國文化精神不但能上達天德，也能下開地德。天德成始，地德成終。終始條理，金聲玉振，而後大成。可見中國人祭拜天地，其中所涵容的意義，是非常充實飽滿而圓盈完足的。

二、祭祖先：天地創生萬物，是一切生命之始，而祖先則直接給予我們生命。所以祖先的恩德，是可以和天地相提並論的。祀敬天地和祖先，同樣都是「報本返始」「愼終追遠」的精神。我們不承認生命的可貴則已，如果承認生命的可貴，那麼，中國人之敬祀祖先，就無疑的是一種非常高貴的傳統。有人說，中國人敬祀祖先，乃是一種「祖先崇拜」，這是以那些原始部落原始民族的「××崇拜」來作比附，是一種「非善意」的貶視。須知「齋明盛服，以承祭祀」，根本不是一般祈福消災的心理，而是致誠敬以徹通幽明的限隔，頌祖德以期子孫之繼述光大。這種緜緜穆穆的深摯情懷，旣表示精神生命的擴展與延伸，同時也是一種人神交通的精神生活。所以說，「祭神如神在」，「洋洋乎如在其上，如在其左右」。然則，那些原始民族的什麼什麼崇拜，豈足以和中國人之敬祀祖先，同日而語？

三、祭聖賢：天地是宇宙生命之始，祖先是個體生命之始，聖賢則代表文化生命。聖賢人物之所以値得崇敬，就在於他們以自己的生命、德性、智慧，開發了人類精神無限向上之機；使人反求諸己，就可以覺識到生命中莊嚴神聖的意義。聖賢立人倫，興敎化，爲人類安排了一個精神生活的軌道，開闢了一個精神心靈的領域。他所提揭的文化理想，也爲民族文化指出了一個正大的方向，而使之有文化慧命之永恒相續。孟子說：「聖人者，人倫之至也。」聖人旣是人格世界最高的型範，當然値得我們永遠來祀敬。當我們面對聖賢的時候，那種莊嚴肅穆的心情，就直接地使我們個體的生命，和民族文化生命的大流通在一起。父母生我們七尺之軀，而聖賢則使我們的生命通貫古今，而能自覺地表現「橫通天下之志，縱貫百世之心」的綿綿相續的意義。

五、宗教精神的終點與歸宿

中國人對生化萬物、覆育萬物的「天地」，自己生命所從出的「祖先」，以及立德立功立言的「聖賢」，併此三者而同時祭祀之、崇敬之，我們認爲這是一種較普通宗教更高明廣大的宗教精神。因爲禮教三祭並不局限於一定之神，而且其精神內涵更時時在生長擴大與創新之中。中國民族當然有雅量容受其他宗教，但我們也要維護自己的禮教。任何民族都該有它自己的傳統，人能守護他自己民族的價値規範，不但是極爲可貴的，也是絕對應該的。

人如果不歸於自己，不通過自覺、自主、自律的道德實踐以上達天德，而只是一心一念想把自己的生命向外交託，是否就眞能交代得了？這是一個値得省思的問題。我們是人，所以不能放棄人本人文的立場，也不應該忘懷人間。耶穌上了十字架，回到上帝身邊，但是他却還要在人間復活。復活爲了什麼？爲了愛人。佛教有菩薩，菩薩是自己可以成佛，但「衆生不成佛，我誓不成佛」，他要度盡天下一切衆生。這又是爲什麼？乃是爲了慈悲。在此我想起了近年故世的唐君毅教授的幾句話。大意是說：一切宗教徒，當他成道得救之後，他仍將化身爲儒者，回到人間來救世救人。而儒家正是要「與人爲徒」，以成就人倫人道，和創造人文價值。依此而觀，儒家「本天道以立人道，立人德以合天德」的天人合德之教，應該是一切宗教精神的終點，而可以作爲各大宗教共同的歸宿。

世界各大宗教之間，或多或少都不免有些本質上或事實上的衝突磨擦（宗教戰爭卽因此而起）。我們認爲，只有發揚儒家寬平而開放的精神，才能打通宗教與宗教之間的隔閡，而使一切道德宗教的眞理會通在一起。也唯有撤除彼此的藩籬，開誠布公，與人爲善，各大宗教纔更能發揮它的作用，以達成救世救人的目的。

六、結語：再提出幾點看法

我們說儒家含具宗教性，只在指出這個歷史文化的事實，並希望大家正視這個事實。但儒家却無意於和其他宗教相對立，以競一日之短長。儒家可以和任何高級的宗教，互相觀摩，互相取益。儒家也尊重一切宗教徒在信仰上所作的主觀的抉擇，而不會對某一個宗教存有先在的成見。但是，如果別的宗教對儒家先存有一種執意的誤解，或者採取一種有心的混抹，那麽，我們也就很難强制儒家「默爾而息」。當然，無論儒家主動地宣說自己的義理思想與精神方向，或者被動地起來維護自己而駁斥別人，也仍然是本乎公誠之心，以申述義理之正。數千年的歷史事實是如此，而當今儒家的學者們，也同樣持守着這樣的態度，而且具有這樣的襟懷。本着這樣的態度和精神，我願意提出幾點淺見，貢獻給與會的賢彥學者，特別是宗教領袖們，希望加以參證採擇：

第一，近年來，宗教界似乎有一種傾向，或者說一種心願，想把西方宗教的一些觀念，拿來和中國文化（主要是儒家）的觀念相比配，以爲經過一番調和混同，就可以打通觀念，消除思想宗趣上的差異。我個人雖然很欽佩這種用心，但却覺得不免有「助長」之失。因爲不够相應中肯的比配，事實上是很難避免「欲速則不達」乃至於「徒勞無功」之後果的。這個會議的主旨，是要討論哲學與宗教的問題。因此，我應該被容許說一句率直的話：如果西方宗教只想在中國增加教徒——如果是這樣的話，我個人不想表示意見，因爲宗教信仰自由，是我們一向肯定而且尊重的。但如果不是這樣，而是眞心誠意地想和中國文化精神相會通、相融攝，則虛心地學習了解和體驗，實在遠比匆率而勉强的解釋判斷，更爲需要，而且更能符合實際的效益。

第二，就中國文化的發展而言，過去一二千年，是儒、釋、道三教相互摩盪的過程，今後必然將是儒、佛、耶三教相互摩盪，以求融通。而文化價值系統的融通，一要「精誠」，二要「機緣」，三要「時間」，這是急不來的。在當前這個階段，我們希望先能眞正做到：互相尊重、互相了解、互相觀摩。然後，各本眞誠與信念，在不離失自己本性的原則下，充實自己，改進自己，以與異質文化相資相益、相融相攝，而導致一個「和而不同、交光互映」的人類文化之新境界。

第三，我認爲當代的哲學和宗教，有一個共同的重大使命，那就是「反物化」。反物化必須從兩方面着眼和着力：首先是「反思想上的唯物主義」。不把人當人看，而把人當物看的馬列共產主義，是從根上「反人性、反人倫、反人道、反人權」的邪惡思想，是二十世紀最大的魔道，所以必須堅決加以反對。其次，是「反生活上的唯物主義」。凡是趨向於物欲恣縱、情意泛濫的觀念意識，以及實際追求感性層之物質享受的，都是生活上的唯物主義，都將消磨人類向上的意志，腐蝕人類道德的心靈。這二種唯物主義，乃是一切純正哲學和宗教的共同敵人。在此時刻，我們已經無可避免地要對它們兩面作戰。而且必須戰勝它，才會有哲學慧命的延續和光大，也纔能發揚道德宗教的光輝。

註一：德與福一致的問題，極為幽深邃遠。今年五六月間，牟宗三教授在臺灣大學哲學研究所曾談到這個問題，認為這是東方講「圓教」所應含有的義理。他表示將寫一部書解答這個問題，書名可能叫做「圓善」。

註二：按、儒家對鬼神的態度，是存而不論（不去描述鬼神世界如何如何）。而祭祖先祭聖賢乃是慎終追遠、崇德報功，要者是在致誠敬，與光大祖德、承續慧命。至於祖先聖賢是否精靈不散，是否已經成神，則並不視為問題的中心所在，所以用不着去作理智性的探索（鬼神也本非理智所知的對象）。而且儒家的宗教性，也不能直接就鬼神說，而應該從天、天命、天道方面說。關於儒家的天與天人關係，須別論。

註三：民國初年，康有為陳漢章等人發起的孔教運動，由於迂固愚誠而無實，結果當然失敗。以儒家為主流的中國文化，本來就沒有走一條宗教的路，而是攝宗教於人文，以人文精神淨化宗教、充實宗教。如果將儒家作宗教看，它也是「即道德即宗教」的天人合德之教，可名之曰「道德的宗教」。它既與以捨離為首要義的「滅度的宗教」（佛）不同，也與以神為中心的「救贖的宗教」（耶）不同。我們在此說儒家含具宗教性，也並不是要以儒家作為一個普通的宗教，來和其他宗教爭高低、爭短長。我們的意思，是在說明歷史文化的事實，以袪除一般心理上的禁忌，俾能敞開心靈之門，對儒家的精神宗趣，作更為相應更為清楚的了解。

附記：立場的表示與問題的討論

本文在哲學會議宣讀之後的反應，已在前言中略有敘述。事後，我曾翻閱其他與會學者的論文，獲益不少。但同時也發現了一些狂熱炙人的論點。其中有一個說法，認爲非基督宗教既沒有領受到天主的特別啓示，其宗教的智慧大概只限於原始啓示的範圍。非基督宗教

(如儒、道、佛、印、回，乃至猶太教等)只是自然宗教，這些自然宗教雖然也是天主上智所批准的宗教，但却只是基督福音宗教的前驅，只具備一種接觸基督福音的合法身份，等到與基督宗教會面之後，這些非基督宗教的使命便告完成，而應該讓位(意卽被融解、被吞沒於基督宗教)。同時，他們還宣稱羅馬已經設立一個「非基督徒秘書處」，以表示推進這種新神學的實踐決心云云。這種貶視其他一切宗教文化的「唯我獨尊、唯我獨高」的態度，最多只表示了一個宗教教會與信徒的熱忱，而並非眞正具備眞理性的說法；而且必然會妨礙各系文化的融會交流，會加深各大宗教之間的壁壘對立，因而也將損及世界人類的福祉。所以這種新神學，實在說不上是一種良好的發展。

二月上旬，東海大學與臺灣省民政廳等有關單位合辦的「文化與宗教」研究班，我又應約將本題的大旨重講一次，亦引起頗爲熱烈的反應。其中有一位還特別把講稿取去影印，隨後又到招待所休息室來相談，提出了好多問題。譬如他說，站在民族歷史文化的立場，他很同意我所說「外來宗教傳入中國，必須尊重儒家在中國文化中的主位性，而不可喧賓奪主」，但站在宗教眞理的立場，似乎不必作此主客之分。我說：在講詞中我已說過，宗教眞理是一，而宗教形態是多。任何宗教都表現宗教眞理，但都不是宗教眞理本身。宗教眞理本身，是絕對的，自無主客之可言；但一落實爲某某教，便必須作爲一個宗教形態來看。某一宗教傳入另一個文化系統的國度裏，就會有異質文化交會接觸的問題。此時，便必然有主客之相對。如果這個作爲「主」的文化系統低於傳進來的宗教，則不待「喧賓奪主」，此一文化系統亦必自然而然地被傳入的宗教所吞沒、所同化。近數世紀以來，基督宗教傳入美洲、非洲、澳洲，以及亞洲的非律賓，便是這種情形。但在回教世界，情形便完全不同(非律賓的回教徒亦同樣沒有歸化天主教）。在佛教地區（如泰國）與印度教地區，歸化基督教的人數，亦不多。在中國，亦復如此。儒教（一般地說，稱儒家；特殊地說，稱儒教）雖不同於一般宗教，而且儒教所素具的平正涵容的精神，亦不排斥外來的高級宗教（如佛教傳進來，便與儒教賓主相安）。但如果某一外來的宗教不承認不尊重儒教在中國文化中的主位性，而想要來喧賓奪主、偷梁換柱，則中華民族決不答應。這就是我提到外來宗教不可在中國喧賓奪主的本意。至於信教傳教的自由，不但憲法載有明文，而且亦合乎以儒家為主流的中國文化之寬平涵容的精神。

接着，他又提出一個問題。他說看了中國文化月刊第三期我那篇「孔子與耶穌」的文章，覺得我對耶穌方面說得太少。從「神而人」看耶穌，是傳統的說法；從「人而神」看耶穌，則有些神學家亦在討論這個問題。而且現在基督教中有一種開明的說法，承認人人都是上帝的兒子，都可以回到上帝的身邊。但他又說，至於耶穌的降生，則是一件大事，是一個普世的福音，他負有一大使命，他將引導人人回到上帝身邊。我說：第一，我們很歡迎基督教內部能討論以「人而神」的觀點來看耶穌。這樣，就可以敞開一個大門，使「人而神」和「人而聖」、「人而佛」一類的道理，互相融和會通。第二，你說基督教已經可以承認人人都是上帝的兒子，這個話的意指，恐怕和甘地所說的意思，大有距離。甘地是說：「我不能置信，若使不做一個基督徒，便不能升天的事實。」又說：「在我，不可能相信耶穌是上帝的獨子，也不相信只有信耶穌的人才可以得到永久的生命。我以為，若使上帝有兒子的話，我們都是他的兒子們。」（見甘地自敍傳）。而照你所說的意思，耶穌之降生為人，他的身分和使命，都是特殊的，他作為一個「人」，和一般人之作為一個「人」，並不相同。第三，你說耶穌降生是一件大事，是普世的福音，他負有引導人人回到上帝身邊的使命。如果把你這個意思說得明白一點，則(1)耶穌仍然是「神而人」，是上帝的獨子或其化身；(2)而上帝的其他兒子們仍須通過耶穌，方能升天，而不能通過他們自己的文化教義和德性自覺而得救。因此，你所說的開明，只是說法上的變通，並沒有實質上的調整。內在於基督教而有的種種說法，非基督徒（至少是儒家）亦有同情的了解和尊重，但是否同意採取那些說法，則要另說另講。〔現在，我可以補充表示一下：「不通過耶穌，即不能得救」，這句話我們永遠不能同意，因為它抹煞了一切非基督徒的德性人格。但如果換一個說法，說「通過耶穌，可以得救」，這樣說，則我們可以表示尊重和承認，承認耶穌與孔子、釋迦、穆罕默德等所宣導的教訓和道理，同樣都是使人得救而完成他自己的路道。〕

寫到這裏，我要附帶說幾句話，中國文化月刊第三期我那篇短文：「孔子與耶穌」，本是去年九月廿七日晚，在東海大學一次座談會上的發言錄。（「孔子與耶穌」，就是座談會的主題。）我覺得，兩個名字擺在一起，難免要比較，但一旦比出高低來，無論誰高誰低，都不能浹洽人心。所以我並沒有採取結論式的比較，我那一天所說的話，都是很謹慎、很平正的。同期，刊出了哲學系同事蘇景星先生的「從耶穌看孔子」一文，却採取了直接的比較，看樣子，是已經比出高低來了。但這樣的比較，站的是教徒的立場，說實了，就是以「神」與「人」來作比較。假若先肯定耶穌的身分是神或神之獨子，則耶穌根本就是最高的，而且是唯一最高的，還那裏用得着與人相比較？站在一邊來看其他的人，是以自己這邊做標準；如果這樣，同樣亦可以站在孔子或釋迦一面來看耶穌，其結果，我相信是很難使基督徒浹洽心舒的。我們很了解這種道理，亦知道說話的分際，所以從來不做這一類的比較。

六十九年三月「中國文化月刊」第五期

孔子與耶穌

六十八年九月二十七日教師節前夕講於東海大學「孔子與耶穌」座談會

今天討論的題目是「孔子與耶穌」。通常把二個名字擺在一起，總難免要比較比較。耶穌是降生在西方世界的大教主，具有宗教救世主的身分，而孔子則是降生在東方中國的大聖人。兩個一加比較，如果比出高低來，無論誰高誰低，結果都不能浹洽人心，滿人之意。所以我不想作結論式的比較，而準備採取一種敍述式的對照。而且，這個敍述主要是着重一方面，譬如敍述「甲」方面，自然就可以使我們反照到「乙」方面，來看看他對於同樣或者同類的問題，是採取一種什麼樣的立場，什麼樣的態度。所以這個方式只是提供一個引子，來引發大家共同思考、共同探討。

明天，是孔子二千五百三十歲的聖誕。此時是聖人誕生的前夕，所以我願意來敍述孔子。不過在敍述孔子之前，我想先就耶穌的身分，表示一點淺見。

照基督敎的傳統，耶穌不是「人之子」，而是「神之子」。瑪莉亞是童貞女，木匠約瑟夫不是耶穌的生身父親，耶穌是上帝的兒子，所以他是「神而人」。他那「人」的身分，是因爲受上帝的差遣，來到人間爲上帝作見證，而具有的。這個說法，自當予以尊重。一般非基督徒，也能對這個說法所代表的意義有一種了解。

不過，我們是不是可以換一個角度，從「人」的觀點，來看看耶穌這一個偉大的生命呢？耶穌的一生，完成了一個純精神的表現。他燃燒他生命中的物質性，來透顯他生命中的精神性，這纔使得他無限上升，而與上帝合一。這樣的看法，耶穌就是「人而神」，他那「神」的身分，是後人根據他一生的表現，而加以推尊的。

上面這二個說法，正好是一來一往。從上帝差遣那方面說，是來，是「神而人」；從上升而與上帝合一這方面說，是往，是「人而神」。這二個說法配合起來看，可以使我們對耶穌有一個更完整更平實的了解。

另外，根據「三位一體」的說法，耶穌本人是聖子的身分，但是從宗敎的作用上說，通過「復活」這一步之後，耶穌是兼「父、子、靈」三者而爲一的。所以才說「三位、一體」。如果我們單從三位中的「子位」看，他就是「人」的身分，所以上面第二種說法——耶穌是「人而神」（是由有限而達到無限），應該是和基督敎的敎義精神不相違的。而且這個說法，可以打通基督敎和其他宗敎或其他文化系統互相觀摩互相會通的大門。我不曉得基督敎的領袖們、神學家們，是否可以在這個意思上考慮一下，斟酌一番。

接下來，我們要對孔子作一個簡略的敘述。孔子是「人」，是「人而聖」。了解聖人、敘述聖人、以及稱讚聖人，都很不容易，尤其這麼短的時間，無論怎麼敘述，都不免掛一漏萬。現在我只能分四方面，就孔子「對人、對社會國家、對歷史文化、對天」的態度，簡單地說一說。

第一，孔子對「人」的態度——

「人」是一個含義非常豐富的字。在這裏只舉二點來說，一是人性的問題：孔子對人性的看法，文獻上的記載不多，但我們可以通過孔子說得最多的「仁」，來了解他的人性觀。仁，是先天本有的，而且是內在的。所以孟子的性善論，實在就是呼應孔子的「仁」而發揮出來的。二是人格的發展：孔子教人做君子，做仁者，他說「爲仁由己」，又說「仁遠乎哉？我欲仁，斯仁至矣」！這表示，每一個人都可以通過反省自覺和修德工夫，來完成自己的德性人格，使自己從「自然人」「動物人」的層次，升進到「德性人」「聖賢人——仁者」的境地。由於孔子的啓示，儒家建立了「人人可以爲聖賢」的原則，而開啓了人類精神無限向上的通道。〔今按、最近聽說有人講：儒家是「他律道德」。這眞是「非常奇異可怪」之論。在學術自由的原則下，一個人可以享有主張「他律道德」的自由，但把最典型的「自律道德」之儒家，誣指爲「他律道德」，這就不知道他畢竟是何居心了。〕

第二，孔子對社會國家的態度——

就社會而言，首先是對教育的態度：孔子「有教無類」，顯示他的教化，是以全民、全人類爲對象的。這裏沒有貧富、貴賤、階級、種族的分別，也沒有任何的條件，所以孔子是全人類的教師，是萬世的師表。其次是對職業工作的態度：孔子沒有職業的歧視，他少年時期就做過乘田、管牛羊，做過委吏、當會計，所以我們東海畜牧系、會計系的同學，應該感到高興，因爲你們的工作，正是聖人做過的工作。至於對家庭、對人倫關係，孔子教人孝、弟、忠、信、恕、直等等，這些大家都很熟悉，無須多說。

再就政治、國家而言，孔子認爲「不仕無義」，所以他是主張從政的。他說「君子之仕也，行其義也」。通過政治而行道於天下，這是孔子的心志抱負，而「天下爲公，世界大同」，則是孔子的政治理想。但孔子也同時是一個愛國者。並不因爲講世界大同而忽視國家。他在夾谷之會上，爲魯國爭回了汶陽的失土。在「郎之戰」，他的弟子冉有和樊遲，率領魯國的左師抵抗齊國的侵略，攻入齊軍而有所斬獲，孔子大加稱讚。而右師方面失利，童子汪踦抗敵而死，孔子主張應該葬以成人之禮。這都是愛國情操的眞實流露。對於不愛國家、不爲國家抵抗侵略的懦夫，孔子是看不起的。韓詩外傳記載他「過陳不式」的故事，就是一個例證。

第三，孔子對歷史文化的態度——

民族文化的業績，當然必須繼承，不可以拋棄。但孔子是經過價値的評判，而有所因、有所革、有所損、有所益的。他以「時中」的原則，損益三代，賦予傳統文化以新的意義，新的精神。所以事實上，孔子是重新陶鑄民族文化之統，而開出了中國文化的長江大河的。最近，我交了一位新朋友：傅偉勳博士，他是新竹人，現在美國一個大學教書。我們還沒見過面，而神交已久，上學期末，他寫信來希望我送他一本書，於是就開始互相通信。他說他一直硏究西方哲學，最近幾年纔回歸到東方、中國，他發現中國哲學，尤其儒家哲學的智慧，沒有任何一個文化系統可以比得上。但是他說，對傳統哲學、傳統文化，應該「批判地繼承，發展地繼承」。我認爲這二句話說得非常好。孔子集大成，正就是批判地繼承、發展地繼承。而孔子所開發的智慧方向，所提揭的文化理想，所表現的時中精神（與時俱進），永遠是中國文化乃至人類文化的指標和燈塔。

第四，孔子對「天」的態度——

孔子「知天命」「畏天命」（畏、敬畏義），這是孔子的超越意識。二十多年前，天主教于斌總主教從美國回到臺灣，有一次在臺北師大演講，說到要反共，就應該多講儒家的思想。但他又說儒家在「超性」（卽超越性或超越意識）方面有所欠缺，應該以天主教的教義來補足。當時牟宗三先生正在師大教書，那天也正好在座，他聽了于總主教的話，就卽席加以辨正，說明儒家在超越性或超越意識方面並無欠缺。于總主教倒是很虛心（這是很難得的），他表示對儒家了解不深，聽了牟教授的指教，以後要多加研究云云。

孔子和孔子以後的儒者，其實都有超越的意識。但儒家沒有採取一般宗教的方式來表示，而是道德宗教通而爲一的方式，那是「卽超越卽內在、卽內在卽超越」的。這意思就是說，儒家所講的客觀超越面的天道天命，和主觀內在面的仁與心性，並不是隔絕而爲二層，而是貫通而爲一的。所謂天人合一或天人一本，就是從這裏說。所以儒家所說的本體，同時是超越、也同時是內在的，同時是內在、也同時是超越的。這是儒家義理的殊勝處。試再以孔子之言爲證。孔子一方面說「下學而上達」（上達天德），這是由內在而超越；一方面亦說「天生德於予」，這是由超越而內在。這就表示，「由內在而超越」和「由超越而內在」，是上下往復相通的。

上面我們講了四點，第一點成就德性人格，顯示「主觀精神」；第二三兩點成就社會政教與歷史文化，顯示「客觀精神」；第四點與天地合德，顯示「絕對精神」。在孔子，在儒家，這三者是統而爲一的，此其所以爲高明博厚、充實飽滿的圓盈之教。

禮記有一句話：「通天地人之謂儒」。儒聖不但「與天地合德」，而且「與人爲徒」（吾非斯人之徒與而誰與），所以要「以人文化成天下」。因此之故，孔子的超越意識，又是和他的文化使命感，同時昭顯的。孔子自覺地以文統自任，所以說：「文王既沒，文不在玆乎！」由此可知，承擔文運，爲中華民族作宗主，孔子就是一個永恒的型範，也永遠值得我們取則、效法。時間所限，言止於此。謝謝諸位。

六十九年一月「中國文化月刊」第三期

關於宗教的會通問題

七十年一月二十八日講於東海大學「中國文化研討會」

按：本文刊於「中國文化月刊」第十六期，「鵝湖」月刊第六十八期同時發表。鵝湖編者在編後語中曾介紹本文，茲謹錄於此，以供讀者之參證：「這是一篇立場極明確正大，見地極深刻周詳的文章。蔡先生對此文亦意甚鄭重，曾叮囑編者仔細校對，以免因錯字導致誤解。乃因百年來中西文化的接觸、摩擦，導致吾族政治、社會、文化之失調；而要使這兩大文化得到合理的會通，則必無可避免地要以宗教的會通為其最後的根柢與最高的指導原則。因此，凡正統的中國儒者都必須究心於此一問題，而負起消納基督宗教的責任；凡中國的基督徒亦當究心於此一問題，而負起使基督宗教中國化的責任。這不是私人的門戶之爭，而是中華民族全體的大課題。我們誠懇希望所有中國人都關心這個問題，並參與謀求此一問題的合理解決。而蔡先生此文，亦以是而值得吾人細讀精思。」

這次文化研討會的共同主題，是「哲學與宗教」，而我今天所談的是「關於宗教的會通問題」。我個人並不專門研究這個問題，但我却非常關心這個問題。下面願就個人之所知，分三段來加以陳述。

一、先作二點說明

在沒有進入正式論點之前，我想先作二點說明：

1.我們談宗教問題，並不屬於「宗教信仰」的層面，而是從「宗教眞理」的層面上說話，也就是說，是站在學術的立場談問題。

去年元旦，在輔仁大學主辦的「國際哲學會議」閉幕式之前一個小時，由我最後宣讀論文，題目是「儒家精神與道德宗教」。那篇文章先後發表三次，字數一次比一次多一點。哲學與文化月刊先發表，省略了第六段。鵝湖月刊發表的是全文，文前並加了一段話。中國文化月刊最後發表，在文章後面我又寫了二千多字的附記。不過，雖然發表了三次，但稿費只拿了一次，是中國文化月刊給的。

我那篇文章，曾引起熱烈而廣泛的反應。遠在美國的傅偉勳博士來信說，我文中的論點，和他不謀而合。並說「欲將耶教神學套上儒家，不但對儒家不公平，對於中西哲學與宗教之『溝通』與『會合』亦毫無益處。」又吳森博士也來信致意，並在他參加去年八月國際漢學會議的論文裏面，說出了他的感想：「可憐得很，儒學雖然是我國的立國思想，但在晚近天主教所採取的凌厲『學術』攻勢下，幾乎全處於被動的地位。還好，平常一言不發的蔡仁厚教授，在這次國際哲學會議上，發表了一篇儒學傳統在天主教『學術』攻勢下的有力答辯詞。這就是他的論文『儒家精神與道德宗教』……在結論裏，他給士林派思想家們義正詞嚴的答覆。」我曾經表示過，對於各方面的讚許之詞，我並沒有私心欣喜的情緒。因爲那篇文章雖然是我寫的，但裏面的道理並不是我的獨見或創見，而是屬於文化思想上的通義常理。也正因爲心同理同，所以才能引發大家的共鳴。但意見還是有的，現在且就二點觀感性的風評，提出來說明一下。

有人說，我那篇文章雖然說明了一些基本的道理，也表現了君子風度，但措詞太溫和，使人覺得不够勁道。這倒是幾句老實話，我也可以表示相當的同感。但我的本意，是認爲應該讓道理說話，什麼樣的問題，就根據什麼樣的道理來說。平平正正地說出來，比靠鋒利的措詞來加强氣勢，也許會得到更好的效果。這也是我平常寫文章的基本態度。

又有人說，因爲我在教會大學教書，所以凡涉及到宗教問題，就不好意思把話說得太明顯，甚至說我有所顧忌，不敢把話說得太强硬。對於這種說法，我不表同意。因爲這個話說得不够公平，對教會大學也似乎有一點誤解。在習慣上，我們雖然常說，這一所是基督教大學，那一所是天主教大學。但事實上，國內所有的教會大學都是中國的大學，都是根據中華民國的教育政策、教育法令，由教育部立案而開辦的。據我的了解，教會大學並不是以傳教作爲學校教育的中心任務，而是以一種博愛的精神，來贊助中國培養人才。（我想，當中國人有能力的時候，應該拿好的東西對西方世界作一種回報。這樣，才合乎聖人「以德報德」的精神，也才能爭回中國人的面子。）再說，東海大學一向都很開明，很有開放的精神。譬如聘請老師，東海向來不考慮你是不是基督徒，而是衡量你有沒有教學研究的能力和熱忱。至於東海大學的同學，當然都是由聯考分發，更無所謂教徒不教徒的分別。所以，我覺得應該以一個非基督徒的身分，對這種疑慮和誤解，澄清一下。

同時，我寫有關宗教問題的文章，既沒有傷害別人的企圖，也沒有討好別人的存心，我只持守一個原則，那就是上文所表示的：只從宗教眞理的層面上發言，而不從宗教信仰的層面上說話。從宗教眞理上發言，是享受學術自由和自由討論的權利；不從宗教信仰上說話，是尊重宗教信仰的自由，以免干擾別人的信仰。這是很坦蕩的胸懷，何況，一個中國人站在中國文化的立場說話，也不可能發生所謂「顧忌」的問題。

2.今天談宗敎會通，主要是順着基督宗敎的基本敎義，提出幾點意思來和大家共同討論。

從漢朝以後，中國文化的發展，主要就是儒釋道三敎相互摩盪的歷程。在這一二千年的歷史演進之中，這三敎已經得到了一個定位。我曾經用一個三角形，來表示儒釋道三敎定位以後的關係：

儒與道，一主一從，都是中國本土的思想。佛敎從外介入，是賓位。儒爲主，道爲從，而釋爲賓。這就是三敎的主從、賓主的關係。這種關係，不是由於任何人的安排，而是在中國歷史文化的演進發展中，自自然然而形成的。

到我們這個時代，西方的文化宗敎，憑藉它强勢的力量，衝到中國來。對於這一個强烈的衝擊，中國民族必須作一種理性的因應（直接的、激情的反應是無效的）。所以，中國文化今後的發展，除了開出知識之學（科學），完成民主建國；在文化心靈和文化生命的層面上，必將轉爲「儒、佛、耶」三敎的相摩相盪。這是眼前的事實，也是時代的課題。我們必須面對它、正視它，以期爲中國文化創造更充實、更光輝的未來。

就儒家本身說，它的問題是在外王一面。（今天我們不談這方面，拙文「新儒家的精神方向」曾有討論，現已編入本書為第二篇，請參看。）至於內聖一面，儒家作爲一個成德之敎或天人合德之敎，在義理上實已發展到圓滿的境界，今後的問題是落在「如何表現」「如何實現」上。在此，西方宗教自有對比反照的作用，可以使儒家更清楚自己的性格和歷史文化之使命。至於內容層上的會通，對儒家而言，並沒有急切的需要。而儒與佛之間，由於一千多年的接觸，早已賓主相安。今後雖然還有相互資益融攝的餘地，但在情勢上是較爲緩和的。因此，今天談宗教會通，主要是基督宗教方面的問題。因爲它來到中國，第一要適應，第二要溝通，第三當然也想求發展。所以，我今天說話的重點，也是順着基督宗教那些綱領性的教義，和關聯着宗教會通的意思，來提出問題。

二、會通的幾個焦點

關於宗教的會通，可以有很多的層面，今天無法一一詳說。我只是站在中西文化交流激盪的這個事實上，從最高的層面指出幾個焦點，以供大家來探討，來思量。

1.人人可以成爲基督嗎

第一、「人皆可以成爲基督」嗎？

這個問題，在去年寒假文化研討會上，傅佩榮先生曾經提出過。我沒有聽他演講，但看過他發表的演講稿。照他的敘述，四年前，他在臺北拜訪牟宗三先生，大概談了一些文化會通的問題，當時牟先生提到，儒家可以講「人皆可以爲堯舜」，佛教可以講「人皆可以成佛」，那末基督宗教能不能講「人皆可以爲基督」呢？傅先生聽了，無法貿然作答。因爲他平常只知道人人可以成爲「基督第二」（按，另有一說，人人皆是小基督，但小基督必須跟隨大基督，所以，仍然是基督第二），至於是否可以直接說「人人可以成爲基督」呢？他一時不敢斷定。

直到去年，他來東海參加研討會，有人送他一本張春申神父著的「中國教會的本位化神學」，書中摘錄了房志榮神父寫的「儒家思想的天與聖經中的上帝比較」一文之結論，裏面清楚地說出「人人可爲基督」。傅先生表示，這句話在四年前他就想當面對牟先生說，可是當時沒敢說出來。如今既然有神學家把這句話說出來了，傅先生當然非常高興，所以便在文章裏面問到：「牟先生聽了這句話，不知作何感想？」牟先生聽了會作何感想呢？我也不知道。但我看到這裏時，立刻有二個感覺：一是覺得這句問話問得不算很有禮貌，另一個感覺，是覺得「人人可爲基督」這句話出現得很突然。就我個人而言，還是第一次聽說有神學家作這樣的宣佈。正好，去年我在研討會上，也承蒙一位先生（慚愧，我没記清楚他的姓名）把這本書送給我。傅先生既然特別提起，便拿出來查看一下，發現房神父文中有這麼一段話：

> 天人合一是我國文化傳統的精華……以中國文化來看聖經，好像久別了的親人見面，感到十分親切。天人合一也是聖經所標榜的理想，並且因了耶穌的親身予以實現，而成了可行的事實，「人人可為堯舜」，成了「人人可為基督」。

房神父的話說得很鬆泛，照他的文意來看，他只是懷着一種歡欣的心情，說出自己心中的感受，而並不是根據基督教義，而肯定地說出「人人可爲基督」這句話。傅先生可能由於太高興了，把房神父這一句感受性的話，看成是依據教義而來的一個「原則」，所以迫不及待地想問問牟先生作何感想，事實上傅先生的話好像問得太快了。據我的了解，站在基督宗教的立場，恐怕不能原則地作這樣的宣示。

而在儒釋道三教方面，情形就不一樣。儒家說人皆可以爲堯舜，佛教說人皆可以成佛，道家也可以說人人可以成爲眞人。這幾句話，都是以他們全部的教義作根據的。那是表示一個基本的肯定，是一個原則，而不只是一個鬆泛的感想。所以，如果依據基督教義，不可以直接地說「人皆可以爲基督」，只能說人人跟隨基督，這就表示它與儒釋道三教之間，有着重要的差異性。這種差異性，自然將會成爲宗教會通的第一個焦點。

2. 耶穌是神而人，還是人而神

第二、耶穌是人，還是神？是「神而人」呢？還是「人而神」？這是一直被討論的問題（據說神學家也在討論這個問題）。就我個人而言，也是舊話重提。六十八年孔子聖誕前一天的晚上，東海大學舉辦了一次座談會，題目是「孔子與耶穌」。當我決定應約參加時，便鄭重其事寫好發言稿，而且用稿紙抄好，成爲一篇正式的短文章，後來發表在中國文化月刊第三期。因爲我想到，對於這二位偉大的生命，不可以輕率發言，必須很愼重，很誠懇，否則，不但對他們兩位大不敬，也是對自己的不鄭重。現在我把相關的幾段文字，宣讀一下：

> 照基督教的傳統，耶穌不是「人之子」，而是「神之子」。瑪莉亞是童貞女，木匠約瑟夫不是耶穌的生身父親，耶穌是上帝的兒子，所以他是「神而人」。他那「人」的身分，是因為受上帝的差遣，來到人間為上帝作見證，而具有的。這個說

法，自當予以尊重。一般非基督徒，也可以對這個說法所代表的意義有一種了解。

不過，我們是不是可以換一個角度，從「人」的觀點，來看看耶穌這一個偉大的生命呢？耶穌的一生，完成了一個純精神的表現。他燃燒他生命中的物質性，來透顯他生命中的精神性，這纔使得他無限上升，而與上帝合一。這樣的看法，耶穌就是「人而神」，他那「神」的身分，是後人根據他一生的表現，而加以推尊的。

上面這二個說法，正好是一來一往。從上帝差遣那方面說，是來，是「神而人」；從上升而與上帝合一這方面說，是往，是「人而神」。這二個說法配合起來看，可以使我們對耶穌有一個更完整更平實的了解。

另外，根據「三位一體」的說法，耶穌本人是聖子的身分，但是從宗教的作用上說，通過「復活」這一步之後，耶穌是兼「父、子、靈」三者而為一的。所以才說「三位、一體」。如果我們單從三位中的「子位」看，他就是「人」的身分，所以上面第二種說法：耶穌是「人而神」，應該是和基督教的教義精神不相違的。而且這個說法，可以打通基督教和其他文化系統互相觀摩互相會通的大門。我不曉得基督教的領袖、神學家們，是否可以在這個意思上考慮一下，斟酌一番。

我重新宣讀這幾段話，是認為耶穌如果是「人而神」，就如同孔子是「人而聖」，釋迦是「人而佛」，都是通過一生的表現，由有限而達於無限。這樣就更能有利於宗教的會通，而且也可以使「人人可以成為基督」這句話，得到原則性的肯定。這是有關會通的第二個焦點。

3. 人不通過耶穌就不能得救嗎

第三、除了接受耶穌作救主，人還有沒有自我救贖的可能？換句話說，人不通過耶穌，就眞的不能得救嗎？「原罪」的觀念，有沒有鬆動修正的可能呢？

對於這個問題，基督宗教的回答，是和儒釋道三教不同的。照基督宗教的說法，人必須接受耶穌作救主，不通過耶穌，就不能得救。但這句話是不可能獲得非基督徒之同意的。然則，如何會通呢？這又是一個焦點。

這一個焦點的形成，我想和「原罪」的觀念是相關連的。基督宗教是通過伊甸園的神話故事而判定人有「原罪」，這是順着亞當夏娃偷吃禁果之後一路想下來，所以只注意原罪，而把亞當夏娃偷吃禁果以前本來與神性合一的這個事實忘懷了。如此一來，神性只屬於上帝一邊，而人這一邊則陷落下來而墮入永恒的深淵，所以不能自救，而只能靠上帝降恩來拯救。在此，我們不禁要問：亞當夏娃的「一度」墮落，爲什麼就「永遠」斷喪了本有的神性呢？人爲什麼不能靠自己的悔悟覺醒，而恢復他本有的神性呢？我們如果順着「本來與神性合一」這個意思去想，似乎也可以成立一個與「原罪」相對的「原性」之觀念，以打開人本有先天的善性（神性）這一個大門。

這樣，人就可以通過他自己的「覺醒、悔改」，重新提起墮落的生命，以與神性再度合一。人也不必再是決定地「被拯救」，而可以開出「自救」的路道。而人表現「愛」和表示「信心」的根據，也不必再限定於來自上帝的啓示，而可以發自人的神性善性之自覺。如果這個意思不是沒有道理，那末，順着基督宗教的教義，可不可以這樣去想呢？容不容許呢？

我不能也不願代作斷定。但無論如何，這是宗敎會通的焦點之一，是一個値得思量的問題。

4. 是耶穌獨尊、還是與孔子釋迦同尊

第四、在宗敎會通的立場上，是耶穌獨尊呢？還是與孔子、釋迦……同尊？

我提出這個問題，一方面是順着基督宗敎的敎義來說，一方面是想到釋迦牟尼的一個故事。據說，釋迦降生，一手指天，一手指地，說道：「天上地下，唯我獨尊。」這個話，中國人很不喜歡。所以卽使在佛敎內部也終於爆發了一件驚心動魄的公案。雲門禪師有一天聽人提起這句話，他就說：「我當時若見，便一棒打殺與狗子喫！」你看，中國禪師多麼猛厲！雲門爲什麼這麼樣兇？爲什麼要發這麼大的狠？那是因爲「人人皆有佛性」，「人人皆可成佛」，西天有諸佛，不止一個，怎麼可以說天上地下唯你獨尊呢？所以必須把這句話用棒「打掉」，以顯示「衆生平等，皆可成佛」。

但依基督敎義，耶穌是上帝的獨生子，是獨一無二的。果眞如此，則在宗敎會通之時，將置孔子、釋迦……於何地？如果把孔子只看做是如同「聖彼得、聖保羅」那種意義的聖人，則三尺之童也能知道那是對孔子的貶視，是不可以的。「獨生子」這個觀念，如果只在基督宗敎內部講，那也無所謂；但若是把它客觀化出來，當作一個普遍的眞理來宣揚，則別人就會表示意見。譬如甘地就說過：「在我，不可能相信耶穌是上帝的獨子，也不相信只有信耶穌的人才可以得到永久的生命。我以爲，若使上帝有兒子的話，我們都是他的兒子們。」又說：「我不能置信，若使不做一個基督徒，便不能升天的事實。」（見甘地自敍傳）在非基督宗敎的世界裏，甘地的話是很有代表性的。這表示耶穌獨尊的觀念，必然會成爲宗敎

會通的一個焦點。

5. 非基督宗教必須讓位嗎

第五、非基督宗教，是否只具有接觸基督福音的那種「合法」的地位，而最後由於完成了預備階段的使命，就必須讓位？還是非基督宗教也同樣有它永恒的獨立的地位？在以往，基督宗教比較獨斷而霸道，所以對一切異教徒都必須加以裁判，甚至燒死。現在比較客氣了，比較開明了，也承認非基督宗教的合法地位了。但所謂「合法」是什麼意思呢？我曾經摘錄一篇論文的大意要點，意思是這樣：

> 非基督宗教既然沒有領受到天主的「特別啓示」，其宗教的智慧大概只限於原始啓示的範圍。所以非基督宗教（如儒、道、佛、印、回，乃至猶太教等）只是自然宗教，這些自然宗教雖然也是天主上智所批准的宗教，但卻只是基督福音宗教的前驅，只具備一種接觸基督福音的合法身分，等到與基督宗教會面之後，這些非基督宗教的使命便告完成，而應讓位（意即被融解或被吞沒於基督宗教）。

這是一種新神學。據說羅馬已經設立了一個「非基督徒秘書處」，以表示推進這種新神學的實踐決心云云。這種新神學的態度，乃是貶視其他一切文化宗教的、一種「唯我獨尊」的態度，當然是不公平的。它只給予別人一半的合法性，而最後必須統歸到自己這裏來加以消解。既然不承認非基督宗教永恒獨立的地位，那還說什麼宗教的會通？你如此裁判別人，別人能接受嗎？而且，如果別人也紛紛起來作反裁判，你又將如何呢？可見這種新神學的說法，非徒無益，反而會加深彼此的壁壘，造成更尖銳的對斥。我建議主持這項新神學理論架構的神學家們，能夠本乎大公之心，再作愼重的考慮與修正。

6. 是基督教中國化、還是中國基督教化

第六、在宗教的會通上，是基督宗教中國化？還是中國基督教化？

近年來，有所謂「神學本位化」的提倡。他們的說法，我不太清楚。但基本的意思，總不外乎要求適應、溝通，以期與各個國家的文化傳統相會通相融和。這種用心是不錯的。但在中國，基督宗教所面對的，乃是一個歷史悠久、地廣人衆，而且有高度文化的國家。這個國家，眼前雖在坎坷困頓之中，但它不可能永遠坎坷困頓。那末，當你闖入中國的國度之後，是打算「基督宗教中國化」呢？還是要使「中國基督教化」？這就是一個重大的問題了。

在中國，對宗教開放，乃是一個長遠的歷史事實。但開放是開放宗教信仰，不干涉百姓信仰的自由，而並不表示中華民族願意爲外來的宗教所化！因此，我們屢次說到，外來的宗教傳入中國，必須尊重儒家在中國文化中的主位性，而不可喧賓奪主。（儒家不只是諸子百家中之一家，它代表中華民族的民族文化之統。）上一次研討會，我也提到這句話。講完之後，有一位先生隨到招待所和我討論。他說，站在民族歷史文化的立場，他很同意我所說外來宗教不可在中國喧賓奪主，但站在宗教眞理的立場，似乎不必作此主客之分。我說：

在講詞中我已說過，宗教真理是一，而宗教形態則是多。任何宗教（尤其是幾個

高級的宗教）都表現宗教真理，但都不是宗教真理本身。宗教真理本身，是絕對的，自無主客之可言；但一落實為某某教，便必須作一個宗教形態來看。

某一個宗教傳入另一個文化系統的國度裏，就會有異質文化交會接觸的問題。此時，便必然有「主」與「客」之相對。如果這個作為「主」的文化系統，低於那個傳進來的宗教，則不待「喧賓奪主」，此一文化系統亦必自然而然地被傳入的宗教所吞沒、所同化。譬如近數世紀以來，基督宗教傳入美洲、非洲、澳洲，以及亞洲的菲律賓，便是這種情形。但在回教世界，情形便完全不同（非律賓的回教徒，也同樣沒有歸化天主教）。在佛教地區與印度教地區，歸化基督宗教的人數，亦不多。在中國，亦復如此。

儒教（一般地說，稱儒家；特殊地說，稱儒教）雖不同於一般宗教，而且儒教所素具的平正涵容的精神，也不排斥外來的高級宗教。但如果某一外來的宗教，不承認不尊重儒教在中國文化中的主位性，而要想喧賓奪主、偷梁換柱，則中華民族決不答應（不只是儒者不答應而已）。這就是我提到外來宗教不可在中國喧賓奪主的本意。

這是我去年說到的意思，今天我還是這個看法。也許有人說，宗教傳來傳去，是很平常的事，那有你所說的那麼嚴重呢？可能，可能沒有這麼嚴重，而且也好像還沒有人明目張膽地說要使中國基督教化。然而，根據剛才第五點的意思，各種非基督宗教都必須讓位，中國的儒釋道三教也同樣要讓位給基督宗教。果眞如此，中國不就是爲基督宗教所化了嗎？

當然，我們可以表示堅定的信念，說：沒有人能夠同化中國！我也相信這句話。但是，如果我們不能保持文化心靈的醒覺，不能維護民族文化的「原則性」「方向性」，而只把中國文化看成一堆沒有生命的「材料」，則任何人都可以把這堆材料擺弄過來，擺弄過去，而套入他那個形式框框之中。那時候，我們就將失去「自定方向、自我作主」的權利和資格，而淪爲別人的跟班和啦啦隊。所以，我們必須正視這個問題，豁醒文化意識，才有希望延續光大中華民族的文化慧命。

以上六點，只是問題的提出。至於如何解決，這就不是一時之事了。所以我總說文化宗教的會通融和，一要精誠，二要機緣，三要時間。有人說，這三句話雖然不錯，但這樣並不夠，還要加緊努力。當然可以加緊努力，問題是，不相應的着意的加緊，恐怕會「欲速則不達」。所以這種問題，只能不斷地貫輸「精誠」以求眞切相應的了解（這正是不懈的努力），而不可以慌張、緊迫，强求速效。否則，「揠苗助長」，反而有害。

此外，我還要對二個詞語的意指，順便說明一下。

1.上帝只有一個——這句話是從「宗教眞理」的層面上說的，是指那個最後的實在而言。如果落到「宗教形態」的層面，則各大宗教都有它所意指的上帝，而有各種不同的名稱。在這個地方很容易發生語意上的混淆：那就是，每一個宗教都承認「上帝只有一個」，但同時也都認爲，所謂只有一個就是他們那一個；教教如此，結果，上帝反而變成很多個，而不止一個了。「實」上的「一」，與「名」上的「多」，如何消融呢？我看，只要有不同的宗教形態，而又各自拘定在自己的宗教形態上，就很難達到事實上的消融。但在「理」上總應該有一個明澈的了解，以免把眞理層上的「一」，局限在自己的形態中而形成執着，結果變成「獨佔上帝」。其實，中國的「天道」觀念，才是最具有「涵容性」的「大共名」。

我們可以這樣說：天道的外在化，是「人格神」——如天帝、上帝、天主、耶和華、梵天、阿拉，皆是；天道的內在化，便是「自由無限心」——如儒家的道德心（仁心、本心、良知），道家的道心，佛敎的如來藏自性情淨心，皆是。（參看牟先生「現象與物自身」。）明白這個意思，「一」與「多」的消融就成爲可能了。

2.宗敎是普世的——在宗敎眞理的層面上，所謂宗敎是普世的，等於說上帝是普世的。但落在宗敎形態上說，則沒有一個宗敎是眞正普世的。就如基督宗敎本身，也分爲天主敎、基督敎、東正敎三大支，各有界域，如何能普世呢？實在說來，最具有「普世」精神的，或者說最明通暢達而沒有形式之限制性的，還是儒家，是儒聖「本天道以立人道，立人德以合天德」的天人合德之敎。這是「人人有分」的。它才最適合作爲文化宗敎會通的基礎。所以，凡是與儒家對抗的意識，我認爲都是不聰明的。至於想要混抹儒家，把儒家和中國文化講成一種非驢非馬的形象，則更是不道德的。（講學問自有義法，不可以隨意排比。在學術的王國裏，沒有人能瞞昧他人。因為雖然有些人可能辨識有誤而失眼目，但不會天下人都失眼目。）

三、我們的基本願望

最後，我再簡單地表示二個願望。

第一，是雙重責任的承擔：

這是就中國人來說的。「中國人」是我們的第一性，「宗敎徒」乃是第二性。不過，第一性與第二性，有時合一，有時分離，但第一第二的順序，無論如何都不能倒轉。這是道理，也是事實。所以，無論你是基督徒或者非基督徒，只要是中國人，都必須擔負雙重的責任：⑴就非基督徒而言，除了要擔負文化責任，來保衞、來發揚中國文化，同時也要承認基督宗教的地位，要尊重基督徒的宗教信仰。⑵就基督徒而言，除了做好一個教徒，同時也要維護中國文化，要尊重儒家在中國文化中的主位性。

總括起來說，兩方面的雙重責任，都是以「做成一個中國人」爲立足點，以「維護弘揚中國文化」爲基本的目標。在這個意義上，我特別欽佩東海大學梅校長所說的一句話。他說，要把中國文化的大旗，插在東海大學。由一個教會大學的校長先說出這句話，我覺得特別響亮，特別動人。而且梅校長還說，東海大學有一座很出名的教堂，但遺憾的是沒有一座「禮堂」，他希望能建造一座禮堂。這也是極有器識的一句話。我們希望，在不久的將來，中國文化研討會能够在東海的禮堂裏面來舉行。

第二，是關於會通的基本要求：

今天談宗教的會通，我們會覺得要想消融彼此的差異性，實在不是一件容易的事情。其實，某種程度的差異也是可以容許的。否則，何來多姿多采，熱鬧豐富？只要彼此的差異不會造成彼此的衝突牴觸，就算是初步的成功了。因此，我們希望先能做到：互相尊重、互相觀摩，然後各本眞誠與信念，在不離失自己之本性的原則下，充實自己，改進自己，來和不同性質的文化宗教相資相益、相融相攝，以期導致一個「和而不同，交光互映」的人類文化之新境界。

我的意思是說，文化宗教的會通，可以「和而不同」，而不必强求其同，孔子說「君子和而不同，小人同而不和」。表面上形式上的「同」，並不可貴。反之，雖不同，而能

「和」，這才表示具有內發的眞誠互注，這才是最基本的會通精神。而中國「儒、釋、道」三教，正是一個「和而不同」、雖不同而又能和的典型範例。

其次，是「交光互映」。我們不必把光源限制在一個地方，應該讓每一個地方、每一個人，都成爲光源。孟子說「充實之謂美，充實而有光輝之謂大」。我們人人都可以做「大人」，我們沒有理由以「小人」自居。我們既然是一個「有光輝」的生命，就應該讓我們的心性之光、生命之光，盡量照射出來。你的光透入我的生命，我的光照進你的心靈，光光相映照，處處都是光。擴大來說，每一個宗教、每一個文化系統，都有它的光輝，光與光相交，必然可以映照成一個光輝燦爛的文化世界。這樣，就可以使所有的人，都沐浴在人性的光輝之中，都生活在道德心靈、文化眞理的光輝之中。這就是我們的基本願望。最後，祝我們大家都成爲一個「通體都是光輝」的德性生命。

附：討論答問記要

1. 關於儒家的宗教性，請參看拙文「儒家精神與道德宗教」（現已編入本書第四篇）。現在，只總括地說一個意思：凡是宗教，必能開啓無限向上的超越精神和決定文化理想與生命方向。或者說，一個高級宗教必能安排日常生活的常軌和開出精神生活的途徑。就此而言，儒家確實具有宗教性，也能表現一般宗教所表現的作用，和擔負其他宗教所擔負的責任。在西方，文化創造之靈感，是以基督宗教爲泉源；在中國，則是儒家。

2.中國講「天人合一」，是通過人的自覺實踐而達到「天人合德」，主動權在「人」，重主體性。基督宗教講「神人合一」，是通過上帝的啓示降恩而達到，重客體性，主動之權不在「人」而在「神」。

3.以「他力」「自力」判分基督宗教與儒釋道三教，話或者嫌簡括，但原則上是可以說的。因爲人之「得救」「永生」必須通過耶穌和仰求上帝降恩，這就明顯的表示非由「自力」，而是依「他力」。所以又重「放棄」之精神，而不重主體之肯定。（「原罪」之觀念不轉化，主體性便無法得到真正之肯定。）

4.順着亞當夏娃本與神性合一，而成立一個與「原罪」相對的「原性」之觀念，這是我的一個想法和提議。希望神學家們能够加以考慮。

5.「人皆可以爲堯舜」、「人皆可以成佛」，到底「如何成爲」呢？在儒家，是集中在「本體」與「工夫」的問題上來講論。請參看拙文「如何了解儒家學問」之第四段，見中國文化月刊第十一期。（現已編入本書爲第七篇。）

6.民間宗教信仰的混雜，對宗教會通自然會有妨礙。但我們講宗教會通不落在這個層面說話，而是就「宗教能決定文化生命的原則方向」這個層面上來着眼。

補誌

此文發表之後，有一位青年朋友來電話，說他讀了我的文章之後，還有一個問題：「作為一個中國人，或者作為一個孔孟之徒，可不可以再去接受一個外來的宗教？」

我說，你最好問：「需不需要？」而不要問：「可不可以？」因為問「可不可以」，便涉及到信仰自由的問題；依據宗教信仰自由的原則，你的問題誰都能够回答得出來。但如果你問「需不需要」，它就轉成一個獨立判斷的問題了：(1)從客觀一面說，是問：儒家的道理，需不需要靠別的宗教來補足？(2)從主觀一面說，是問：持守儒家道理的中國人，需不需要再接受一個別的宗教？依據我的了解和判斷，無論從客觀面衡量，或者從主觀面斟酌，答案都是「不需要」。簡單一句話，一個眞正的孔孟之徒，是必然地有其安身立命之道的。因此，他不再需要另外去信一個宗教。在此，我可以舉述一個故事，以資借鏡：

> 有一位歐洲的基督教長老，由於他衷心欽仰甘地的人格精神，而希望甘地也能做一個基督徒，但甘地不能同意。他問甘地：「你為什麼不能做一個基督徒呢？」甘地答道：「我已生而為印度人了！」他又問：「不信基督，你能得到內心的平安嗎？」甘地說：「我能。」於是，那基督教長老說：「好，我祝福你。」

這是二十多年前，我在唐君毅先生一篇文章裏讀到的一個故事。唐先生還曾表示說，甘地是偉大的，那基督教長老也同樣是偉大的。那長老的偉大在於：(1)他誠懇地希望別人也能通過基督以得到內心的平安；(2)而當別人表示不通過基督也可以獲得內心的平安時，他便立卽表示尊重、相信、和祝福。而甘地的偉大，則在於：(1)他能從自己民族的文化生命中，體悟而且領受到人生宗教的眞理，以安頓自己的生命和獲致內心的平安；(2)而且，他自覺地肯認自己是印度人，而卽以承當印度的文化傳統爲己任。——我們從這個簡單而莊嚴的故事裏，是應該可以得到一些啓示的。

話說到這裏，便聽到電話裏傳來他爽朗而明快的聲音，說：「謝謝，我已經懂了！謝謝，再見。」我實在很高興，覺得這一代的中國青年，畢竟還是「很中國的」。

七十年四月五日民族掃墓節

如何了解儒家學問

六十九年七月二十二日講於東海大學「中國文化研討會」

一、現代人爲什麽不了解儒家

儒家之學，是中華民族根生土長的學問，是和中國人的生命心靈相一致的，而儒家所講的道理，又是那樣的平正通達，照理說，應該是很容易了解的。但現代的中國人，却對儒家存有一種觀念上的隔閡和疏離，而欠缺中肯相應的了解，這到底是什麽原因呢？在此，我願提出五點說明，以供諸位參證：

第一、由於民國初年以來，大家把中國落後的責任，全部歸罪於儒家、歸罪於二千五百年以前的孔子。這雖然是一種鹵莽無知的態度，但竟發生了影響，漸漸地知識分子便不自覺地貶視甚至怨懟儒家，無形中產生一種抗拒儒家的心理。

第二、由於滿清入主，民族生命受挫折，文化生命受歪曲，讀書人走入故紙堆中，造成乾嘉以來「唯考據」的學風（考據自有它本身的價值，「唯」考據則大大不可），固蔽僵化了中國的文化心靈，因而對於儒家的慧命及其精微弘深的義理思想，便難以接得上了。

第三、由於西方文明的衝擊，打掉了我們的民族自信與文化自信，加上五花八門紛然雜陳的思想觀念，引誘我們盲目地向外追逐，於是人人疲於奔命，很少有人能夠回頭對中國文化作一番平心的反觀與省察。

第四、由於社會之轉形與學校教育之西化，中國學問被逼到文學院一角，而文學院又一直由外文系出鋒頭，歷史系守住半壁江山，哲學系則半壁江山都守不住。中文系雖然全是中國的學問，但儒家的義理思想，也沒有得到應有的比重。何況青年學生閱讀文獻，了解義理的能力既有所不足，而偏偏又缺乏耐心與恒心，忽視了荀子「眞積力久則入」那句話的意思。

第五、更重要的一點，是一般知識分子大多停在淺薄的理智主義的心習上，很少有人能自覺地培養自己的文化意識。卽使是文史學者，也多半只能據文獻材料、列舉地講文化，而不知民族文化也是一個生命，是一條古今通貫的生命之流。在這種情形之下，便很難有文化自覺與文化理想，也把握不住民族文化生命的原則性與方向性，因而亦無法恢復文化的自信心與創造力。

以上五點，雖然說得不够周備，但也庶幾近是了。我一直認爲，作爲一個中國知識分子，都應該對儒家之學有一定程度的認識。下面我們將順着「確定它的身分地位——認識它的特質——說明它的內容綱領——把握一個契應於它的進路」這樣的線索，來概略地談談儒家學術。

二、儒家的身分與地位

首先，我們應該了解：「儒家」這一家，和其他諸子百家的身分並不相同。平常我們儒道墨法並舉，儒家是其中之一，爲什麼又說儒家的身分與其他各家不同呢？那是因爲儒家以外的各家，只是諸子之一而已。而儒家除了列爲諸子之一，它還有另外一重身分——它是中華民族道統的代表者。何以言之？

第一、儒家所繼承的，是二帝三王相承下來的全民族的文化業績，從文獻上說，就是人人都知道的「六經」。六經是立國的常經大法，代表民族文化的大統。在漢書藝文志裏，六經著錄在「六藝略」，諸子百家著錄在「諸子略」，二者的身分地位，有如根幹與支脈，是不可相提並論的。

第二、儒家所開發的，是常理常道，而不是「一時之見」、「一家之說」。常理常道，是恒常不變的理，人所當行的道。它不是一套專門的知識，而是我們天天生活的一個依據。離開常理常道，人就不能表現生活的意義，不能成就人生的價值。而孔子所講的仁、孟子所講的怵惕惻隱之心，正就是這常理常道最內在的根核。

由這二點簡單的說明，可以了解儒家具有雙重的身分，它一方面是諸子之一，同時又代表中華民族的道統。所以，儒家的地位是高於諸子百家的。尊儒，不是尊諸子百家中的那個儒家，而是尊儒家所承續光大的中華民族的常理常道。儒家在中國文化中的「主位性」，從孔子訂正六經開始，就已經確定了。再經歷代儒者的護持與弘揚，更使得這個「主位性」與儒家緊密合一而不可分。這是歷史自然形成的事實，不是任何人所能特意強調出來的。所以，尊儒尊孔子，根本拉扯不上什麼「思想獨霸」、「思想迫害」這一類的誣妄之言，而事實上，歷代受壓制、受迫害的，却正是儒家。如焚書坑儒、黨錮之禍、禁僞學、東林之禍、文字獄，以及大陸共黨之批孔、毀孔林，莫不皆然。（我有一篇講詞「從漢武帝獨尊儒術說起」，發表在八月份鵝湖月刊六十二期，現已編入本書第八篇。該文對數十年來的一些誤解，應該有澄清的作用，請參看。）

在這裏，還有一個意思須加說明。先秦諸子都看出「周文疲弊」，都想「以質救文」：(1)道家返樸歸眞，想要回到生命的眞樸（質），以恢復自在自適的心境，求得精神的逍遙解脫。但一往不返，道心流爲孤明，雖然有觀照的智慧，却不能開出客觀的人文價値之世界。(2)墨家的「質」，只是自然質樸生命的直接表現，而不是精神實體的透顯。墨家之道，既不足以潤人，也不足以自潤，終於不免形成文化心靈之窒息與枯萎。(3)法家後起，以利欲生命爲質，而抹煞德性主體，否定文化理想，落到徹底反周文的地步。以上道、墨、法三家，都不能達成「以質救文」的目的。(4)只有儒家繼承文化傳統，疏通文化生命，點出文化的意義與價値，而歸於仁義之心——此便是常理常道之根（質）。至於文制度數，則本於因革損益之義，是可以「與時變革」以制宜的。所以在先秦各家之中，只有儒家可以承擔文化使命，以開出人文世界，成就人文價値。

魏晉以後，有道家之復興，又有南北朝隋唐佛學之興盛，也仍然不能取代儒家在中國文化中「當家做主」的地位。這不僅是歷史事實，也是文化眞理。今後，任何外來的文化思想與宗教，也同樣不可能取代儒家的主位，除非中國文化的本質從根死滅。

三、儒家學問的特質

儒家學問不著重於知識性的論證和概念性的思辨。它不措意於滿足知識理論的要求，而是著重於滿足人生實踐的要求。所以儒家之學是行爲系統的學問，而不是屬於知識系統的學問。它重視所學的與所做的通而爲一，所知的與所行的打成一片，因此主張學行合一、知行合一。這都是重實踐的表示。

因爲重實踐，所以就特別正視這個實踐的主體——生命。儒家是以人的生命作爲學問的對象，因而形成了以生命爲中心的，所謂「生命的學問」。

人的生命，有正負兩面。正面的是德性生命，負面的是氣質生命或者情欲生命。對於正面的德性生命，要求涵養充實、發揚上升，以求得最後的圓滿之完成。對於負面的氣質生命或情欲生命，則須予以變化和節制：(1)變化，是對氣質而言，化掉氣質中的偏與雜，使生命變得中正合理而無所偏，變得淸澈純一而無所雜；(2)節制，是對情欲而言，使情欲納入軌道的限制中而不放縱，不泛濫。這負面的變化氣質和節制情欲，固然爲儒家所重視，但他們用心用力的重點，則集中在正面的積極的德性實踐方面。

正面的道德實踐，又可分爲主觀面的實踐和客觀面的實踐。主觀面的道德實踐，以完成德性人格爲目標；客觀面的道德實踐，以淑世濟民、成就天下事物爲目標。前者是各歸自己以要求生命內部的合理與調和，也卽調和「天人、理欲」的關係。後者是由自己出發，而關聯社會人羣與天下事物，以要求自己與他人、自己與事物之間的合理與調和，也卽調和「羣己、物我」的關係。這主觀客觀兩面的實踐，都是以「人」爲本。因爲通過實踐而肯定自我，完成人格，則「上可以通神，外可以通物」。雖通神却不是神本，雖通物也不是物本。在這裏，乃顯出儒家學問穩實健康的性格，以及它那正大光暢的氣象。

無論主觀面或客觀面的實踐，要想得到合理與調和，都必須從「內省修德」做起，以培養德性的主體。所謂「德性的主體」，就是內在的道德心性，也就是孔子所說的「仁」和孟子所說的「本心、善性」。而仁心善性這個道德的心性，又不只是內在的，它同時也是超越的。

1.中庸說「天命之謂性」。天道天命貫注到我們生命之中而成爲我們的性，這是由上而下，由超越而內在。

2.人有了這天所賦予的仁心善性，再通過盡心盡性的工夫，上達天德，以與天道天命相合，這是由下而上，由內在而超越。

由上而下是來，由下而上是往，在這一來一往之中，主觀內在面的心性與客觀超越面的天道天命，便通貫而爲一，這就是所謂「天道性命相貫通」。儒家就是根據這個「既內在而又超越，既主觀而又客觀」的心性本體，來進行他們學問的講論，來展開他們人生的實踐，來完成他們價值的實現和創造。

總括地講，儒家這「生命的學問」，(1)由主觀面的縱的實踐，要求與天道天命通而爲一，這是成就生命之「質」的純一高明；(2)由客觀面的橫的實踐，要求與天下民物通而爲一（聯屬家國天下而爲一體，與天地萬物爲一體），這是成就生命之「量」的廣大博厚。高明以配天，博厚以配地，這兩面合起來，人的莊嚴高貴與充實飽滿的生命，便可以得到眞實的完成。

以上是對於儒家學問之特質，所作的一個粗略而簡要的說明。下面我們將進一步介紹儒家學問主要的方面和內容。

四、儒家學問的綱領

關於儒家學問內容的說明，我們仍然不採取列擧的方式，而是就便地順著「內聖」與

「外王」這兩個老名詞，來作一個綱領性的說明。

甲、內聖成德之學

內聖之學，以成聖成賢爲目標。儒家認爲人人都可以成聖賢，都可以通過道德實踐，完成自己的德行人格，以進到聖人的境地。眞的人人可爲聖賢嗎？可能的根據在那裏呢？我們如此追問道德實踐所以可能的、超越客觀的根據，便是關於「本體」的問題；追問道德實踐所以可能的、內在主觀的根據，便是關於「工夫」的問題。內聖之學，主要就是集中在本體與工夫這兩個問題上。重視工夫，固然是滿足實踐的要求；而討論本體，也不是由於純理論的興趣，而仍然是爲了滿足實踐的要求。這是儒家學問的一大特色。

1.先說本體的問題

儒家談「本體」，含有「超越義」與「內在義」，而超越與內在又是通而爲一的。

超越地說本體，是意指那形上的實體。在這方面，無論說天道、天命、天理，或者說乾元、太極，全都是意指天道本體，簡稱「道體」。又中庸說「誠者天之道也」，所以誠也是本體，可名曰誠體，誠體卽是道體。這個「體」，既是形上的實有，而又能顯發創造生化的作用。這是在詩經、中庸、易傳都有明顯的表示的。詩經說「維天之命，於穆不已」，這是表示天命之體深奧深邃，而又流行不已。中庸說「天地之道，可一言而盡也。其爲物不貳，則其生物不測」，是說天道生化萬物，神妙而不可測。繫辭傳說「易無思也，無爲也，寂然不動，感而遂通天下之故。非天下之至神，其孰能與於此」？無思無爲的易，是易道、易理，它卽寂卽感，能通天下之故、成天下之事，正表示它神感神應，能自起創造生化。總之，儒家所講的道體，是卽體卽用、卽寂卽感，能發用流行，能自起創造生化的本體。

這個道體，由超越而內在化，下貫而爲人之性，它就是性體、心體、仁體。這是天之所命，是「天所與我，我固有之，人皆有之」的。所以儒家講心性，一定要透到心性之源，要通到天道誠體上。這個超越與內在通而爲一的心性本體，也可以叫做天心仁體。（天心，表示它是超越的，仁體，表示它是內在的。總之，是旣超越而又內在的。）人人有此本體，則人人皆可成聖賢；這個本體，就是道德實踐所以可能的、超越客觀的根據。以上是關於本體方面。

2.再說工夫的問題

人具備了這個心性本體，它是否就能在我們的生命之中起作用呢？換句話說，在於我們自己主觀這一面，道德實踐是否必然地可能呢？這步追問，就是實踐入路的問題，也就是「工夫」的問題。

遠從孔子「踐仁以知天」，孟子的「擴充四端、盡心知性知天」，中庸的「愼獨、致中和」，易傳的「窮神知化、繼善成性」，大學的「明明德」，以至於宋明時期周濂溪的「主靜、立人極」，張橫渠的「變化氣質、盡心以成性」，程明道的「識仁、定性」，程伊川的「居敬窮理」，朱子的「涵養察識、敬貫動靜」，陸象山的「辨志辨義利、先立其大」，王陽明的「致良知」，凡此等等，全都是指點工夫的進路，也就是指點爲學入道之方。

指點工夫的目的，是要體證本體，使本體通過工夫而呈現起用。本體旣已呈現，我們便能自覺、自主、自律、能自定方向、自發命令，來好善惡惡，爲善去惡，以完成道德的實踐，不容已地表現道德行爲。儒家這樣鄭重地注意實踐工夫的問題，就是爲了要建立道德實踐所以可能的、內在主觀的根據。

等到本體與工夫的問題都透徹了，最後一定是體用合一——卽體卽用，承體起用，卽用見體。所以明代的儒者就常說「卽本體卽工夫，卽工夫卽本體」。這時，內聖成德之學才算達到通透圓滿的境地。

乙、外王事功之學

外王是內聖的延伸，內聖一定要通向外王。因爲道德的心性，不僅要求立己，同時也要求立人；不僅要求成己，同時也要求成物。所以一定往外通，通向民族國家、歷史文化，要聯屬家國天下而爲一體。尙書所謂「正德利用厚生」，孔子所謂「修己以安人，修己以安百姓」，孟子所謂「親親而仁民，仁民而愛物」，都表示要通出去，以合內外、通物我，以開物成務，利濟天下，這就是外王事功之學。

儒家講外王，在以往是聖君賢相修德愛民的仁政王道。這方面的理想很高，但在今天看來，在客觀義理上還是不足夠的。最主要的癥結，是「只有治道而沒有政道」，而關於「開物成務」的知識條件也有所不足。

中國傳統政治對於政權的轉移，當然也有一套解決之道，那就是禪讓、世襲、革命、打天下。「禪讓」是公天下，但讓賢傳位並沒有客觀的法制，所以不能保證「天下爲公」理想的實現，終於轉爲家天下的「世襲」制度。由於世襲家天下的不合理，促成了湯、武「革命」。革命本是應乎天理、順乎人心之事，但湯武革命的結果還是家天下。到了秦漢以後，乾脆就用武力「打天下」，搶奪政權，而形成私天下，連三代家天下的半私半公也說不上了。（按、三代雖是家天下，但封侯建國，則也表示與諸侯共天下，其中含有相當的公性。所以黃梨洲在明夷待訪錄原君篇中，說三代以上是藏天下於天下，秦漢以下是視天下為私產，藏天下於筐篋。）

由禪讓而世襲，而革命，而打天下，正明顯的表示，在政權轉移這個問題上，並沒有建立客觀的法制。也就是說，安排政權的「政道」還沒有開出來。所以在今天講外王，必須有新的開擴和充實。

「新外王」的內容，應該含有兩方面：

(1)政治方面，要開出政道，以消解中國傳統政治的三大困局：「1.朝代更替，治亂相循，2.君位繼承，宮廷鬭爭，3.宰相地位受制於君。」簡要而具體地說，就是要完成民主政體的建國大業。

(2)開出知識之學，以極成事功。外王事功，不只是英雄主義的事功，也不能停在聖君賢相的形態上；而應該眞正「開物成務」「利用厚生」，進而「爲生民立命，爲萬世開太平」。要想完成這個使命，除了要開出政道，另一方面還要開出知識之學，以建立純知識的學理，同時也要解決成就事物的具體知識，與實用技術之問題。

總括地說，「新外王」的內容，一行是「國家、政治、法律」，完成民主建國。一行是「邏輯、數學、科學」，開出知識之學。這二項內容，不但是中國文化前途之所關，而且本來就是順着儒家「民本、民貴」的思想，及其「開物成務、利用厚生」之內在目的，而必然要完成的一步新開展。

五、契會儒家學問的進路

對於儒家這一套兼含內聖外王的生命的學問，我們將從什麼進路來體悟它、契會它呢？在古人，首先是教人立志。所謂「志於道，志於仁」，希賢希聖，做第一等人，這樣的立志，確實是契入「生命的學問」的一個很順當的門徑。還有所謂「居於仁，由於義」，居仁由義也是很切當的爲學入道之方。但這些話已經講老了，不易醒人耳目。今天，我們可以換一個方式來說。

一個眞正的儒者，必然有深厚而强烈的文化意識。所以要了解儒家，也應該由文化意識入。王船山說：「有家而不忍家之毀，有國而不忍國之亡，有天下而不忍失其黎民，有黎民而恐亂亡，有子孫而恐莫保之。」不忍家國天下淪亡，不忍民族文化之統斷滅，而思有以「保存之、繼述之、光大之」的仁心悲願，這就是文化意識。人具有强烈的文化意識，就容易契會儒家的精神，對儒家學問也可以有相應的了解，也能很自然地將儒家所講的道理和自己的生命關聯起來。

具體一點說，我們這裏所謂的文化意識，它含有三方面，一是價值意識，二是道德意識，三是民族意識。

1.價值意識——在儒家來說，價值意識首先是通過「人禽之辨」來顯現。人自覺地和禽獸劃清界線，這是人性自覺的第一步。這一步自覺，也就是價值意識的萌發。有了這一步價值意識的覺醒，然後才能進一步有人文世界各種價值的創發和建立。

所以人禽之辨，是「人之所以爲人」的最初界線，也是最後的界線。「人是人，不是物」，這是一句無限莊嚴而又含義豐富的話。孟子說：「人之異於禽獸者幾希。」儒家就是把握這幾希而微的仁義之根，來建立人性、人格、人倫、人道，以開出人文世界的價值。

2.道德意識——是通過「義利之辨」來表示。自從孔子說「君子喻於義，小人喻於利」，孟子說「何必曰利，亦有仁義而已矣」，以後的儒者便特別重視義利之辨。董仲舒說「正其誼不謀其利，明其道不計其功」。這句話常受誤解。殊不知「義正」就是利，而且是利於民的公利，利於國的大利。「道明」卽是功，而且是遍及天下的廣大之功，澤及後世的長遠之功。所謂不謀其利、不計其功，只是告誡人不可謀求私利，不必計較近功，以免害義害道。所以義利之辨也就是公私之辨。

儒家又嚴辨王道霸道，王道以德爲本，以義爲先；霸道以力爲本，以利爲先。所以嚴辨王與霸，也就是嚴辨義與利。

至於君子小人之別，更是以義利公私作爲衡量的尺度。所以在儒家，無論人品、功業，都是以「義利之辨」作爲評判的準據。這就是强烈的道德意識。這種道德意識是發自憤悱怵惕的道德感，也是一種不安於卑陋、不忍心墮落、而要求德性上升的表現。沒有道德意識的人，對儒家所謂「愼獨」，所謂「內自訟」，所謂「誠意正心」，所謂「天理人欲交戰於胸」以及所謂「義之所在，生死以之」等等的道理，是很難有眞切的了解的。

3.民族意識——是通過「夷夏之辨」來表示。春秋「嚴夷夏之防」，是所謂「諸侯用夷禮，則夷狄之；夷狄進於中國，則中國之」。這種民族意識，實在是以文化意識爲本，是「文明」與「野蠻」的分別，而不是狹義的種族界限。由這種以文化價值爲依據的民族意識而培養出來的民族精神，是理性的、開放的、和平的，不但不會基於狹義的民族主義而滅人之國、亡人之族，而且還能表現「興滅繼絕」的大仁大公的人類愛。抗戰勝利之後，我們對日本的態度，就是這種精神的表現。

但當我們的民族國家遭受侵略、面臨危亡的時候，保國保民、保文明衣冠的民族意識，便立刻激發出來，高張起來，而左傳上那句「非我族類，其心必異」的古訓，也立卽浮現腦際而促使中國人警醒。於是團結自保，一致對外，而發揮爲「春秋大復仇」的民族精神，來抵抗侵略，懲罰暴力。中華民族立國以來，其民族性永遠要求國家的統一，要求領土的完整。「分」只是暫時的忍耐，「合」則是永恒的要求。而收復失土，還我河山，更被肯定爲全民族的責任，而且是子子孫孫的責任。陸放翁「王師北定中原日，家祭無忘告乃翁」的詩句，正表示出對民族國家一種至死不忘的責任感。

依於以上三點所述，可知由價値意識、道德意識、民族意識凝斂而成的「文化意識」，乃是儒家學問的血脈所在。離開了文化意識，可以說就沒有眞正的儒家學問。所以，要相應地契會儒家的學問，就必須激發培養我們深厚而强烈的文化意識。

附識：有人說，民族意識與文化意識，也似乎可以分開，而爲人所分別地表現。例如太平軍反淸，在當時可以說是漢人民族意識的發揚。但他們依傍所謂天主之敎，而貶視甚至仇視傳統文化，此便表示文化意識之喪失。曾左胡之湘軍，爲保護傳統文化而對太平軍作戰，因而亦效忠滿淸。他們表現了文化意識，而壓縮了民族意識，正與太平軍相反。依據此一事例，似乎民族意識與文化意識二者不必相干，而可以分別地表現。

實則不然。反民族文化的民族意識，只是一股情緒，是無根的。而且人之所以能發出那一股民族情緒，究其原始，也本是由於文化之敎養而來。相傳石達開曾撰一聯：「忍令上國衣冠，淪爲夷狄；相率中原豪傑，還我河山。」上聯所謂「上國衣冠」，即意指漢族文化而言。但當太平軍集團反傳統文化時，則當初那股民族主義的情緒，也就軟疲散塌，而終於消逝淨盡了。至於曾左胡諸人，由於民族意識受壓抑而無法伸張，他們表現的文化意識，也因而無法順暢以充量至極。由此可知，民族意識與文化意識，二者只能「合」而不能「分」。合則雙美，分則兩傷。

刊於「中國文化月刊」十一期

從漢武帝「獨尊儒術」談起

六十九年四月七日講於「臺中一中」週會

今天這個講題比較嚴肅，也可以說，這是一個老問題。不過問題雖然是老的，但眞理却永遠不會老。因爲眞理要隨時發現，而且要隨時表現，所以它永遠是新的。

我之所以提出這個問題來講，主要是因爲民國以來，很多知識分子，都對漢武帝「獨尊儒術、罷黜百家」這件事，有很深的誤會，有很大的曲解。可是二千年來，各朝各代的學者，從來就沒有人對漢武帝尊儒這件事提出過異議和批評。大家認爲這是很自然的事，是理所當然的事。到了民國，由於發現自己的國家很落後，而一般知識分子又不肯冷靜地反省落後的癥結，也不耐煩去追究歷史的原因，却採取一種推卸責任的態度，把責任往孔子身上一推，好像中國今天的落後，應該由二千五百年前的孔子來負完全責任。接著，又把一股怨氣發在董仲舒的頭上，說他不該「獨尊儒術，罷黜百家」。你董仲舒慫恿漢武帝獨尊儒術，就是思想獨覇，你罷黜百家，就是壓制思想自由。類此等等的論調，不一而足，而且直到今天，我們仍然會聽到這些論調。

現在我們要問：這些論調對不對呢？要回答這個問題，恐怕不能用是非法來作答，而要從頭說起。下面我們將分爲五點來作說明。

一、儒家學術的常道性格

首先，我們要了解一件事，儒家這一家，和其他諸子百家的身分地位是不同的。平常說儒道墨法，儒家是其中的一家，爲什麼又和其他各家身分地位不相同呢？這可以從兩方面來看：

第一、從「繼往」方面看：堯舜二帝與夏商周三代所凝成的民族文化大傳統，是那一家繼承下來的？是道家嗎？是墨家嗎？是法家嗎？都不是。而是孔子，是儒家。好比是祖先的產業，其他的兒子都不加以珍惜，甚至加以拋棄，只有儒家奉承祖先的遺志，光大了祖先的家業。因此，儒家當然就在中國文化裏當家做主了。這當家做主的身分，在孔子整理「六經」的時候就已經決定了。這是歷史的事實，不是任何人所能憑空强調出來的。

第二、再從「開來」方面來看：道家、墨家、法家，在民族文化的開創發展上，都沒有够份量的表現，只有儒家，不但能繼往，而且能開來。所謂「開來」，一方面是開出文化生命的方向和途徑，以樹立文化的理想；一方面又能完成創制建國的工作：通過典章制度，建立政治的軌道，通過禮樂敎化，建立倫常生活的軌道。由於二千年來，一代一代的儒家學者，都能繩繩相繼，綿綿不斷的努力，才造成了中正和平的中華文化。以上是從繼往和開來二方面，說明儒家在中國文化中是居於一個當家做主的地位。

其次，我們再進一步指出，儒家學術不同於一套專門的知識，它不是知識層次的學問，而是超越知識層次之上的、人生社會之「常理、常道」。常道，就好像家常便飯，人天天都要吃飯，不吃就不能生存；儒家所講的人性、人倫、人道，也同樣是我們天天生活的一個依據。離開它就不能表現生活的意義，不能成就人生的價值。它正是中庸所謂「不可須臾離」的常道。

凡是一個常道，都是不可改變的，都是普遍的。這就是常道的「不變性」和「普遍性」。(1)只要是人，他就永遠要根據孔子講的仁心，孟子講的怵惕惻隱之心，來成就人品人格，來完成人倫人道，這是恒常不變的眞理，從這裏可以看出儒家仁教的「不變性」。(2)儒家講學問，縱的一面要求下學上達，與天地合德，以達到天人和諧、天人合一；橫的一面又要求由親親而仁民，由仁民而愛物，以達到天下一家，萬物一體。這表示儒家講學的主旨，正是要通過內聖外王的實踐，以體現常道的「普遍性」。

這樣一套本乎人性、順乎人情的學問，不但可以根據它來完成圓滿的德性人格，開創充實豐富的人生，而且可以建立安和樂利的人間社會。這就是儒家「立己立人、成己成物」的文化常道之性格。

但秦朝是法家當令，西漢初期是黃老之治，所以在漢武帝以前，這一個文化的常道，並沒有獲得充分的尊立。下面，我們且來囘述一下漢武帝以前的思想和政治社會的情況。

二、秦法之流毒與黃老之限制

秦朝的政治是法家型的。遠而言之，是商鞅變法的延續，近而言之，是實行韓非的思想。秦始皇早年讀到韓非的文章，就極爲讚賞，說：「寡人得與此人遊，死不恨矣！」但韓非和秦始皇見面不久，就被他的同門李斯害死了。李斯是秦始皇的丞相，也是一個法家。他有二句名言（很糟糕的名言），那就是：「以法爲教，以吏爲師」。照我們中華民族的傳統，應該是「以五經爲教，以聖賢爲師」。而秦朝以法令爲教，表示那是一個沒有禮樂文化的時代；以曹吏爲師，表示那是一個沒有聖賢師儒的時代。同時須知，所謂以法爲教，並不是通常所說的重視法律教育，而是以官府的法令作爲唯一的價值標準。所謂以吏爲師，也不只是向曹吏學習法令之意，而是以官吏爲型則，一切向他看齊。這是從思想到言行的一貫的統制（所以會有「偶語詩書者棄市」的苛法）。在這種「大敗天下之民」的精神原則之下，就難怪秦始皇要「焚書、坑儒」了。

但古人萬萬沒有想到，二千年後的中國，又出了一個超級秦始皇——毛澤東。他自誇超過秦始皇一百倍，他說秦始皇只坑了四百六十個儒，而他毛某領導下的共產黨却坑了四萬六千個儒！我們想想看，神州大陸是如此的陰風慘慘，文化、學術、人品、人命，還堪聞問嗎？而共產黨「以毛語錄爲教，以幹部爲師」，也正是「以法爲教，以吏爲師」的變本加厲。這才眞是歷史的倒退，文化的浩刼！當年秦始皇統一了天下，但却不能安天下，如今共產黨竊據大陸，也同樣不能安邦定國。他們「批孔揚秦」，所「揚」的又正好是一個短命的朝代，這其中似乎隱含著一種歷史的詭譎，歷史的巫術——使共產黨不自覺地爲自己的命運，作了一個必將應驗的預言。其實，這也不是歷史的巫術，而根本是歷史的必然，事理的當然。西漢大學者賈誼曾說：「自古與民爲敵者，民必勝之」。共產黨口口聲聲「人民，人民」，其實是在要「文字魔術」。在骨子裏，他們最猜忌人民，仇視人民。他們騎在人民頭上，以人民爲芻狗。所以我們可以斷言：與民爲敵的共產黨，終必爲眞正的人民所埋葬。

暴秦過去之後，是漢朝。但漢朝的開國，是在秦朝十幾年的苛法暴政之後，再加上四五年的楚漢相爭，這是一個天下元氣大傷的局面。而漢高祖卽皇帝位之後，又要對付那些造反的功臣，連年用兵，民生益形凋敝。在這種時代社會的背景之下，老百姓最迫切需要的，就是二個字——「休息」！於是，黃老之術，乃應運而生。

黃老與老莊不太一樣。老莊是哲學思想，而黃老之術是專門就政治上的清靜無爲、與民休養生息而言。這種爲政的態度，對當時的社會民生來說，正好是對症下藥的一帖良藥。幾十年當中，減輕刑罰，減輕賦稅，並盡量減少政治的干擾，民間有了自然生長的力量，社會便慢慢復甦了，百姓也慢慢富有了。這就是歷史上有名的「文景之治」。

但是，一個國家，尤其像中國這樣的大國，是不可能永遠在政治上「淸靜無爲」的。隨著社會的繁榮，民間的富庶，地方諸侯王勢力的膨脹，政治的問題，經濟的問題，風俗敎化的問題，以及匈奴外患的問題，接踵而來，而且越來越嚴重。（譬如漢景帝的時候，就爆發了七國之亂。）在這種情勢之下，淸靜無爲的黃老之術，其作用已到了極限，不靈了。那末，用什麼樣的學術纔能解決大漢帝國所面臨的重重問題呢？這就是第三點要講的，漢武帝的時代使命。

三、漢武帝的時代使命

漢武帝卽位的時候，漢朝已經開國六十多年。但開國並不等於建國。漢朝的建國，實際上是到漢武帝才一步步加以完成的。因此漢武帝的時代使命，我們可以方便地歸結爲三重建國的問題。

第一、是國防建國，這主要就是匈奴問題。從戰國後期以來，匈奴一直很强大，漢高祖在白登之圍就幾乎送了性命，高祖卒後，呂后接到匈奴王求婚的國書，也只好忍氣吞聲，而文景二代，仍然只能對匈奴採取和親政策。一直到漢武帝，才開關出擊，大伐匈奴，解除了北方國防線上的威脅，保障了中國生存空間的安全。所以在國防建國方面，漢武帝做得很成功。（按、漢武帝是一位雄主，他盡了他的時代使命，對民族有大功。但他畢竟不是聖王，他好大喜功，因而耗散了漢朝的國力，造成盛極而衰的情勢。這是題旨以外的問題，不擬在此討論。）

第二、第三、是政治建國與文化建國，這二者關係密切，所以我們也合併起來講。董仲舒在賢良對策裏面所顯示的思想意向，是要進行一個「復古更化」的運動。復古，是復三代之古，以重開文質兼備的禮樂文化；更化，是革秦法之苛，更改制度，以期化民成俗。這是一個「政治」與「敎化」雙管齊下的運動。我們可以從它的精神方向和具體措施，來略加說明。

首先，在基本的精神方向上，可以歸結爲三點：

1.尊理性，尊禮義。（針對黃老之不足而發）

2.任德敎，不任刑罰。（針對法家之煩苛而發）

3.以學術指導政治。（通經致用，此乃儒家精神）

其次，在具體的政治設施上，也可舉出五點來說：

1.立五經博士——純化博士制度（把博士制度從旁門雜流中解脫出來），以樹立國家學術之標準。

2. 設博士弟子員（初為五十人，後積至二三千人）——培養學術人才，以延續文化生命，領導國家政治。

3. 郡國察擧——地方行政長官，不僅負行政之責，還要爲國選才。（薦擧之科名，有賢良方正茂才孝廉等等）。

4. 禁止官吏經商，裁抑兼併——官吏不與民爭利，可以提高士人之品質，以貫徹「以學術指導政治，以政治指導經濟、改造社會」之原則。

5. 打破封侯始可拜相之慣例——突顯士人政治的性格，使政治脫離軍功勛戚之掌握而客觀化。

而這些具體的政治措施，事實上又是順著二個思想背景而來。一個是「五經」所代表的文化傳統，一個是天人合一的文化理想。所以漢武帝的政治建國和文化建國是通貫在一起的，是有一個超越的理想的。

董仲舒的文化運動，促成了漢朝的建國大業。它一方面清洗了秦代苛法的遺毒，一方面顯發了漢之爲漢的眞面貌。用大史學家班固的話說，這是「除强秦之苛暴，流大漢之愷悌」。這二句話是說得很懿美，很中肯的。而且也正扼要地道出了「復古更化」運動的眞精神。而這個運動在學術上最突顯的一個做法，就是所謂「獨尊儒術，罷黜百家」。

四、爲什麽要「獨尊儒術」

首先，我們可以問一句話——國家尊崇學術的目的是什麽？我想應該有三個：

第一、是要延續和光大民族文化的傳統。（這是歷史文化的問題。）

第二、是要建立倫常生活的軌道。（這是日常生活的倫理綱常，是化民成俗的問題。）

第三、是要突顯政治的理想和原則，以期用學術來領導國家政治。（這是創制建國的問題。）

根據這三個目的，我們可以再問一句話——什麼樣的學術，才需要由國家來尊崇，來倡導？對於這個問題，可以分作二句話來回答。⑴消極地說，國家不必要也不應該尊崇一家之言或私家之說。因為國家雖然不可干涉學術思想的自由發展，但國家也沒有理由要為私人服務，所以用不著由國家來倡導私家的學術。⑵積極地說，國家應該尊崇大中至正的常理常道，以滿足上述三個目的。這才是國家的立場，才是對歷史負責、對天下負責的態度。

那麼，那一家的學術，纔合乎上述的標準呢？當然就是「儒家學術」了。因為只有儒家學術，纔是民族文化之統的延續，纔是大中至正的常理常道。「尊儒」並不是尊諸子百家當中的那個儒家，而是尊崇儒家孔子所承續光大的「五經」。所以尊儒尊孔子，其實就是「尊經」——尊中華民族的常道。

因此，尊經尊儒，不應該只是朝廷政府之責，也是每一個國民都必須盡到的基本責任。反過來說，道理也是一樣：尊經尊儒，並不只是國民應有的文化自覺，也是朝廷政府不可推卸的民族責任和文化責任。如果我們不尊經，不尊常道，中國社會就會喪失民族文化的大傳統，而變成沒有文化理想、沒有倫理綱常、沒有禮義政教的國家。所以「尊儒、尊經」是天經地義的，是不可以反對的——正如我們可以反對吃辣椒，吃大蒜，吃蔴油雞，但我們不能反對吃家常便飯。假如說，當初漢武帝尊的是老莊，是墨家，是法家，又將如何？我們可以斷定，他一定尊不起來，一定得不到天下後世的支持贊成。何以故？因為這些都只是一家之言，雖然各有精采，但也各有偏失，各有欠缺，而不足以作爲立國的常道，也不足以作爲生活的規範。

或者有人要問，你不尊諸子百家也就算了，爲什麼又要「罷黜」百家呢？不是太過分了嗎？下面第五點，我們再來看看所謂「罷黜百家」，到底是什麼意思。

五、「罷黜百家」的眞相

所謂「罷黜百家」，其意指其實非常單純，就是把原先那些旁門雜流、諸子百家的博士，加以廢除。因此，所謂「罷黜」，只是撤消「百家」的博士。也就是說，朝廷只尊「經」，不尊「子」。所以只立「五經博士」，而不立諸子百家的博士。譬如漢文帝時本有孟子博士，到後來也一樣加以罷黜。因爲孟子書也是「子」而不是「經」（宋以後，孟子纔列為十三經之一；漢朝當時，是把孟子看做諸子之一的）。由此可知，「罷黜百家」並不是禁止諸子百家之書，更不是把諸子百家之書加以拋棄、焚燒，而只是站在國家的立場，不爲諸子百家「立學官、立博士」而已。

當初，董仲舒的賢良對策就是這樣說的：

> 「百家殊方，指意不同。……臣愚以為諸不在六藝之科、孔子之敎者，皆絕其道，勿使並進。」

他的意思是說，諸子百家各有他的思想方向，彼此的理論宗旨互不相同，都只是「各得一察焉以自好」的一偏之見。所以董仲舒主張凡是六藝（六經）之外以及違悖孔子之道（文化之常道）的學術，都應該堵絕它立爲學官的門路，不要讓它和五經並立爲博士。這表示，在董仲舒的心目中，百家的地位是不足以和五經相提並論的。

其實，這也不是董仲舒一個人的私見，而是漢代學者共同的立場。在此，可以舉個例子。史記儒林傳記載：竇太后（文帝之后）好老子書，召問博士轅固生，固曰：「此家人言耳。」所謂「家人言」，就是一家之言（百家之言）。老子這種家人言算不得政教學術的大經大法，所以轅固生看不起。但這位竇太后在漢朝的權威，就像紅樓夢裏榮國府的賈母。她喜歡老子書，而轅固生竟敢加以貶視，老太太當然非常生氣。不過，她也知道不能因此就把轅固生問個「斬」字。於是，她想出一個絕妙辦法——罰轅固生到猪圈裏去刺野猪，意思是想假手於兇狠的野猪，置轅固生於死地。這時，皇上（景帝）也不敢衝犯老太后，但內心很同情轅固生，便暗中給他一柄利器。轅固生老先生有了利刄，膽氣便壯了起來，終於一刀刺中猪心，那兇猪應刺而倒！老太后雖然餘怒未息，却也不好再發作了。我們說這個故事，意在說明西漢的學者是看不起百家之言的，當然也就不贊成朝廷爲諸子百家立博士。但竇太后在世之日，諸子百家的博士誰也不敢輕言廢除。後來老太后歸天，漢武帝纔把百家博士予以撤消。這就是所謂「罷黜百家」。

六、結語

總之，「獨尊儒術」，立五經博士，是因爲只有儒家傳承下來的「五經」，才是常理常道，才可以作爲民族立國的指導原則，才可以作爲倫常生活的規範。而「罷黜百家」，是因爲這些私家之言，不能作爲立國的最高原則，所以不再爲諸子百家立學官立博士。這就是學術的眞相，歷史的事實。

在這裏，既沒有所謂「思想獨覇」，也沒有所謂「壓制學術思想自由」。你如果喜歡諸子百家，那是你個人的興趣，個人的自由，你儘管去研究，朝廷從不禁止，社會也不會干涉。但你如果想要以國家的立場，來立你個人所喜歡的某家某子爲博士官，則不可以。國家要對全民族負責，不能只爲你私人服務。道理就是如此的簡單明白。而民國以前，二千年來的學者，從來沒有人認爲漢武帝「獨尊儒術，罷黜百家」有什麼不對，也就是這個道理。

（如今，政府也廣泛地獎勵各種門類的學術研究，這是近代精神，承認客觀的知識價值，當然是一種進步。在古人，卻不從知識這個層面看，他們是另一番用心——為國家立綱常，為學術立標準。古人這種正大的用心，我們必須懂得，不可誤會曲解。而且還應該「以古為鏡」，來反省檢討一下我們當前的學術原則與文化方向。）

我們講這個問題，主要的一個意思，就是說明儒家是中國文化的主流。尊儒，不是尊諸子百家中的一家，而是尊儒家傳承下來的民族文化之統，這是要永遠尊下去，以求其光大發皇的。

在今天，尊這個常道，並不妨礙我們發展民主科學；發展民主科學，也不妨礙我們尊經尊常道。而且我們還可以說，必須把民族文化之統尊起來，才有發展民主科學的憑藉。否則，我們不可能有自發內發的文化創造力，我們將永遠做西方文化的尾巴，而無法使民主科學在中國文化的土壤裏生根發芽，開花結果。由此可知，尊儒家所代表的文化常道，和民主科學的發展，實在是相輔相成的。

臺中一中，從民國四年創校開始，就是民族文化民族精神的堡壘。十幾二十年前，我也是一中的老師，現在我依然是諸位的「師丈」，而且是一中學生家長會的家長之一，我和一中的淵源是很深的。我希望從育才街二號出來的青年，不但不會妄自菲薄，而且能夠自覺地承擔民族的責任和文化的使命。我們縱觀歷史，從黃河流域，而長江流域，而粵江流域的各重要省區，都曾在國史上挑過大梁，做過主角，盡過它歷史的使命。今天的臺灣，正向國史舞臺邁進。在臺灣成長的中國青年，將如何創造國史上光輝而不朽的一頁？這已經是大家「無所逃於天地之間」的責任了。臺灣的山川靈氣，和大陸的河山一樣，必然要孕育出歷史性的人才。但大家如果只知「小我」，而不能投身於中華民族的歷史文化大流中「受洗」，以化爲「大我」，則你的生命終將成爲「遊魂」，而無法進入「國史」，無法成爲中華民族的肖子賢孫！道理是如此的朗朗明白，實實在在；取捨去從，浮沈升降，就看諸位的抉擇了。

刊於「鵝湖」六十二期

儒家的狂狷精神

此題曾先後講於臺北師大與臺中師專，本文大體依據兩次所講的線索而寫成，特此附識。

六十八年三月

孟子推闡孔子之意，論狂狷與鄉原，其主要文獻見於盡心下篇：

萬章問曰：「孔子在陳，曰，盍歸乎來！吾黨之士狂簡，進取不忘其初。孔子在陳，何思魯之狂士？」孟子曰：「孔子不得中道而與之，必也狂狷乎？狂者進取，狷者有所不為也。孔子豈不欲中道哉？不可必得，故思其次也。」

「敢問何如斯可謂之狂矣？」曰：「如琴張、曾晳、牧皮者，斯可謂之狂矣。」「何以謂之狂也？」曰：「其志嘐嘐然，曰，古之人，古之人。夷考其行而不掩者也。狂者又不可得，欲得不屑不潔之士而與之，是狷也，是又其次也。孔子曰，過我門而不入我室，我不憾焉者，其惟鄉原乎！鄉原，德之賊也！」

曰：「何如斯可謂之鄉原矣？」曰：「何以是嘐嘐也？言不顧行，行不顧言，則曰古之人，古之人。行何為踽踽涼涼？生斯世也，為斯世也，善斯可矣。閹然媚於世也者，是鄉原也。」

萬章曰：「一鄉皆稱原人焉，無所往而不為原人，孔子以為德之賊，何哉？」曰：「非之無舉也，刺之無刺也。同乎流俗，合乎汙世。居之似忠信，行之似廉潔，衆皆悅之，自以為是，而不可與入堯舜之道。故曰，德之賊也。孔子曰，惡似而非者，惡莠、恐其亂苗也，惡佞、恐其亂義也，惡利口、恐其亂信也，惡鄭聲、恐其亂樂也，惡紫、恐其亂朱也，惡鄉原、恐其亂德也。」

這一段文字，已編入高中文化教材，在此無須再作句解。此外，孟子書中還有三個短章，亦與論狂狷之意相關，今亦錄出來：(1)離婁下：「孟子曰：人有不爲也，而後可以有爲。」(2)離婁下：「孟子曰：非禮之禮，非義之義，大人弗爲。」(3)盡心上：「孟子曰：無爲其所不爲，無欲其所不欲，如此而已矣。」其他篇章中，自然亦還有些相關的文句，玆不備擧。以下，我們將秉承孟子的意思，作一稍較廣泛的討論。

一、狂狷、中行、鄉原

從心性上說，此心同此理同，人都一樣；但從氣質資稟上說，則有中行、狂、狷等等的不同。以不同的氣質資稟去表現相同的心性天理，結果便形成聖賢、君子、鄉原、小人之差別。在這裏，顯示出人生有上升之路，亦有沉淪之途。

人如果都有合乎中道的稟賦（中行之資），那當然再好不過。但上根之人，世所難遇。所以當孔子「不得中道而與之」，亦只有退而求其次。狂者就是「其次」，狷者是「又其次」。但我們千萬不要忽視這個「又其次」，如果人一起脚就能做成個又其次的「狷者」，便有希望「與入堯舜之道」了。所以狷者之有所不爲，乃是人生上升之路的起脚點。人生的原則、立場，都是建立在「有所不爲」上。孔子敎顏回「非禮勿視、勿聽、勿言、勿動」，孟子說「非禮之禮、非義之義，大人弗爲」，又說「無爲其所不爲，無欲其所不欲」，全都是表示「有所不爲」。而「行一不義、殺一無辜、而得天下，不爲也」，更是「有所不爲」的最高表現。可見狷者之有所不爲，正是要「截斷衆流」，以挺顯一個「守道不移」的原則立場。這是人生向上之路（表現價值）的第一關。孟子所謂「人有不爲也，而後可以有爲」，正給了我們一個最爲中肯的指點。否則，一旦落到「無所不爲」的地步，便表示他根本是一個沒有生命原則的人。這種人是絕對不可能「有爲、有成」的。以是，人必須先做得成一個狷者，而後纔能做得成一個狂者。「能狷而後能狂」，狂與狷亦本是相通的。

「狂者」進取有爲，志存古人。有如鳳鳴高岡，翔於千仞。但狂者濶略事情，所以必須事上磨練；又因志高言大，不免行有不掩。但亦正因爲他行有不掩，所以其心未壞，而可裁正使之入道。狂者之進取，是要「拔乎流俗」而表現一種「勇往無畏」的精神。當他經過事上磨練而「志與事合一、言與行合一」，便可進於中道，而同乎中行人格了。

「中行」之人，非狂非狷而亦狂亦狷，進退行止皆能各當其可。但前面說過，這種「入道爲易」的上根之人，可遇而不可求，所以欲求任道之人，最後還是「必也狂狷乎」！由狷、而狂、而中行，這是人生上升之路的三階。但却不一定是一貫的循階而上，而常須因時因地因事而制宜。就一事而言，可能此時須狂，彼時須狷；就一時而言，可能此事須狂，彼事須狷；就人而言亦復如此，可能此時此事須狂，而彼時彼事須狷。儒家之所以特別注重「時中」、注重「執中用權」，正以此故。

至於「鄉原」，當然是代表人生的沉淪。人之沉淪下墮，有「隱」「顯」兩型。明顯的，像那些殘暴凶惡之徒，此輩性情偏激，血氣衝動，爲非作歹，惡跡昭彰。既然惡跡昭彰，自必受到法律制裁，因而人人皆知引以爲戒，不會有效尤之念。這種人雖有直接的危險性，但說他們敗壞世道人心，却並非恰當的指責。而且這類人往往有性情，有肝膽，一念警悟，便可重新做人。世間眞正最痲煩的是那些過惡隱而不顯的「鄉原」。「原」是謹厚之意。謹厚有何不好？問題是在一個「似」字。只此一「似」，便決定他是「假人」，一個沒有眞性情、眞心肝的假人。其心已破壞、已污染，不能明辨眞是眞非，「不可與入堯舜之道」，所以是「德之賊」。這些鄉原之徒對於人心之腐蝕痲痺，對於風俗世道之敗壞，是無聲無形的，但却是可怕的，實在和「殺人不見血」沒有兩樣。可是，他「居之似忠信，行之似廉潔」，以其貌似的忠信廉潔，而得以取信於君子。他又「同乎流俗，合乎汙世」，因而亦能無忤於世俗小人。他兩面討好，「衆皆悅之」。如果你不欣賞他想要加以批評譏刺，偏偏他又沒有做過什麼壞事，也說不上有什麼失言失禮失節的地方，所謂「非之無舉也，刺之無刺也」，面對這種不黑不白、不痛不癢的人，試問你將拿他怎麼辦？這豈不是世間頂頂痲煩的人物？對付這一類的人，只有採取聖人的辦法，「惡之」！頂好是人人皆惡之，「不與同中國」！如果自己有嫌疑，亦用聖人的辦法：「內自訟」，「惡之」！如此，則人生庶可免於沉淪下墮，而從今以往的中國人，亦庶幾能够恢復其天行昂揚之德，而可免於「辱沒」。

二、狂狷與聖賢人物

惡鄉原，做狂狷，希聖賢，這是人人當有之志。昔人有云：「有豪傑而不聖賢者，未有聖賢而不豪傑者」。我們亦可以說：「有狂狷而不聖賢者，未有聖賢而不狂狷者」。因爲狂狷之人，實在亦就是豪傑之士。人要成聖成賢，便必須先是能狂能狷的豪傑。孟子曾說伯夷是聖之清者，伊尹是聖之任者，孔子是聖之時者。我們如果變換詞語，亦可以說伯夷是聖之狷者，伊尹是聖之狂者。唯有孔子「可以仕則仕，可以處則處，可以速則速，可以久則久」，進退行止，無可無不可（實際是各當其可），能超越狂狷的範域，不偏執一邊，而達於「時中」，故爲「聖之時者」。

在孔門弟子中，顏子是中行之資，他和孔子一樣能「用之則行，舍之則藏」，他「擇乎中庸」，得一善，而能「拳拳服膺而勿失」。表現於行事，則既能狷，亦能狂。他「無伐善，無施勞」，「一簞食，一瓢飲，居陋巷」，而能「不改其樂」，豈不是能狷？他亦步亦趨，「竭其才」以學孔子，孔子亦「只見其進而不見其止」，豈非進取而能狂？唯其能狂能狷，故能用行舍藏，具體而微，而成爲聖門第一高足。還有曾子亦庶幾中行之禀，故同樣能狷能狂。三省吾身，臨終易簀，啓予手足，守約全歸，這是狷者的性行。「士不可以不弘毅」，「仁以爲己任」，「自反而縮，雖千萬人，吾往矣」，則是狂者的精神。另如責子夏喪子而喪明，居母喪而出弔子張之死，亦都表現狂者的性情。而反對游夏之徒「以事孔子者事有若」，則是亦狷亦狂的表現。他能狂能狷，忠恕一貫，所以說他庶乎中行。其餘七十弟子，非狂卽狷，所以一經夫子裁正，皆成大賢。

至於孟子，則是由狂入聖。他最大的貢獻可以約爲三端，一是建立心性之學的義理規模，二是弘揚仁政王道的政治理想，三是提揭人禽、義利、夷夏之三辨，而開發了道德意識文化意識的根源。孟子不像孔子般渾含圓盈，孔子的生命是一個「圓」，孟子的生命則是一個「方」。圓規方矩，皆是型範。程子說孟子有英氣，有圭角，其才雄，其迹著，儘雄辯，這正是他那方形生命所顯發的特徵。孟子的生命，徹裏徹外，徹上徹下，是一精神之披露，是一光輝之充實。他面對一個衰亂之世，道德價值倒塌，時代精神墮落，文化理想闇然不彰。孟子要重新建立道德價值的標準，要重新肯定文化理想，他就必然要挺身而出，作中流砥柱。這樣，他便無可避免地會有生命的昂揚奮發。他要正人心，息邪說，距詖行，放淫辭，所以必然要闢楊墨，賤縱橫，斥許行。這客觀使命的不得已，使他充分地顯露了大人氣象，而完成了「充實而有光輝之謂大」的人格型範。這「全幅是精神，通體是光輝，滿腔子是文化理想，表現道德精神主體」之孟子，正是「由狂入聖」的典型。

孟子以後，歷代儒者都能表現狂狷的精神，在此無須一一擧述。像王陽明就是聖賢人物中的狂者。他自己亦說自從良知敎成立以後，「纔做得個狂者的胸次」。晚明顧、黃、王三大儒，亦是聖門中的眞狂狷。起初抗清兵，保大明，是狂者精神；滿清入主，誓不仕清，則是由狂入狷；復明無望，乃將全幅精神血誠流注於文字（在此，「文字」二字眞是莊嚴神聖），著書以待來者，這就是狷而能狂。鄭成功之開闢臺灣，抗清復明，以及二百年後的辛亥革命，皆與此一精神血脈相關連、相通接。

三、狂狷與有爲有守

狂者進取，是精神之發揚，是「有爲」；狷者有所不爲，是心靈之凝聚，是「有守」。有守有爲的狂狷精神，首先是向內而向上，這是「逆之則成聖成賢」。再通而向外，便是關心天下民物，「仁以爲己任」。所以儒者的狂狷精神是可以「縱貫百世之心，而橫通天下之志」的。在此，我們願意藉董仲舒的兩句話來作說明。

董生云：「正其義不謀其利，明其道不計其功」。這種「至言」，只有在以儒家爲主的中國文化之心靈中，纔能透得出來。到了清代，船山諸儒老死，民族文化生命隨之而斬，而董生這兩句話亦因而遭到被修改的命運。有人主張董生之言應該改爲「正其義亦謀其利，明其道亦計其功」。順着字面一看，亦似乎改得很好。「道、義、功、利」都有了，天下便宜全歸我有，豈不是好？其實，這改字的人，乃是一位「代大匠斲」的庸手，一字之易，竟是「點金而成土石」！

董生的原句，上半「正其義」、「明其道」，是表示進取有爲。事事正其義，義既正而利自至；時時明其道，道既明而功自成。蓋道義爲本、爲始，功利爲末、爲終。有本始自能有末終，這和大學所謂「物有本末，事有終始，知所先後，則近道矣」的意思，正相印合。兩句下半「不謀其利」、「不計其功」，是表示有所不爲。因爲事事謀其利，利不可必得；時時計其功，功不可必成。兩個「不」字是告誡示警，表示不可「唯利是圖」，不可「貪求近功」。凡計功謀利，皆須以道義作綱領。昔人有云：「未有義正而不利者，未有道明而無功者」。義正之後，不但有利，而且有長遠之利；道明之後，不但有功，而且有廣大之功。董生之言，歸本於道義，實可說是「道德的理想主義」之宣示。

若照改者之句，則「正其義、明其道」固然是有爲，「亦謀其利、亦計其功」亦仍然是有爲。結果是「有爲」而「無守」。「無守」而欲「有爲」，自古至今，未之有也。而且人之常情，避難而趨易。「正義、明道」之事「難」，必須湧發理想，克己奮勉而爲；「謀利、計功」之事「易」，人人皆可順己之欲，一意而行。既然「亦謀其利、亦計其功」，天下人自然皆注目於下半句之「謀利、計功」，而忽視上半句之「正其義、明其道」。如此一來，勢將人人舍道義而尚功利，結果必然是：義不可得而正，道不可得而明。舍本而逐末，則其所獲得的，充其量亦不過是私己之利、一時之功而已。爲了維護這私己之利，又將損人以利己；爲了延續這一時之功，又將挖肉以補瘡。於是，利不成其爲利，功不成其爲功，更勿論長遠之利與廣大之功了。說到這裏，我們可以看出「正其義亦謀其利，明其道亦計其功」，雖然頭上保有「正義、明道」的字樣，但一落實於行事，必然會因爲二個「亦」字而形成本末倒置。陳同甫之「義利雙行，王覇並用」之所以不得朱子之肯許，以及功利主義之所以不足以爲立身、立國之正道，原因就在這裏。唯有照董生原句用上二個「不」字，纔能截住一般人「謀利計功」「避難趨易」的順趨心理，使人在一截之下立卽反省自覺，而湧發其道德理性以「正義、明道」。如此，纔能拔乎流俗功利之習以「有守」，利濟天下民物以「有爲」。

四、走狂狷的路

近數十年來，國人喜歡宣說「浪漫精神」或「狂飆精神」，其實，這兩種精神所顯發的人生方向與生命形態，遠不如狂狷精神所表現的健康、正大。浪漫精神代表情意生命的放縱恣肆，所以反對古典，反抗傳統，它是以革命、否定來表現理想，但卻不能實現理想（實現理想須得加上理性主義的精神纔行）。而狂狷精神則通向聖賢，代表德性生命的凝聚上揚，故能承先啓後，返本開新，它是以承續、肯定來實現理想。這是一種立身成德、行道濟世的精神，它能立根落實，主觀面落實於內在的德性生命，客觀面落實於人文世界，以開發人生的方向，創造文化的價值。

在今天，要做成一個中國人，首先必須「有所守」，有所守纔能立得住，立得住纔能行得去，行得去就是「有爲」。一個人做不成有守的狷者，便必然做不成有爲的狂者，做不成狂狷，便必然於聖賢無分。顧憲成的老弟顧允成說過一句話：「上不自中庸門入，下不自方便門出」。意思就是要以狂狷爲入手之地。若問爲何不可由中庸門入？曰：不是理上不可，而是事上不能（太難）。因爲中庸一路，無偏取中，總要包容照顧。但天下之大，人事之繁，你豈能遽爾包容得了，照顧得到？東包容，西照顧，結果必使自己首先踏入泥濘路，而難以自拔。自古凡自中庸門入，鮮有不流爲鄉原者。故「中庸」只應懸爲標的，而不可以之爲入手之地。

我們，都不是中行之資，所以要走狂狷的路。狷以「守志」，狂以「弘道」。當狂時則狂，當狷時則狷。該守的，以我們的生命守護它；該做的，以最堅卓的毅力完成它。唯有如此，在主觀踐履上，纔能由狂狷進到聖賢，在客觀實踐方面，纔能完成時代所賦予的文化使命。

附：創發篤實恢弘的學風

每一個民族的文化，都是一條生命之流，所以它必然前有所繼，後有所開。而中國文化，更是背負着一個偉大的傳統向前奔進的。今天，我們的文化正遭遇着强力的衝擊，作爲一個知識分子，爲自己的文化作中流砥柱，不但是無所逃於天地之間的義務，也是不可讓度的權利。中國文化的衰落，是十八世紀以後的事。在此之前，我們曾經是長期的「文化債權人」。二千年來中外文化的交流，中國常是輸出過於輸入的。當然，祖先的功績，並不能抵消近代中國人的墮落和罪愆。但如我們竟忘記了祖先的光榮和辛勞，而自卑自賤，那就眞要萬刼不復了。

一個大學的每一寸土地，都浸潤着前人的心血，都蘊蓄着萌芽、長枝、開花、結果的潛力。大學是文化學術的土壤，全體師生都該來拔地氣，盡地力，尤其要發潛德之幽光。

不有前人之型範，何來流風餘韻？

不有後學之接踵，豈能慧命相續？

一代之學風，起於人心之所向，此起彼應，先後接續，便成風氣。語云：德能感人之謂風。

重振學術，復興文化，乃是「此心同，此理同」的事，一經倡導實踐，自然上下同風，滋生力量。

進德修業，都是八字着脚的實工夫。我們要有「開放」的心靈，也要有「凝聚」的心靈，而對應目前的時風學風而言，我們更要有「躍起」的心靈。躍起者，抗拒狂潮，拔乎流俗之謂。我們不能像顚狂柳絮，也不可學輕薄桃花。我們要有以自立，有以自處。玆就此意，略陳三義，以與同學相勉勵：

一、但求沉潛，不湊熱鬧——人生不可無熱鬧；但熱鬧只是一團空氣，一吹卽散。沉潛則是一份志趣；有了志趣，便能生發力量。

二、須立骨幹，不羨花樣——人間不可無花樣；但花樣實是幾番變幻，朝雲暮雨。骨幹則是一根支柱；旣挺拔自己，亦撑持天地。

三、應求平正，不尙精采——生命不可無精采；但精光奇采乃是耗散，一洩無餘。平正則是一種態度；能平能正，然後乃能通達。

學校是講學的地方。而學問是生命與生命的來往，心靈與心靈的感通。具體的來往，是共聚一堂，講學論道；無形的感通，則是讀古人今人之書，而想見風範，心儀其人。所以，學問的來往感通，是可以不受時間空間的限制的。在這個意義上，我們纔能說尙友古人，聞風興起；纔有所謂流風餘韻，慧命相續。人，是物質、生命、心靈的融合體。我們不能聽任赤裸裸的物質生命乖舛紛馳，喧賓奪主，而掩蓋了我們精神心靈活動的天地。人的活動，有知、有情、有意；眞理的世界，有眞、有善、有美。我們不能僅僅靠着一點乾冷的理智，去衡量眞理，從事學問。學問不應該只是一道窄門。牛角尖裏的專精的知識，雖然也很可貴，但却不是弘通的學問。學問者，學與問也。學宇宙人間之事，問古今中外之人。如果我們不能具有「橫通天下之志，縱貫百世之心」，又如何能够開拓知識領域，以在人格學問上站立自己，進而擔負文化學術的責任！

人是一個生命，文化亦同樣是個生命。人的死活，要看他的血脈呼吸；文化的死活，則看生活在這塊文化土壤上的人，有沒有眞性情、眞信念、眞嚮往。我們直立在中國文化生命與民族生命的立場上，以敦厚篤實、憤悱惻怛之情，來爲學、做人、處事，這是「眞性情」。我們直接從中國文化生命與民族生命上立大信，以振發志氣，精誠貫徹，這是「眞信念」。依於我們的眞性情、眞信念，以通觀中國歷史文化的發展，而開出其未來的方向與途徑，這是「眞嚮往」。我們期待這一代的青年都能有此信念，都能如此存心。信念正而定，存心純而潔，再繼之以學問之充實，實事之磨練，則各方面積極而健康的人才，便可產生。世運剝復之機，常繫於一代青年之存心與信念。青年能够超拔振作，從散亂而歧出的時風學風中轉出來，這就是國家的光明，亦卽是文化新方向、新途徑的決定。

學校是師友活動的處所。而師友必須夾持，教學要能相長。學生尊敬老師，老師愛護學生，寄望學生，這便是人格之互相尊重。不失其尊敬而互相愛護，不失其愛護而互相尊重。所以，在師友夾持之中，有責備，有寬容，也有慰藉。今天做老師的只是帶同學上路；而如何超越障礙，通過坎坷，克服險阻，而步入坦途，達到目的地，則是各人自己之事。同時大家不要忘記，明天，你自己亦將是一個帶路的人。帶路是義務，不是權利；跟你上路的人，是同伴，不是徒衆。大家都是學問途中相勉以道義的人，除此之外，別無什麽。然而，道義中又有多少事業正待我們去做！以是，師友亦應該是一羣共理想、共事業的人。什麽是事業？凡合乎眞、美、善、聖的，合乎正義、公道的，合乎社會人羣之利益的，都是！我們或各自去做，或合夥去做，或羣策羣力去做，及其成功，一也；一者，一樣有價值之謂。然則，我們豈可不奮勉，不長進；人生有限，心願無窮。以有限的生命，創造無限的價值；正視文化學術的責任，創發篤實恢弘的學風。這，就是我們的大志。

六十年三月「創新周刊」

中國哲學史的分期

七十年七月二日講於東海大學「中國文化研討會」

一個文化系統的哲學思想，是形成這一個文化系統最根源的部分。順着這個本質性的根，而後才一步步滋生發芽，而長成枝幹，開出花果。

中國文化最具有原創性，中國的哲學思想也一根而發而縣衍數千年之久。在發展的過程之中，一方面它本身在生長，會生長出一些新的成分；一方面它是在一個長遠的時間流裏和一個廣大的空間環境裏生長，所以也會遭遇一些新的情況，會接觸一些新的事物，而且會和異質的文化思想交會碰頭。由於這兩方面的因素，便形成一個「史」的發展過程。所謂「哲學史」，便是隨着這個文化生命的發展過程，而進行的一種反省和說明。

歷史的發展有它的階段性，哲學思想的發展也不例外。一般講歷史可以分爲某某王朝、某某朝代，講哲學史也必須有一種階段性的劃分。隨着各個時期的劃分——

1. 可以使我們了解這個文化系統分合演變的線索脈絡。
2. 可以使我們了解這個文化生命起伏升降的關節，及其演變發展的方向。
3. 可以使我們了解每一個階段哲學思想的性質、特色，以及各個階段中那些主要哲學家的用心和貢獻。

由此可知，哲學史的分期是必要的。不過，哲學思想的盛衰，和政治的盛衰並不完全一致，所以，哲學史的分期，必須和政治史分開來處理。

一、中國哲學史一般的分期法

一般對中國哲學史的分期，有兩種基本的類型。

第一種，是以中國歷史的朝代作爲分期的依據。通常分爲六個階段：⑴先秦時期的諸子學，⑵兩漢時期的經學，⑶魏晉時期的玄學，⑷隋唐時期的佛學，⑸宋明時期的理學，⑹清代的樸學（考證學）。這六個階段，雖然可以概括中國數千年的文化學術，但「兩漢經學」、「清代樸學」，和哲學思想的關係是很少的。這種分期，可以用來講一般性的學術史，但用來講哲學史，則並不很適宜。

第二種，是以西方歷史的分期爲模式，套在中國哲學史上來講。這可以擧胡適之先生的說法爲代表。胡先生在他的哲學史「導言」裏面，曾經提出他的主張。他把中國哲學史分爲三個階段：

1.古代哲學——從老子到韓非，爲古代哲學。這個時代又名「諸子哲學」。

2.中世哲學——從漢代到北宋之初，爲中世哲學。

甲、中世第一期：從漢代到東晉之初，爲子學的延續與折衷。

乙、中世第二期：從東晉到北宋之初，印度哲學盛行於中國。

3.近世哲學——宋元明清時期，爲近世哲學。並以清代爲古學昌明時期。

胡先生這種「古代、中世、近世」的分期法，很明顯是西化派的觀點。不過胡先生還算不錯，他承認中國哲學在世界哲學史上的地位。他認爲世界上的哲學，有東西兩大支。東支又分爲印度和中國二系，西支也分爲猶太和希臘二系。⑴在古代時期，這四系都是獨立發生的。⑵到了漢代以後，猶太系加入希臘系，成爲歐洲中古的哲學。印度系（佛學）加入中國系，成爲中國的中古哲學。⑶到了近代，歐洲的思想，漸漸脫離了猶太系的勢力，而產生歐洲的近世哲學。在中國方面，印度系勢力漸衰，儒家復興，而產生了中國的近世哲學，歷宋元明而至清代。胡先生還說到，由於二十世紀東西兩支哲學互相接觸，他預料五十年、一百年之後（也就是我們現在這個時候），可能會發生一種世界的哲學。（這是一種極其樂觀的態度。那時候的胡先生只是三十左右的青年，對學術文化的嚴肅和艱難欠缺深切的體認，他似乎以爲羅素和杜威來中國講講學，就可以把中西哲學會通起來，他把天下事看得太容易了。）

以上是胡先生的說法。由於他的書只寫到先秦階段，我們無法知道它全部的內容。現在只就他的中國哲學史「以老子開頭」這一點，提出來檢討一下。胡先生說老子是「革命家」，是「徹底的反對派」。果眞如胡先生所說，則我們倒想問一問：

1. 老子這個反對派，他反對的是什麽呢？
2. 若說老子反對「聖、智、仁、義」（所謂絕聖棄智，絕仁棄義），那末「聖智仁義」算不算一個價值系統中的價值標準呢？
3. 如果算，它是誰創建的呢？它是不是也曾經發生過正面的作用呢？
4. 一個能起作用的價值系統，是不是也含有一種哲學思想呢？
5. 如果無法否認它也含有一種哲學思想，爲什麽胡先生加以割截，而不予理會呢？

也許有人會說，在胡先生的書裏，也列有一節「詩人時代」，以代表老子以前的思潮。

但胡先生所敍述的並不是什麼思潮。而只是引用詩經裏面一些不滿社會、不滿現實政治的詩句，以表示詩人們消極而怨怒的情緒而已。照胡先生書中的敍述，好像中國的歷史文化，一開頭就是黑暗、混亂、一無是處。在此，我們不禁又要問一問：詩經裏面是否也有從正面表述清平政治的詩篇？是否也有讚頌先王功業和聖賢德教的詩篇呢？事實上當然有，而且還不少。然則，胡先生爲什麼一句不提呢？而且，老子以前的經典文獻也不止一部詩經，譬如尚書裏面也有哲學性的觀念，爲什麼一概加以抹煞呢？更何況寫道德經的老子，一定早於孔子嗎？時至今日，依然咬定老子早於孔子的，恐怕十人之中，難得找到一個二個了。

總之，一本哲學史，對於這個文化系統在「創始階段」的思想觀念，沒有作一字一句的正面說明，而開天闢地第一個哲學家，竟然就是「反對派」；這無論如何，都是一種不及格的寫法。這一個缺點，馮友蘭的哲學史倒是改正過來了。馮書先寫孔子，而且對孔子以前有關「宗教的、哲學的」思想，也有一個說明。不過，馮友蘭的哲學史，却又有更大的問題。

二、馮著中哲史的分期及其錯誤

馮友蘭把中國哲學史極其簡單的分爲「子學時代」和「經學時代」，他這樣分期所顯示的意思，主要有三點：

1. 他仍然是以西方哲學史的分期爲模式，來劃分中國哲學史的階段。
2. 他以漢代以前爲「子學時代」，這是民國以來一般的說法（其實並不妥當）。以西漢董仲舒一直到清末爲「經學時代」，則是他個人的一個判斷。他認爲西漢以來各個階段的哲學思想，所表現的精神都是「中古的」，相當於西方中世紀的經院哲學。

3. 基於第二點的判斷，所以他顢頇地認爲中國哲學史沒有「近代」。

在西方，近代哲學的思想，是順着「文藝復興」運動而來。所謂文藝復興運動，就是要求希臘精神的復活，也就是自覺地要求從神本回到人本，要求「人」的覺醒、再現，所以又被稱爲「再生運動」。這一個運動所開啓的，是一種「反中古」的精神方向。從哲學方面來說，就是不願意使哲學再淪爲「神學的婢女」，而要求恢復哲學本身獨立的地位。在中國方面，宋明理學也是自覺地要求恢復先秦儒家的慧命，以重新顯立儒家在中國文化中的主位性。如果類比於西方來講，宋明儒者「不滿意兩漢的經生之學、不滿意魏晉的玄學清談、不滿意佛教在中國思想界執牛耳」，這種精神方向，和西方近代哲學「反中古」的精神，却正有近似之處，怎麼能說宋明儒者的精神是「中古的」呢？胡適之先生認爲宋代以來的儒學是中國的「近代哲學」，倒表現了他對歷史文化的通識。在這一點上，胡先生不但比馮友蘭更通達、更高明，而且更能顯示一個中國人的自愛、自重。

馮友蘭講中國的哲學，却以西方哲學的進程爲標準，而妄判中國哲學史沒有「近代」，眞是所謂「只知有西，不知有東」，不免有「出主入奴」之嫌。我們不可忘記，中國是一個獨立的文化系統。（無論從哲學思想、道德倫理、文學詩歌、音樂戲劇、雕刻繪畫，以及生活情調、生活方式等等，都顯示出中國文化的原創性、獨立性。）中國有自己的文化問題和思想問題，有自己文化生命所透顯的原則和方向。因此，你只能說，在中國哲學史上沒有出現「西方式」的近代哲學，而不能說中國哲學沒有近代——中國哲學史的「近代」，爲什麼一定要以西方哲學史的近代爲模式呢？（至於說，西方近代哲學很有價值，值得中國注意學習，則是另一個問題，是當代中國哲學的路向問題，必須另說另講。）而馮友蘭顢頇地認爲中國哲學自西漢以下二千年中所表現的精神，都是「中古的」，拿來和西方中世紀的經院哲學（神學）等同並觀，這就表示他對中國文化生命開合發展的「脈動」根本沒有感受，對中國民族的哲學智慧和哲學器識也欠缺相應的了解。

現在，我們可以對兩漢以來的哲學思想作一個簡單的檢查，看看這整整二千年的哲學思想，可不可以稱之爲「經學時代」？

1. 兩漢是經學時代，而兩漢的學術思想和歐洲中世紀的經院哲學也有若干近似之處。（譬如，兩漢人不肯定人性善，不認為人人可為聖賢，他們對於天的敬畏，也帶有幾分宗教的意味。但這些也不過是略有形似，其實，漢儒的精神和西方中古並不相同。）
2. 魏晉玄學的性格和精神，則根本和西方中世紀哲學的性格精神不同類型。而且魏晉人所表述的乃是老莊的玄理，老莊乃是中國的「子學」，不是經學。
3. 南北朝隋唐的佛學，在宗教的意義上雖然可以和中世紀的經院哲學相類比。但佛教從印度介入中國，在中國一直居於賓位，並不能取代儒家在中國文化中的主流地位。雖然那時候儒家思想發不出光彩，但廟堂之上的典章制度、社會家庭的倫理教化與生活方式，並不取自佛教，仍然是儒家的、中國的傳統。而經院哲學在西方中古時代，則居於當家做主的地位，是唯一的權威的思想，這和佛教在中國的地位有着極爲顯著的差異。而且中國對佛教，乃是作主地吸收它，消化它。而中古時代的西方，則是被基督教所化的一個世界。
4. 至於宋明理學，不但代表先秦儒家慧命之復活，而且代表民族文化生命之返本歸位。中國的宋明理學，實相當於西方文藝復興以後的近代哲學；而與中古經院哲學之精神，全不相同：⑴一個重宗教信仰，一個重道德理性；⑵一個重他力，一個由自力；⑶一個是獨斷的，一個是批判的；⑷一個是神本位，一個是人本位（人，不是直接指自然生命的人，而是就有德性生命、能天人合德的人而言）；二者是無法相比附的。

由以上簡單的檢查，可以看出馮友蘭把西漢以後的中國哲學史，一概稱爲「經學時代」，是不合乎歷史事實的。他雖然也承認二千年的中國哲學不斷有「新見」出現，但他却又以爲那只是「舊瓶裝新酒」——這是極淺顯易懂、但却最淺薄害事的比喻。二千年來的中國哲學史，豈只是不斷有「新見」而已。魏晉玄學由玄理所顯發的「無」的智慧，隋唐佛學由空理所顯發的「空」的智慧，都已達到玄深高妙的境界，而宋明理學的「性智、德慧」所開顯的「上達天德，下開人文」的天人合德的大道，更達於充實圓滿之境。這其中有民族文化生命的開合發展，有學術思想的深蘊厚蓄，有哲學智慧的相續創發，豈是「舊瓶新酒」所足以淺喻的？又豈只是張三李四偶發的「新見」而已？

馮友蘭似乎不了解民族文化乃是一條生命之流——一條有源頭活水的生命之流。須知源頭活水流下來，滙集百川之水，而後才成爲浩浩蕩蕩的滾滾江流。我們不能截斷江河之水而不讓它流下來，我們只能疏通江河的航道，使它水源充沛、水流通暢；這樣，才可以一方面避免決堤泛濫，一方面維護航運之便和灌漑之利。同樣的道理，我們也不能截斷中華民族的文化生命之流，而妄想隔斷傳統、而向外截取一個西方式的近代哲學；我們只能從頭疏導民族文化生命的本性，看清楚它演變發展的歷史脈路，檢查它的缺失，透顯它的原則，以衡量我們當前所應該表現的形態，然後乃能決定民族生命的途徑和文化生命的方向。這，才是講哲學史最中心最積極的目的和使命。而這種道理，似乎不是馮友蘭所能了解；這份責任，更不是馮友蘭那本哲學史所能擔負。

另外，在文獻運用上，馮書也有「牛頭不對馬嘴」的情形。例如他根據「大乘止觀法門」講天臺宗，便是如此。當初陳寅恪先生在審查報告中已經指出：「北宋眞宗時（由日本）傳來之大乘止觀法門一書，乃依據大乘起信論者。恐係華嚴學盛行之後，天臺宗人僞託南嶽而作。」陳氏已經指出這本標名爲南嶽慧思（智者之師）所作的書，是僞託的。但馮友蘭似乎並不服善，後來出版時雖然提到陳寅恪的意見，但不過表示「有此一說」，內心並不採信。所以仍然用這一本「與天臺宗開宗的智者大師毫不相干」、而又「不合天臺教義」的僞託之書，來講天臺宗的思想。這樣，就顯得連最基本的「知識的眞誠」也有所欠缺了。

馮書比較有價值的部分，是對於名學的講述。他對於惠施、公孫龍、墨辯，乃至荀子的正名篇所作的疏解，都有他的貢獻，但「名學」並不是中國哲學的重點，我們也不可能從名學來了解中國傳統思想。至於中國哲學的主流，馮書的講述大多不相應、不中肯（譬如他說「良知」是一個「假設」，便是顯例）。馮書撰寫於抗戰之前，在那個時代，我們學術界對於中國哲學思想的反省疏導也普遍地不夠深入，對於「魏晉玄學、南北朝隋唐佛學、宋明理學」這三個階段的學術，也還沒有充盡明徹的了解。所以，馮友蘭的哲學史寫得不夠中肯，不夠相應，並不完全是他一個人的責任，而也有那個時代的客觀之限制。

三、勞著中哲史的分期及其問題

在馮書出版三四十年之後，勞思光先生完成了一部新的「中國哲學史」。他把中國哲學史分爲三個時期：

1.初期——又名發生期。指的是先秦階段。

2.中期——又名衰亂期。包括漢代哲學、魏晉玄學、南北朝隋唐的佛教哲學。

3.晚期——他稱之爲由振興到僵化的時期。指的是宋明儒學，再下至清代戴東原。

這個分期法，在大階段的分劃上，相當於胡適之先生所分的「古代、中世、近世」三個階段。不過，勞先生認爲兩漢學術是儒學的衰落期，魏晉玄學則是「上承道家旨趣而又有所誤解」的一種思想，而南北朝隋唐的佛教，則是乘中國哲學之衰敝而流行到中國來的；所以判漢代至唐末爲中國哲學史之「衰亂期」。他對「中期」這個階段的分判，當然可以表示一種看法。但我們覺得他對魏晉玄學的價值，似乎承認得太少了一點。對佛教在中國傳衍發展的線索，以及中華民族吸收消化佛教的意義，也似乎欠缺深切的認識。而他之所以如此分判，和他書中二個最基本的論點實相關涉：

第一、他以「自我」境界作爲檢證各家哲學思想的一個準據，此卽所謂「德性我」、「認知我」、「情意我」、「形軀我」之說。他認爲孔孟開啓的儒家是中國哲學的正統。孔孟彰顯德性我，德性我卽是孔孟自我境界之所繫。而漢儒之學，魏晉玄學，以及佛教哲學，皆不能透顯「德性我」的自我境界，所以自兩漢至唐末皆屬中國哲學史的衰亂期。

第二、他分儒家之學爲「心性論中心」與「宇宙論中心」二大類型。認爲孔孟是心性論中心的哲學，而中庸易傳則是宇宙論中心的哲學。又把中庸易傳往後拉，拉到與西漢董仲舒相提並論。兩漢學術已屬儒學之衰亂期，而魏晉以下，更不必說了。

第一點「自我境界」雖然不失爲一個檢驗的準據，但用得太泛也未必適宜而中肯。而且，孔孟儒家之所以成爲中國哲學之主流，也不只是因爲能彰顯「德性我」而已。第二點用「心性論中心」與「宇宙論中心」二種思想類型，來考量和解說儒家學者及其文獻所表示的義理方向與學術性格，也並無不可。問題是，「中庸、易傳」是「宇宙論中心」的思想嗎？

首先，我們必須了解，所謂「宇宙論中心」的思想，是對價值作存有論的解釋，或者說，是把道德基於宇宙論——先建立宇宙論而後講道德。譬如漢儒董仲舒的學術思想就具有這種性格。董生之學，以天地之氣（元氣）分爲陰陽，這陰陽之氣又運行於四時，布列爲五行，再伸展到人生、社會、政教、學術各方面，因而形成了「氣化宇宙論中心」之思想。董生這種思想，實際上已經脫離了先秦儒家「以仁與心性爲中心、以性命天道相貫通爲義理骨幹」的正軌。但中庸與易傳，並不如此。

中庸易傳是「性命天道相貫通」的思想，它並不是「對價值作存有論的解釋」，而是「對存有作價值的解釋」。所以中庸講「天道」是以「誠」來規定（誠者，天之道也）；易傳講天道（乾道、易道）是以「生德」來規定（天地之大德曰生）。中庸所謂「愼獨、致中和」，所謂「至誠、盡性、贊化育」，所謂「自誠明謂之性，自明誠謂之敎」；易傳所謂「窮神知化」，所謂「窮理、盡性、以至命」，所謂「敬以直內，義以方外」；這都表示，中庸易傳仍然是「以道德主體爲中心」的思想。當然，中庸講「天命之謂性」，易傳講「一陰一陽之謂道，繼之者善也，成之者性也」；在此，也顯示了一種從天道天命說下來的宇宙論的進路。但我們必須知道：中庸易傳這一個講法，一方面是呼應孔子以前「天命下貫而爲性」的思想趨勢，一方面是順着孔孟的仁與心性而再向存有方面伸展，以透顯心性的絕對普遍性（孟子言盡心知性知天，也正表示這一種意向）。經過中庸易傳這一步發展，道德界與存在界乃通而爲一——講道德有其形上之根據，而形上學依然基於道德。在此，宇宙秩序卽是道德秩序，道德秩序卽是宇宙秩序，所以是「性命天道通而爲一」的思想。先秦儒家由孔子孟子發展到中庸易傳，其道德的形上學之基型，便透顯出來了。然而，勞先生對於儒家這一個基本大義，却沒有相應的了解。

勞先生的意思，認爲正宗儒家只是「心性論」，似乎不容許儒家有「天道論」。如果照他的意思，孔孟講仁與心性的「超越絕對性」便被抹掉了，而「客觀性」也被輕忽了，結果只剩一個「主體性」。能把握一個「主體性」雖然也不錯，但是一個「與超越客觀面不相通」的主體性，却並不能盡孔孟之教的本義，也不是陸王之學的究竟義。照他這個講法，孔孟之教被縮小了，儒家「心性與天道通而爲一」的義理規模被割裂而拆散了，「本天道以立人道，立人德以合天德」的「天人合德」之教也不能講了。簡單一句話，「天」與「人」隔而爲二了。在勞先生的心目中，整個儒家就只承認「孔、孟、陸、王」四個人，而這四個人也被講成只「本心」而不「本天」了。

當初程伊川說「聖人本天，釋氏本心」（本字，作動詞解）。這一句名言，原本就只說對了一半。因爲聖人之道，固然「本天」，同時也「本心」，而本天卽是本心，本心卽是本天。心與天並非兩層對立，而是上下相通。程明道最明澈這個道理，所以他說「只心便是天，盡之便知性，知性便知天」。「心、性、天」是通而爲一的。只因爲程伊川對於實體性的道德的心，欠缺相應的了解，便誤以爲聖人只本天而不本心。而如今勞先生評論伊川這句話，却以爲伊川之誤正在「聖人本天」這一句。然則，依勞先生的意思，是應該說「聖人本心，而不本天」了？如此，則正好與伊川之言相對反，而結果却偏偏一樣——也只對了一半（雖然與伊川那一半不同）。

說到這裏，我們可以了解，儒家的「天」與「人」（天道與心性）是不可以拆而爲二的。如果天人不相通，則孔子所謂「五十而知天命」，「天生德於予」，「下學而上達，知我者其天乎」，將如何解釋呢？還有孟子所謂「盡心、知性、知天」，「萬物皆備於我，反身而誠」，「君子所過者化，所存者神，上下與天地同流」……這些話又將如何解說呢？事實上，從論語孟子到中庸易傳，乃是先秦儒家在義理上一步很自然的發展。中庸易傳這兩部文獻「成書」的年代雖可能晚了一點，但皆是孔門義理的一脈傳承，而並非更端另起，這是無庸置疑的。如今勞先生却判中庸易傳爲宇宙論中心，以爲與孔孟思想不同；又把中庸易傳從先秦儒家之中排斥出去，而硬拉到西漢時期，這實在是一種顢頇的態度，是不對的。

另外，勞書對於宋明儒學分系的看法（所謂一系三型說），以及將宋明儒學順延到清代乾嘉年間的戴東原，而併合爲同一時期。對於這些，我們都有不同的評價和看法。但限於時間和題旨，今天無法多說，必須另作討論。

四、新的分期法之提供及其理由

從以上的敍述，我們可以再簡要地作三點歸結：

1. 以「經學時代」籠罩漢代以後二千年的中國哲學史，固然是一大謬誤，就是以「子學時代」概括秦漢以前的中國哲學，也欠妥當。

2. 佛學應該單獨列爲一期，而且不能只是橫剖面介紹佛教各宗的教義，而必須順着中國吸收佛敎和消化佛敎的時序，說明它演變的脈絡；這才是講中國哲學史的立場。

3. 晚明以來，顧黃王要求「由內聖轉外王」，是儒學第三期課題的發端，雖因受到滿清一代的挫折歪曲，而沒有得到順暢的發展；但在本質上，我們當前的文化思想問題，還是順着「由內聖開外王」這一個線索而來的。所以，晚明以來應該單獨列爲一個時期。

照我個人的淺見，中國哲學史的講述，應該分爲五個階段：

第一、先秦時期：中國文化原初形態的百花齊放

這個時期，可以分爲三個段落，一是孔子以前，二是孔子時代，三是諸子百家。

一、孔子以前，中國已有二千年的歷史文化，中國文化通過夏商周三代的蘊蓄發展，而凝結成爲二帝三王所代表的「聖王之統」——這就是中國文化的原初形態（其代表的文獻後來輯爲六經）。到了西周初期，人文精神日漸彰顯，祭祀之敬內轉而爲敬德，由憂患意識與敬畏感轉出道德意識，而建立了一個由「敬」所貫注的「敬德」「明德」的觀念世界。到了春秋時期，進入「宗敎人文化」的階段。再加上「天命下貫而爲性」的思想趨勢，乃使中國思想的中心，不落在「天道」本身（所以不走宗敎的路），而是落在「天道性命相貫通」上。

二、孔子一生正當春秋晚期。中國文化發展到孔子，是一個決定性的大關鍵。孔子以前，是中國文化的「源」，孔子以後，是中國文化的「流」。孔子上承二帝三王之源，下開諸子百家之流，既繼往，又開來。而孔子建立的「仁」敎，更爲中國文化開啓了長江大河。

三、孔子「上承六藝，下開九流」（班固語）。由於孔子傳授學術知識於民間，而促成了

戰國時期諸子百家之興起。儒家人物最多，孟荀二家加上中庸易傳是主要代表。墨家以墨子爲代表，道家以老子莊子爲代表，法家以韓非爲代表，其他還有名家、陰陽家、農家、雜家、縱橫家等等。這是中國文化原初形態的百花齊放，從哲學思想上看，確實是一個多姿多采、豐富燦爛的時代。

孔子所開創的儒家，一方面代表中華民族的文化之統，一方面也是諸子百家中的一家，所以儒家實具雙重身分。如果對先秦的哲學思想，籠統稱之爲「子學」或「諸子哲學」，則不但忽視了孔子以前的文化思想，也不能概括儒家「代表民族文化之統」的那個身分。因此，我們不用「子學、諸子哲學」這種名詞來指目先秦時期的哲學思想，而稱之爲「中國文化原初形態的百花齊放。」

第二、兩漢魏晉：儒學轉形而趨衰與道家玄理之再現

這個階段，是先秦「儒、道」二家學術思想的延續。兩漢經學是儒學之轉形，儒學僵化而玄學代起，遂有魏晉時期道家玄理之再現。

漢儒之學，雖然有其文化學術上的重大功績，但對先秦儒家而言，却算不得是「善述善繼」。甲、從「內聖」一面來說，漢儒只落於倫常敎化（所謂三綱五常）的層次，而德慧生命未能充分透顯——(1)經生之學重文獻，不重德性生命之自覺；(2)對人性無善解，只落於「氣性、才性」方面看人性；(3)以聖人爲「天縱」，不可學而至。乙、在「外王」一面，雖有西漢五德終始的禪讓說，但其結局却歸於王莽之乖辟荒誕，乃反激成東漢光武的天子集權，形成君主專制的政治形態，從此天下爲私（從政權一面說）歷二千年而不變。

東漢中期以後，政治每況愈下，於是有所謂「清議」。下及魏晉，政治上的清議又轉爲學術上的「清談」，而形成儒學衰而玄學盛的新局面。

由「用氣爲性」轉爲「才性品鑒」，是從東漢演變到魏晉的思想上的一個關節。由才性品鑒，一方面開出了人格上的美學原理與藝術境界，一方面也開出了心智領域與智悟境界。由於美趣與智悟之結合，又開出了二系名理：(1)才性名理，(2)玄學名理。玄學名理系的人物稱爲名士，以談「易、老、莊」爲主。其言爲清談、清言；其智思爲玄智、玄思；因此，其理爲玄理，其學爲玄學。

魏晉人在美趣和智悟上很不俗，但在德行上却顯得庸俗無賴——有美感而無道德感，有聰明而無眞心肝。對於「自然與名教」(自由與道德)的矛盾，他們永遠無法消解。這個困難，要到宋明儒者上承先秦儒家之慧命，重新開出德性生命之領域，構成「德性、美趣、智悟」三度向的立體統一之後，乃能得到眞正的解決之道。

不過，魏晉人能弘揚老莊之玄理，又能以玄智玄理接引佛教之般若學，在中國哲學史上，這也是一個重大的關鍵。

第三、南北朝隋唐：佛教介入——異質文化的吸收與消化

魏晉的玄學，是中國文化生命本身的一步歧出；等到玄智玄理將佛教的般若思想(空智、空理)接引進來，中華民族的文化生命，便因「異質文化」之加入而大開了。「開」是表示文化生命的破裂或歧出，破裂歧出當然不好，但在破裂歧出之中，可以開出新的端緒，吸收新的內容；所以，就文化生命的發展而言，破裂歧出也仍然有它的意義和價值。

佛教來自印度，它之所以能在中國盛行，從「外緣」方面說，是因爲西晉之末，五胡亂華，佔據了北中國，胡人沒有文化，所以易於接受佛教。就「內因」而言，則如前所說，魏晉玄學所顯發的「無」的智慧，正好成爲接引佛教「空」的智慧之橋梁，這才使得佛教思想打入中國的文化心靈之中。但就中華民族的內心來說，是不甘心受化於佛教的。所以，一方面護持政教與家庭倫常，一方面則大量譯習佛經，以期消化佛教。積以數百年之精勤努力，到了隋唐之時，終於開出了「天臺、華嚴、禪」三大宗派，使佛教在中國大放異采。

中國之正式吸收佛教，是從般若學開始。般若是共法，中觀論的觀法也是共法，就是緣起性空也仍然是通義、通則，這些都是一切大小乘所共認的。所以，般若學的思想，並不決定義理的系統。

另一面就是對於唯識學的吸收。若以傳入中國之先後爲準，我們可以方便地把唯識學分爲前後兩期：(1)地論師與攝論師可稱爲前期唯識學。由於攝論師眞諦翻譯攝大乘論時注入眞常心之思想，再通過起信論而發展到華嚴宗，眞常心系的思想遂達於最後之完成；是爲「如來藏系統」。(2)後來玄奘重譯攝大乘論，力復印度之舊，這就是一般所稱的唯識宗（奘傳唯識）；可名之爲後期唯識學——後期唯識學屬於「阿賴耶系統」。

至於天臺宗，則是消化層上開顯的義理，是承般若實相而進一步，通過「如來藏恆沙佛法佛性」一觀念，依據法華「開權顯實」而建立的性具系統，此卽所謂天臺圓教。而最後出現的禪宗，則教相不明（只重禪定之修行），故圭峯宗密以神會之如來禪與華嚴教相會合而倡「禪教合一」。如果要判攝慧能之祖師禪，則應該與天臺教相會合，才算眞正相應。禪宗是佛教的異采，但精采之顯露，同時卽含着精采之銷盡。所以禪宗的出現，也正是中國消化佛教的最後階段。

中國能夠吸收而且消化一個外來的大教——一個文化系統，這在人類文化史上乃是一個「絕無僅有」的特例；充分顯示了中華民族「文化生命之浩瀚深厚」和「文化心靈之明敏高超」。而一個心智力量不衰的民族，當然會有它光明的前途。所以隋唐佛教的盛世過去以後，民族文化生命之返本歸位，便成爲歷史運會必然要迫至的一步。

第四、宋明時期：儒家心性之學的新開展

宋明儒學有六百年的發展。他們重建道統，把思想的領導權從佛教手裏拿回來，重新挺顯了孔子的地位，使民族文化生命返本歸位。他們在哲學上最大的貢獻，是復活了先秦儒家的形上智慧。

道家講玄理所顯發的「無」的智慧，以及佛教講空理所顯發的「空」的智慧，雖皆達到玄深高妙的境界，但由「玄智、空智」而開顯出來的「道」，畢竟不是儒聖「本天道爲用」的生生之大道。儒家之學，一方面上達天德，使性命天道通而爲一；一方面下開人文，以成就家國天下全面的價值。這樣的道，當然比佛老更充實，更圓滿。這「於穆不已，純亦不已」的天人通而爲一的浩浩大道，是通過「仁的智慧」而彰顯，這是先秦儒家本有的弘規。宋明儒者的主要用心，就是要使這歷經「兩漢、魏晉、南北朝、隋唐」，而沉晦千年之久的弘規，重新挺顯出來。

宋明儒者的學術，大致可以分爲北宋、南宋、明代三個階段。(1)北宋各家（以周、張、二程爲主），上承儒家經典本有之義以開展他們的義理思想，其步步開展的理路，是由中庸易傳

之講天道誠體，回歸到論語孟子之講仁與心性，最後才落於大學講格物窮理。(2)至宋室南渡，儒學開爲三系：程明道開胡五峯之湖湘學統，程伊川開朱子之學，陸象山則直承孟子而開出心學一派。湖湘之學受到朱子之貶壓，一傳而衰；故南宋以後，只有朱陸二系傳續不絕，而元明之時，朱子學且進居官學正統之地位。(3)明代中葉，王陽明繼象山出而倡心學，創立致良知教，王學遂遍天下。至明末劉蕺山，則又呼應胡五峯，盛言「以心著性」之義。宋明六百年的心性之學，也到此結穴，而完成了發展的使命。

第五、近三百年：文化生命之歪曲、沖激與新生

明清之際，是中國文化學術一個轉關的時代。「顧、黃、王」三大儒的思想方向，實際上已經開啓了儒家第三期學術的序幕。他們要求「由內聖開外王事功」，也仍然是我們當前文化使命的中心方向。

可惜滿清入主，民族生命受挫折，文化生命受歪曲，三大儒所代表的思想方向無法伸展，學術風氣乃一步步走向考據，因而造成文化心靈之閉塞和文化生命之委頓。而風習所至，讀書人的頭腦日漸趨於僵化，甚至連用思想的能力也喪失了。這就是形成近百年來中國悲劇的根本原因。

就中國哲學史的發展而言，三大儒以後的清學，實在無足輕重。而西方文化思想衝入中國以後，我們的反應，也顯得零亂無力而不成理路。民國以來，西方哲學流行於中國，但也只是在流行而已，它和中國文化生命到底能有多少相干呢？就算我們的學者對西方哲學造詣很深，講得很好，那也只是「西方哲學在中國」，而並不能算是中國的哲學。這種情形，是

很值得我們痛切反省的。

反省，不只是想一想而已。反省，乃是生命根柢中之事。一個只承認西方（文化、哲學、宗教）之價值標準的人，不可能反省中國的文化問題和思想問題。我們從不奢望、甚至素不忍心一個「非中國的」心靈，來擔負「中國的」苦難和責任。同樣的，一生讀中國書，而又只把中國文化當作「文獻、材料」來處理的人，也不可能反省中國的文化問題和思想問題。

須知文化的反省，是爲了促成文化的「新生」。這主要是一個「原則的、方向的」問題。我們必須從頭疏導民族文化生命的本性，看淸楚它演變發展中的關節線索，檢查它的缺點，透顯它的原則，以衡量我們當前所應該表現的形態，然後乃能決定民族生命的途徑和文化生命的方向。對於這些問題的反省，我認爲當代儒家的學者思想家們，是最能「動心忍性、精誠貫徹」的。有關這一方面的意思，近年來我講過一些，也發表了一些文章。今天限於時間，無法多說。最近有人和我接洽，想要把我近幾年的文章講錄輯成一書，我正在考慮。如果眞能編印出來，將取名爲「新儒家的精神方向」。書中對於這第五階段的文化使命和思想方向，也有涉及。不過，那只是拋磚引玉，而如何創造中國哲學史光輝的新頁，就有待於大家共同的用心和努力了。

刋於「中國文化月刋」二十二期

為宋明理學辯誣

此文撰於十六年前，曾先後發表於「學園」、「人生」兩雜誌，又編入拙著「儒家哲學與文化真理」一書。現該書擬予改寫，不再印行。而此文所說，仍覺有其真切之處，故略作訂正，存錄於此。

甲、理學家所以遭受誤解之故

在中國思想史上，宋明兩代之於晚周，就彷彿歐洲文藝復興之於希臘，其地位與成就是很高卓偉大的。然而理學與理學家，却常遭受無謂而刻薄的醜詆攻訐，此中的原故，我們在此不能詳加剖析，簡略地言之，則亦有下列三端可說：

一、文士之流的輕狂醜詆

五代時期，可說是中國歷史上最黑暗的時代。思想方面只剩下一點禪學隱跡於山林。社會士林則只是晚唐以來進士輕薄的詩，與南唐二主的詞，就中華民族文化生命之航程而言，這都只是些與國運文運兩不相關的、頹廢無力的小文藝。所以宋代初年所面臨的是一個學絕道喪，社會幾無生人之氣的局面。因此，宋代的新儒學運動，是有着極其嚴肅之意義的。他們是以全幅生命來承擔文化思想與社會風教的責任，是依於强烈的文化意識來修己教人的。他們滿腔子是誠敬惻隱，所以他們的生活行爲徹裏徹外是「恭、敬、忠」。然而這種對人、對事、對學問的嚴肅莊敬的態度，却成了一般文士之流戲侮嘲弄的對象。這種情形，我們可擧蘇東坡玩侮程伊川的故事以概其餘。

程伊川在經筵，多用古禮。蘇東坡謂其不近人情，深疾之，每加玩侮。方司馬光之卒也，明堂降赦，臣僚稱賀訖，兩省官欲往奠光，伊川不可，曰：「子於是日哭則不歌。」坐客有難之者曰：「孔子言哭則不歌，不言歌則不哭。」東坡曰：「此乃枉死市叔孫通所制禮也。」（見續資治通鑑）

對於這一則故事，我們可以作這樣的了解：

(1)伊川用古禮，東坡竟「深疾之」，而且「每加玩侮」，這是什麼態度！用古禮固然不免有些地方拘泥而不近人情，但亦必然有它合乎正理而勝於時俗之禮處。這怎麼可以「深疾」而加以「玩侮」？東坡亦是當時的賢者之流，看到伊川用古禮有不近人情的地方，如能好言相規，以伊川之識度，何至不樂於納善？難道東坡對於伊川用古禮的一番誠敬之心，加以玩侮而深疾之，反而是人情之正不成？東坡之爲此，亦不過暴露他未脫「文士之流」的習氣而已。

(2)司馬光是一位賢相賢君子，其卒也，自是朝野哀悼的事。而國家降赦，死囚獲生，這又是舉國稱慶的事。人的哀樂，都是眞情。這邊剛在歡欣中稱賀完畢，又匆匆地趕到那邊去弔喪哀祭；一個以誠敬存心的人，至少會覺得這種做法有點不自然、不順適。伊川之言，初看似迂執，細細一想，乃見其是出乎眞誠惻怛之情。一般臣僚以爲這邊稱賀，那邊弔祭，正可同時完畢兩件事，何等利便；其實，那只是虛應故事的心理。這些人自不足責，因爲官場中人，很少有幾個明達禮義而洞徹事理的。至於那位坐客擧言以難伊川，是因爲他沒有正視伊川說話時的一番誠敬之心，不了解人的哀樂之情不宜於反覆顚倒。他的駁難雖很表現一點智巧聰明，但亦正見其人之有意見而無性情，這種人也是不足責的。而東坡之言，則根本是尖刻而輕薄了。「文人輕薄」，東坡竟亦不免！古賢所謂「一爲文人，便不足觀」，這話眞是很有警策性了。

(3)伊川之爲人，過於嚴毅，不如其兄長明道之和易。如有一次二人隨侍其父宿於僧寺，明道行右，伊川行左，一些隨從全跟明道走右邊，只伊川一人走左邊。伊川也知道自己的資性，他說，這是某不及家兄處。有人請他吃茶觀畫，他說，某生平不吃茶，亦不識畫。竟逕直地拒絕了。他不但對常人如此，當他以布衣擢爲帝師時，還是照樣莊嚴自持，對天子也不稍假以辭色。在伊川本人是以道自任，故內莊敬而外嚴毅。但由於太嚴肅了，便不免使人心生敬畏而難相親近，而一些不樂拘檢的文士，便不免起而對他嘲諷醜詆了。後人一提到理學家，無形中便拿伊川做代表，却又不了解他的思想學問與人格精神，而只是對其岸然之道貌與嚴毅之性格起反感，加上自來文人又多是好事之徒（所以常把一些瑣事軼聞，宣騰於口舌之間），於是乎東坡對伊川的玩侮，乃逐漸地成爲文士俗流對理學家的共同態度了。近時報紙上刊載嘲諷理學的文字，還不是蘇東坡以來的舊調新彈？人要免俗，眞是談何容易！

二、考據家的隔膜與反動

民國以來，有些人很推崇淸代的考據。那是因爲我們當代的文化學術還沒有正本淸源，文化生命還未能順適條暢，一般知識分子未能表現出弘偉的器識與高遠的志槪，所以他們的心思，仍然停留在那些飣餖之業上。我個人始終認爲考據只是學問的附庸（附屬而爲用），它必須統會於義理，始能見其價值與用處。當然，誰也不會否認，在學術思想上有些問題需要經過一番考據的手續，才能使事與理弄得更明白。考據也自然算是一種眞知識，但考據絕不是學問本身，講學問的義法根本不在考據（考據本身自然也有它的義法，但那只是考據的義法）。考據家們總說心性義理之學「空疏」。其實那些支離瑣碎的考據，只是在故紙堆中討生活，要說空疏，那才眞是旣空且疏！因爲那常常是與生命人格世道人心不相干，在進德修業上也無法切己受用的東西。至於「心性」，乃每一個人生命中的切己之事。人的視、聽、言、動與一切道德行爲，皆本乎心性；心性義理之學講得愈精微深透，則人之所以爲人的本質就愈堅實，而人性的尊嚴就愈穩固，人之日新又新的上進心也就愈奮發，這是何等落實的事！凡是講道德，都必須把緊自覺義、創造義，這如何能不講心性？心性乃道德之根，價值之源，你把它看成是空疏，那是你只從軀殼感覺起念，而沒有進到「盡心知性」的層境，根本不知道「讀聖賢書，所學何事」！

幾千年來，我們的學者本就沒有間斷考據的工夫，但也從來沒有人認爲考據就是學問。只有淸代一批學者，才淺陋地以爲：學問之事，考據而已。考據家追奉顧亭林爲宗祖，實只是自高身價。亭林固精於考據，但他的學問乃是經世之學。他是懷着亡國之痛，而志在天下後世的。試問乾嘉以後的考據家，那有他的精神面目？那有他的學問規模？又那有他那樣強烈的道德文化意識？亭林深恨家國天下之淪亡，而嚴責明末士子之軟塌無恥，抨擊王學末流之空疏狂怪，甚至認爲明朝之亡，陽明亦不能辭其責。這些話都是在亡國亡天下之後的痛切之反省，是本於春秋「責備賢者」的態度。這番意思，後來的考據家那裏懂得？至於顏習齋說「必破得一分程朱，始入得一分孔孟。」其言雖無當於理，但他也是抱着家國淪亡之痛，針對理學末流之弊而說這話的。然而末流之弊自是末流之弊，却並不是理學與理學家的眞面目。尤其像程朱陸王，都是「八字着脚，理會實工夫的人。」卽使是射御武事，他們也都專意貫注，而且居官爲政都是有實功的。這怎麼可以用「空疏」二字相加！

清代學術之轉入考據一途，是由於文網之密，由於政治的高壓而逼成的。這是華族生命的大歪曲、大委屈。讀書人而不能「講思想」，這是何等痛苦的事！然而乾嘉以後的考據家們，竟不能存此孤憤以留學脈之一線，竟卽安其生命於餖飣考據之業，而且還煞有介事地標榜漢學而排斥宋學。其實他們連「用思想」的能力都失落了，那裏還能紹承漢代儒者「通經致用」的精神！我們大漢民族的學問，又豈是他們那種卑瑣的考據！考據家們只爭着要入博學鴻詞科，爭着去做王公貴人的清客，他們那一點表現了讀書人的志節與骨氣！清朝三百年中，眞正能表現一點讀書人的器識志節，眞正能爲社會生民完成一份功業的，還都是對理學有些薰陶的人。然而考據是清代的顯學，直到今天，很多讀中國書的人還是考據家的頭腦——只知有訓詁章句，而不知有義理思想。又因爲自己不懂心性義理之學，便乾脆稱心性義理爲空疏。實在說，這些人對於理學與理學家的反動心理與隔膜無知，比文士之流的輕狂嬉戲，還更令人興起莫可奈何之歎。

三、時代心靈的墮落

每一個時代都有其意識形態，都有其精神心靈。有時是發揚的，有時是凝斂的；有時是奮進上達，有時則放縱下墮。當一個時代的心靈形態成型之後，往往要延續相當時間才會有轉變。當它積極向上時，某些人的沉墮腐化，也拖陷不了它；當它趨於下墮時，少數人的努力，也無法在一時之間把它扭轉過來。這是無可奈何的事。當然，風俗之厚薄，繫乎一二人心之所向。但聖賢思想家的精神理想與孤懷閎識，常常要在身後才漸漸爲人所知，這究竟是人類的悲劇，還是人格學問本身的艱難嚴肅，似乎是「未易言也」。

我們當前這個時代，實在不是一個好的時代。儘管有許多値得尊敬的人，在各方面勉盡他們的心力，但時代精神的下墮之勢太急劇而沉重了，時代的風頭早已脫離了民族文化生命的軌轍而落入歧途。幾十年來的知識分子，一面承滿清學風士風之鄙陋，一面又承五四以來的浮淺之風，再加上共產黨的乖戾暴烈之氣，根本已接不上孔孟的智慧與生命，以及宋明儒者的智慧與生命。人的心思被騷擾得外逐散馳，人的心靈智慧整個給堵塞封閉，生命性情更是受盡折磨而枯萎卑陋，人文世界整個在荒涼着。價値標準沒有了。剩下的只是一個乾枯的生命，陷於物勢之機括中而不由自主地不停奔逐。所以大體說來，近代中國的知識分子，實整個在放縱恣肆之中。

我嘗有一文論及生命之放縱恣肆，可以表現爲軟性的與硬性的兩種形態。軟性的放縱恣肆，表現爲生活之墮落腐化，泛濫無歸，肆無忌憚，這從根本言之，乃是生命之萎靡消沉。硬性的放縱恣肆，則表現爲生命行動之蠻橫乖戾，殘暴虛無，而又產生狂熱之情。此兩者相激相盪，一爲生命之汚濁，一爲生命之暴戾。軟性面的放縱恣肆，在古代表現爲名士文人之風流無行，在今天，即是目前時風學風中所表現的一般人之恬嬉苟偷，卑瑣庸俗，固陋封閉，而也好使智巧的情形，這實在是一種衰微末世的徵象。人處其中，根本不能接觸精神心靈，人格性情，與道德理想……而只是耳目之娛、官感之快的刺激痲醉而萎縮消沉。硬性面的放縱恣肆，以前表現爲權奸梟雄，流寇俠盜之形態，現在則爲共產黨所徹頭徹尾的表現。他們把住一個虛幻的理想之影子，投注其全幅生命向之奔赴，現實世界的一切人倫道德，法紀綱常，在他們皆可掉首而不顧，甚至全予抹殺。那是一個「純否定」的「無所不衝破」，是儒家「人禽」「義利」「夷夏」三辨的徹底大倒反。所以，這是一個生命喪本失位的時代，是一個心靈虛無歧出的時代。以這樣的心靈意識，如何會關注到宋明儒所講的修己安人的道理？又如何能對那些珍重德性生命之價值，端正人類心靈之趨向的理學家，有相應的了解呢？

時代心靈的墮落，使得人類精神整個往外流散。生命心靈不返其本不歸其位，便只有永遠在虛無歧出中去挨受蒼茫悲悽的痛苦。所以儘管二十世紀在科學上的成就登峯造極，但如安放不了人類的心靈，安頓不了人類的生命，則科學的價値便太有限。如果我們重視「人之所以爲人」的可貴性，則我們便不能不承認「大學之道，在明明德」才眞是正本清源的學問。聖賢敎化由此轉出，人間一切人文活動亦從這裏開出。然而時風中的理智主義者却不承認這一點，他們只承認經驗事實爲唯一的對象，而把理智活動以上的情意、心靈、德慧，排出於學問對象之外。孝悌、忠信、道德、理想等等，既非經驗事實，也不適於理智之分析，所以都爲他們所拒斥。他們不承認還有所謂聖賢學問。數千年來大家所講的學問，遂爲他們一手抹殺。這樣一來，心性義理乃成爲人類心思所不及的一塊荒凉之地。愈爲心思所不及，便愈是荒涼，愈是黑暗；而人生亦必愈盲目，愈混亂。人性理想之開發既遭窒息，價值觀念乃隨之而泯滅。這是何等可悲可憂的現象！

我們仁心未泯，悲願未已。以是，我們不忍見時下人之日趨於凡庸卑陋，絲毫沒有高貴之念，價值之感；也不忍看到人生之日趨於萎縮苟偷，而無天行昂揚之德。人總應該要自覺地成爲一個眞正的人，要湧發其向上之情，超越其形限之私，以期人格之大開展，心靈之大開擴。在此，我們如何能不講孔孟所開啓，宋明儒者所紹承的聖賢學問！時流之輩或飽食終日，無所用心，或羣居終日，言不及義，好行小慧。他們對理學與理學家的誤解詬詆，只見其自暴自棄而已。孟子曰：「自暴者，不可與有言也；自棄者，不可與有爲也。言非禮義，謂之自暴也；吾身不能居仁由義，謂之自棄也。仁，人之安宅也；義，人之正路也。曠安宅而弗居，舍正路而不由，哀哉！」（離婁上）人如眞能了解孟子這幾句話的意思，便必然可以向上一機，奮然以起，以眞生命眞性情與人相接，與眞理相接，與天地聖賢相接。果爾，我們的時代便可以大回頭，時代心靈的趨向也可以得其歸趨了。

乙、對宋明理學的基本認識

理學與理學家所以遭受誤解之故，已略如上篇所述。然則，我們將如何來了解理學與理學家？這却不是小事，尤非易事了。一篇短文，無論如何無法妥當周洽地解答這個問題。在此，我們只能提供一個線索，說明幾個重點，既欲以解時人對理學與理學家之誣罔迷惑，亦藉以幫助大家增進一些基本的認識。

一、理學興起的機緣

宋代理學興起的機緣，擇要地言之，可有兩端：

(1)復生人之氣：

唐末五代是一個廉恥道喪，極不成話的時代。我們只要看看那個時代的代表人物——馮道便够了。馮道一生歷事唐、晉、漢、周四姓六帝，他不但不以爲恥，而且還自鳴得意，自號「長樂老」，更著「長樂老自敍」以述他個人的經歷。他對於喪君亡國的事，竟視同家常便飯，無動於衷，眞可謂喪心厚顏，無恥之尤了。最可憐的是，整個五代社會似乎沒有「恥不恥」這個觀念，對於馮道這麼一個老而不死的人，竟沒有人以無恥相責！這便表示當時社會人心之衰敗，已經到了全無道德觀念的程度。史家謂五代「幾無生人之氣」，這話眞說得痛切無比！

宋儒深感五代社會之墮落與人道之掃地，乃立刻抓緊這個問題，以其強烈之道德意識，發揚人道人性以挽救這如狂瀾般可怕的社會墮落。因此，宋明儒學最低限度已使人了解了人道人性的尊嚴。而「立人道之尊」，正是儒聖立敎的本質。單就這一點來說，理學家已有不可泯滅的功績了。

(2)對治佛敎：

這裏所說佛敎，大體指禪宗而言。禪宗自唐代六祖慧能一脈流傳演變，先後開出了五個宗派，這五宗都頂盛於唐末五代。在此佛敎大盛的時代，中國的政敎社會却是一個大混亂的墮落局面，可見佛敎對於世道人心並沒有多大關係。換言之，佛敎對於救治政敎人心的衰敗墮落，並沒有積極的貢獻。宋初儒學，卽把握這一點來闢佛。佛教不能建國治世，不能對治國平天下起積極的作用，這表示它的核心教義必有所不足。或者說，佛教思想的義理骨幹本就不在這方面，它亦無須盡這方面的責任。然則，誰能盡這個責任？當然要反求諸六經與孔孟之道了。理學家從根源上，從心性之學上去分辨儒佛，這是很得肯要的。因爲人間的災禍大都是根源於思想觀念。凡思想義理上的偏差悖謬，總必須先去了解它，疏導它，以明其偏蔽，然後才能闡發正面的積極而健康的思想。

一般人常有兩個誤解：一是認爲談心性義理是虛玄的，無關緊要的。殊不知現實行動都是根據思想觀念而發出，你不從思想義理上做正本清源的工夫，現實行動的悖逆乖謬如何對治？如何救正？另一個誤解是認爲宋明儒講心性義理是「陽儒陰釋」，這更是浮光掠影之談。宋儒曾受佛教的影響刺激，這是誰也不會否認的事實。但我們所應注意的是，宋儒在受了影響與刺激之後，他們所闡發的思想觀念是什麼？所建立的義理骨幹是什麼？所要解決的問題是什麼？所要承擔的使命又是什麼？你難道以爲他們只是拾佛教之餘唾，而根本沒有自己的文化理想？難道你看不出他們是積極地弘揚孔孟以來儒家本有的思想義理？須知宋儒由於對抗佛教而大談儒學，那是眞能弘揚儒家內聖成德的內在義理的，是眞能負起救治時代的大使命的。常人不去體認他們本於文化意識而發出的眞精神眞嚮往，只因爲他們取用了一些佛教的名相詞語，便說是「陽儒陰釋」，平章學術那裏能用這種簡單而淺薄的頭腦？只有無眞實生命的人與對眞理無眞實契悟的人，才專門在一些詞語上着眼，只會指手劃脚數人家珍。而自清代考據之學附庸蔚爲大國，我們的學者多的是這種頭腦，這就難怪三百年來中國文化學術要黯然無光了。

二、理學家的基本用心

宋儒所講的理學，其思想內容精粹淵深，而牽涉也甚廣，這裏無法多講。我們只就其基本用心，簡要地分爲三點來說明：

(1)立志做個人：

人，是一個無限莊嚴的字。做一個眞正的人，亦是一件極其嚴肅的事。從生理上講，人與普通動物相差極有限，但從精神心靈上說，便天差地別了。人皆爲父母所生，靈氣所鍾；皆有仁心善性，皆有成聖成賢的可能，所以都是天地之心，萬物之靈。然而每一個人給予此一世界的意義，畢竟是異樣的。

有的人渾渾噩噩，不識天之高地之厚，悠悠忽忽，終老一生。幾十年的生命，只成了個「感覺的存在」。他對這個世界毫無所謂，世界對他也會無所謂的。有的人或飽暖淫樂，傷風敗俗；或橫行霸道，殘害忠良；或欺名盜世，淆亂是非；或生心害政，摧殘國脈，落得千古罵名。諸如此類，皆只成就了其爲一「罪惡的存在」，而泯滅了人間道德理性的光輝。還有的人或修橋舖路，好善樂施；或排難解紛，化乖戾爲祥和；或興利革弊，嘉惠民生；或安內攘外，爲生民主；或興學敎化，移風易俗；或盛德大業，足爲風範。凡立德立功立言，皆垂足於不朽，而成就其爲「價値的存在」，爲「人格的存在」。

天之生人，本是一樣，無多差異。然而好人惡人，終判若天壤。此無他，一個完成了他自己，一個辜負了他自己而已。人要不辜負自己，首先必須精神志氣提得往。人不是神，他當然有動物性的一面，卽氣質慾念一面。人順氣質之慾往下滾，那必定要墮入深淵，慘遭沒頂。所以理學家常以「存天理，去人欲」敎人。陸象山說：「我雖不識一字，亦還我堂堂地做個人。」這就是志氣，這就是精神，這才是一個眞人說出的一句眞話。所以立志做成一個人，是理學斬關第一義。

(2)維持人倫綱常：

人間社會必然要有一生活之常軌，使人間一切活動納入一個綱維網中；倫理綱常就是人民生活的常軌，就是人文敎化的綱維網。因爲人是生活在人倫關係中的。由父子兄弟夫婦，這些至純眞而無夾雜的倫常關係往外通，再聯繫於君臣關係朋友關係，於是乎家、國、天下便經緯交織而貫通起來。

宋代上承五代社會之弊，加上開國形勢之弱，所以一輩儒者皆以護持風敎，重振綱常爲己任。宋代風俗之美，文化水準之高，三代以下，莫與倫比，這正是理學家薰陶敎化之功。也許有人以爲理學之盛，終不能挽救亡國之禍；對此，便不能不講點世界史的知識了。宋之亡國是亡於「蒙古旋風」之下。蒙古大軍橫掃歐亞，擧世各國莫敢攖其鋒，而歐西人且目之爲「黃禍」，以至今日猶心有餘悸。然以南宋之弱，而能抗拒元軍達二十年之久，成爲當時蒙古唯一之敵手，這是靠什麼？難道不是由於學術文化水準之高，以及由人倫敎化所蘊育的忠義氣節的力量！宋亡之後，不一世紀而明朝興起，理學之緒亦歷元儒之苦撐而重光於明代。卽此可知，理學家雖未能援天下以手（勢不能也），却是眞能援天下以道的。而道的具體化，便是這維繫人心蘊育民族文化意識的人倫綱常。

(3)端正學術趨向：

理學之興起，對治佛敎是一大機緣。宋儒之排佛老，其最眞實的理由，是佛老之學既不能救治世道人心之衰敗，也不能擔負重建政教的責任。凡學術，總要有以綱維社會，端正人心，持載文化，以繼統立極。所以宋明儒者雖常常出入佛老，而最後總是返求於六經而後始得其歸趨。因爲「六藝（卽六經）者，王敎之典籍，先聖所以明天道，正人倫，致至治之成法也。」（漢書儒林傳語）自理學興起，佛氏之學幾乎一蹶不振，何以故？簡單一句話：理學家已光復了聖學之統，華族的文化生命又已滙歸主流浩浩而行了。

宋儒之學是眞正前有所承後有所開的，理學之所以爲新儒學，是返本而開新，是接通了源頭活水而後又成滾滾江流的。在此，我們且看看程伊川的話。程明道卒，文彥博題其墓曰：「明道先生」。其弟伊川序之曰：

> 周公歿，聖人之道不行；孟軻死，聖人之學不傳。道不行，百世無善治；學不傳，千載無真儒。無善治，士猶得以明乎善治之道，以淑諸人，傳諸後；無真儒，則天下貿貿焉莫知所之，人欲肆而天理滅矣。先生生乎千四百年之後，得不傳之學於遺經；以興起斯文為己任，辨異端，闢邪說，使聖人之道，煥然復明於世。蓋自孟子以後，一人而已。然學者於道不知所向，則孰知斯人之為功？不知所至，則孰知斯名之稱情也哉？

這段話，我們借過來表彰整個宋明儒者，亦是很恰當的。

三、了解理學必備的條件

學術是天下的公器，誰都可以研究。但要了解宋明理學，則下列三事，應該是最爲首要而且必不可少的資具：

第一、心要平正，志要高遠：

做人，是理學家所特別重視的。而想做成一個人，便首須「志存高遠，心存平正」。唯平正方能通達，而不蔽於一隅一曲；唯高遠方能弘毅開擴，而不急功近利。近世研究學問的人，都走向偏激的路，取鑽牛角尖的態度，這便是沒有平正的心靈。所以既不能通，亦不能達；縱有所得，亦常常是一曲之見。兼之志氣卑弱，一切只謀私己之利，只圖眼前之效，結果是貪得蠅頭之利，拋却遠大之功。天下之紛競擾攘，正由此故。理學是平正通達之學，而理學家則心存萬古，道在永恒，沒有平正之心高遠之志，是無法了解理學的。

第二、要有强烈的道德文化意識：

理學家的窮理，並不走虛玄入幽的路，而是要落實體證的，所以說「宇宙內事卽已分內事」；一切都要落實到自己的生命心靈中，以成爲「成己成物」之實理。故俗流所謂「空談心性」，根本是不通的妄語。心性是生命中至眞至實的本體，心性之學是基於道德文化意識而不容自已的引發，是親證實修的工夫。人如果沒有家國之情與族類之感，如果沒有道德的自覺，與對文化的莊嚴使命感，則他根本就是痲木不仁，心死血凉，更從何而談心性？

王船山有言：「有家而不忍家之毀，有國而不忍國之亡，有天下而不忍失其黎民，有黎民而或恐亂亡，有子孫而恐莫保之。」這便是强烈的道德文化意識。而道德文化意識正由心性而感發。道德的可貴不在那些形式規條上，而在你的自覺之感（此之謂道德感）。文化的可貴亦不在那些成果物事上，而在你不忍文化之統斷滅，而思有以繼述之、光大之的仁心悲願（此之謂文化意識）。有些人以爲治理學必須習靜坐，這乃是捨本逐末之談。我們不否認靜坐的功用，但靜坐並不關乎理學的基本旨趣，理學家修養工夫的關鍵並不在此。如靜坐不能增加我們的道德感，不能激發我們的文化意識，則靜坐有何價值？與理學又有何相干？所以唯有道德文化意識，才是和理學的精神面目緊密相關的。

第三、要有家國天下的情懷：

儒家學術是由內到外，推己及人，「合內外之道」而一以貫之的。王陽明說「大人者，聯屬家國天下而爲一體」，鄒元標說「己事家事天下事，事事關心」，這都表現了家國天下的情懷。做一個人有一個人的責任，人完成他自己，只是第一步。雖然「自天子以至於庶人，壹是皆以修身爲本」，但到底還要層層推進而至於齊家、治國、平天下。人若於家、國、天下與歷史文化沒有感觸而漠不關心，他是無法了解理學家的精神血脈的。儒者有「己立立人，己達達人」以及「以天下爲己任」的傳統，要研究理學的宗趣，這亦是一大眼目所在。

此外，我們必須知道，任何學術思想都不可能沒有欠缺。儒家內聖之學（即心性之學——這是智慧靈感之泉源，是文化創造之原動力），經宋明儒者的發揮，可說已盡其至，充其極，但外王一面則未甚彰著。明末顧、黃、王三大儒，對此都有切感，所以在外王之學一面，他們能有弘偉精深的發揮。在今天，國家民族與歷史文化正遭浩刧，外王之學，尤須充實彰著，這是復國建國，開物成務的大問題，而民主科學正可充擴儒家外王之學的義理規模。這也就是王船山所謂「以至仁大義立千年之人極」的事。居今日而講理學，這亦是一大重點所在。亦唯有如此，才是善述善繼，才是理學的肖子。須知任何思想，都是在發展中步步充實而改善自己。天下沒有現成的盡善盡美的學術，歷代聖賢已在他們的時代盡了他們的責任，當前的問題，必須當代人來承擔來解決。數十年來大家只知道怨尤先聖先賢，這是極其無理，而且全無責任感的態度。講學問不但要對天下後世負責，而且要對古人負責，這是對學問的公誠之心；絕不可不喜歡的便反對，不懂的便詬詆。學問如海，豈能盡懂？但不懂的，求其懂；不通的，求其通；自己不喜歡的，讓喜歡的人去研究。各自盡己之心，盡己之分。只要是眞理，雖然各有其涯岸分際，但總是可以會通在一起的。這便是「百慮而一致，殊途而同歸」的意思，而亦正是歷來儒者所表現的襟懷。

我們講說儒學或理學，既不是要爭什麼宗派，更不是要爭現實之權勢名位。而是深深感到：要想喚醒民族的靈魂，振發國人的信心，以使生命返本歸位，以鼓舞起我中華民族文化的創發力，而爲炎黃子孫重新建立安身立命之道，除了復興儒家學術，實在沒有更平正康莊的途徑。復興儒學，是提揭一個文化理想，開拓一個文化路向。這不是什麼復古，而是返本以開新，以期文化慧命之相續。大家不要忘記儒家「與時俱進」的眞精神。儒家永遠是在嚴格的自我反省中步步演進而開展的。理學之被稱爲「新儒學」，亦就因爲它是承接先秦儒學之統而推陳出新的。以是，筆者既願以「日新又新」之義與講儒學理學者共相期勉，更希望平素反對或誤解儒學理學的人也能認取此意，以共同來爲中華文化之復興盡其心力。

「性理」的全義與偏義

一九七九、一一、一〇、講於「近世儒學與退溪學國際會議第四屆大會」

韓國李朝（自明太祖洪武二十五年至清宣統二年，西元一三九二——一九一〇）有三位最重要的學者，一是徐敬德花潭（一四八九——一五四六），二是李滉退溪（一五〇一——一五七〇），三是李珥栗谷（一五三六——一五八四）。三人皆受中國宋代儒學的影響，而卓然有成。其中李退溪的位望尤其尊崇，有「海東朱子」之譽。退溪等人有關四端七情的疏別和討論，可以補中國學者之疏略，對儒學義理的發明，很有貢獻。

退溪的年輩，約略和王陽明（一四七二——一五二八）的晚年弟子王龍溪（一四九八——一五八三）同時，而稍早於泰州派下的羅近溪（一五一五——一五八八）。這個時候，王學盛行於中國，而朱子學則只能維持官學的地位。退溪在韓國，持守朱子學的立場，並對王學有過批評。這表示：(1)王學在中國興盛流行這件事，曾引起退溪的注意；(2)退溪對王學的學脈理路，似乎缺少相應的了解，所以他對於王學，採取了直接批駁的態度。

本文並不想討論退溪與王學之間的異同或爭辯。我只是感覺到有關宋明六百年儒學演進發展的線索，及其系統分化的關鍵，一直沒有得到充分而恰當的了解；這對於學術異同的討論，義理價值的評斷，以及今後儒學的承續光大，都會形成妨礙。所以特別乘這次開會之便，將我所知聞的作一個簡明的解說，以供參加會議的賢彥碩學參證採擇。

一、先提出幾個問題

在沒有進行解說之前，我想先提出幾個問題：

1. 分宋明儒學爲「程朱」與「陸王」二系，能否彰明宋明六百年的學術之實？又能否窮盡宋明儒學的義理之全？
2. 一般所講的「程朱學」，是否能包括（甚至是否涉及）程明道的義理綱維？
3. 程伊川與朱子只講「性卽理」，而不講「心卽理」，爲什麼？在程明道的義理系統裏，是否亦不能講「心卽理」？
4. 陸象山王陽明講「心卽理」，是否二人就一定不講「性卽理」？
5. 伊川朱子所說的「心、性、理」，與象山陽明（甚至明道）所說的「心、性、理」，意指是否相同？如有不同，它的差異在那裏？

二、北宋前三家對於「道體、性體、心體」的體悟

北宋諸儒，上承儒家經典本有之意，以開展他們的義理思想，其步步開展的理路，是由中庸易傳之講天道誠體，而回歸於論語孟子之講仁與心性，最後纔落於大學講格物窮理。所以，他們的義理系統之開展與分化，主要是繫屬於對道體性體的體悟。

首先，周濂溪「默契道妙」，復活了先秦儒家的形上智慧。接着張橫渠思參造化，貫通天道性命，直接就道體而講性體，而且對於孔子的仁與孟子的本心，亦已經有了相應的了解。到了程明道，更以他圓融的智慧，盛發「一本」之義，而且完成了儒家「心性天是一」的圓教之模型。道，一本而現，至誠的形、著、明、動、變、化，即是天地之化，聖人之心與天地之化如如為一。無論從主觀面或客觀面說，都只是這「本體宇宙論的實體」之道德創造、或宇宙生化之立體地直貫。於是，客觀面的天道誠體和主觀面的仁與心性，全都是：

1. 靜態地為本體論的「實有」；
2. 動態地為宇宙論的「生化原理」；
3. 同時亦是道德創造的「創造實體」。

明道所謂「天理二字，是自家體貼出來」的「天理」，便正是兼此三義而說。所以「天理」是一個含義最為深邃而豐富的名詞，(1)就其自然的動序而言，亦可曰「天道」；(2)就其淵然有定向而常賦予（於穆不已地起作用）而言，亦可曰「天命」；(3)就其為極至而無以加之而言，亦可曰「太極」；(4)就其無聲無臭、清通而不可限定而言，亦可曰「太虛」（此非太空，亦非虛的空間）；(5)就其眞實無妄，純一不二而言，亦可曰「誠體」；(6)就其生物不測，妙用無方而言，亦可曰「神體」；(7)就其道德的創生與感潤而言，亦可曰「仁體」；(8)就其亭亭當當而為天下之大本而言，亦可曰「中體」；(9)就其對應個體而為個體所以能起道德創造之超越根據而言，或總對天地萬物而可以使之有自性而言，亦可曰「性體」；⑽就其為明覺而自主自律、自定方向，以具體而眞實地成就道德行為之純亦不已或形成一存在的道德決斷而言，亦可曰「心體」。——總之，它是一個「寂然不動、感而遂通」的寂感眞幾，是「於穆不已」

的奥體，亦即有創生性與覺用性的實體。

明道如此體悟本體（道體、性體、心體），遠而言之，是存在地呼應先秦儒家的生命智慧，而使論孟中庸易傳的原始型範，重新開顯而獲得貞定。近而言之，是順承濂溪，旁通横渠，而完成的一個圓滿的結穴。後世稱宋明階段的儒學爲「理學」或「性理學」，正是以明道所體悟的「天理」觀念爲根據。而天理這個本體，不僅只是「理」，同時亦是「心」，亦是「神」，它是「即存有即活動」的。（活動，是就它能引發氣之生生，有創生性而言。）

三、伊川之轉向與南宋儒學之分系

當二程兄弟一起講學時，主要觀念發自明道，明道卒後，伊川獨立講學達廿年之久，終於使他自己的生命與思路逐漸透顯出來。伊川順着自己質實的直線分解的思考方式，把道體與性體皆體會爲「只是理」。既然只是理，就表示它不是心，不是神，亦不能就道體性體說寂感。道體的「神」義與「寂然不動、感而遂通」義既已脫落，則道體乃成爲「只存有」而「不活動」的理，而本體宇宙論的創生義，亦因之泯失而不可見。講道體是如此，講性體亦然。伊川又將孟子「本心即性」分析而爲心性情三分，「性」只是形而上之理，「心」與「情」則屬於形而下之氣。理（性）上不能說活動，活動義便落在氣（心、情）上說。於是性體亦成爲「只存有」而「不活動」。

由於伊川對道體性體的體悟有偏差，乃形成義理上的轉向。不過，這義理的轉向，在伊川却是不自覺的，二程門人亦似乎沒有覺察，他們只是依循着「以明道爲主的二程學」而講論，並沒有順伊川的轉向而趨。而南宋初期的胡五峯，亦只上承北宋前三家的理路而發展，開出「盡心成性、以心著性」的義理間架，他的「識仁之體」的逆覺工夫，更顯明地是直承明道與謝上蔡而來，根本沒有受到伊川轉向的影響。所以到胡五峯（甚至亦包括朱子之師李延平）為止，伊川的轉向還只是一條伏線，並沒有引起學者的注意。

伊川轉向以後所表示的理路，一直要到朱子四十歲中和參究論定，纔眞正明朗出來。這時距離伊川之卒，已經六十多年了。朱子的心態幾乎和伊川完全相同，但他走上伊川的路，卻亦經過幾番出入和曲折。如果就朱子後來所完成的義理系統為準，四十以前的問學，都只是過程中的經歷，算不得「的實見處」。四十以後，纔順着同於伊川的心態，自覺地順成了伊川的轉向，而開出一個新的義理系統。

但朱子完成的系統，既與濂溪、橫渠、明道的義理綱脈有距離，與先秦儒家的本義原型亦有不合。胡五峯卒後，他的子弟門人雖然受到朱子的貶壓，但接着陸象山卽直承孟子學，出而與朱子相抗。於是，朱子、象山，加上五峯的湖湘學，乃形成南宋儒學之三系。到了明代，王陽明呼應象山，劉蕺山呼應五峯，宋明儒學的義理系統，遂全部透出而完成。

四、義理分系問題的再考察

依據以上的說明，可知程朱、陸王兩系的分法，並不足以彰明宋明六百年的學術之實，亦不足以窮盡宋明儒學的義理之全。

第一，通常所謂「程朱」實指伊川與朱子，這是以一程（伊川）概括二程，而明道的義理，在一般所講的「程朱學」中根本不佔分量，這是違悖學術之實的。須知明道在北宋儒學復興運動中，是一劃時代的英豪，有着極其顯赫的地位，如今反而變成無足輕重，此大不可。「程朱」一詞既不足以概括明道，當然名實不符。

第二，依明道，是「卽心卽性卽天」。所以在明道的系統裏，不但可講「性卽理」，亦可以講「心卽理」。但依伊川與朱子，則不能說心卽理（因為心是實然的心，屬於氣）。因此，將明道與伊川朱子合爲一系，在義理上是有刺謬的。

第三，胡五峯的湖湘學，實承北宋前三家而發展，可算是北宋儒學的嫡系。他開出的「以心著性」的義理間架，在儒家思想中實有本質上的必然性與重要性。所以五百年後，劉蕺山猶然呼應此形著義而完成一系之義理。而宋明六百年的學術，亦到此結穴而盡了它發展的使命。

因此，牟宗三先生在「心體與性體」書中，對宋明儒學的分系，作了如下的判定：北宋前三家（周、張、大程）爲一組，此時只有義理之開展，沒有義理之分系。三家以下，(1)伊川朱子爲一系，(2)象山陽明爲一系，(3)五峯蕺山爲一系。這三系的分判，並不是先有主觀的預定，而是基於客觀義理，在層層的釐清中，一步步逼顯而至的。這其中的關節，是在二程與朱子。

明道是宋明儒中的大家，但憑宋元學案中的明道學案，實在看不出明道學問的綱維，而二程遺書中的二先生語，又多半沒有註明那些爲明道語，那些爲伊川語，對於二程究將如何來鑑別？這是一個癥結所在。牟先生斟酌再三，決定：(1)以二程性格之不同爲起點，(2)以遺書中劉質夫所記的明道語錄四卷爲標準，⑶以二先生語（遺書前十卷）中少數標明爲明道語者爲軌約。依此三點以確定出一個鑑別明道智慧的線索；又經再三的抄錄對勘，最後將明道語錄編爲八篇，而挺顯了明道義理的綱維。明道清楚了，伊川亦隨之而清楚，所以亦類編爲八篇，使伊川的思路朗然可見。

朱子則文獻最多，單只朱子語類就有一百四十卷。不過朱子思想之認眞建立和他眞正用功的重點，是中和問題的參究，接下來又有「仁說」的討論，這都是在他自己苦參以及和五峯門下論辯的過程中，逐步明朗出來。根據這個線索，纔能釐清和確定朱子學的綱領脈絡。朱子對於二程，常常不作分別，他將二程只作一程看，他所稱的程子、程夫子、程先生，大體是指伊川而言，而且凡是朱子比較明確而挺立的觀念，亦都來自伊川。至於明道的話，在朱子心中幾乎不佔地位（所以他總說明道之言渾淪、太高、學者難看。他當然亦推尊明道，但都是些與義理綱領不相干的話）。朱子所繼承的，實只伊川一人，根本不繼承明道。他對濂溪、橫渠雖加推尊，亦講述二人的文獻，但在重大的義理關節上並不能契合相應。因此，所謂「朱子集北宋理學之大成」，實際上是一句後人不明學術之實的空泛之言。朱子的偉大，並不在於集什麼之大成，而在於他思理一貫，能獨立開闢一個義理系統。（這個系統雖然不是先秦儒家發展成的內聖成德之教的本義與原型，但與陸王系、五峯蕺山系，都是在一道德意識下，以心體與性體為主題，而完成的一個「內聖成德之學」的大系統。）

五、「性理」的全義與偏義

說到這裏，可以就「性理」的全義與偏義，作個歸結性的說明了。

首先，我認爲牟先生所疏決開立的性體五義與心體五義，極爲深透而精當，宋明儒講學的義理綱維都可以概括在其中。

第一、「性體」五義：(1)性體義，(2)性能義，(3)性理義，(4)性分義，(5)性覺義。

第二、「心體」五義：(1)心體義，(2)心能義，(3)心理義，(4)心宰義，(5)心存有義。

我們在講說或行文時，雖然可以擧性體某一義或心體某一義以爲說，而實際上，任何一義皆與其餘四義相通。綜性體五義之全，可以統名之曰「性體」，亦可以「理」或「性理」名之，這通着其餘四義而說的「性理」，卽是性理的全義。這全義的性理，是宋明儒所共許的基本大義。所以「性卽理」這句話並沒有任何人加以否認。陸王雖着重說「心卽理」，但在二人的文獻裏亦常說「性卽理也」。因爲陸王據孟子「本心卽性」之義，心性是一，性是理，心同樣亦是理。如此而說的性理，亦正是性理的全義。

但第一個講出「性卽理也」的程伊川，却是在心性情三分的背景下而分解地說出這句話的。因爲依伊川的思理，心是實然的心氣之心，心並不卽是道，亦不卽是性，亦不卽是理；必須通之以道，心纔能順性、如理、而合道。所以推究其實，心與性分而爲二，心與理亦分而爲二。而情是心之已發，以是，伊川又有「仁是性，愛（惻隱）是情」的分別。在這個分解的思想格局中所說的「性卽理」，事實上只是「性理」的偏義。（所謂偏義，意卽偏指性體五義中的第三義——性理義。而性體義、性分義雖亦兼含，而義有偏失；至於性能義、性覺義，則全歸泯失。）

關於性理的全義與偏義，可簡括地如此規定：

(1)性理的全義——性卽是理（理與心、神、寂感，通而爲一）：理是創生原理，能妙運氣之生生，故是「卽存有卽活動」者。

(2)性理的偏義——性只是理（心、神、寂感從性體脫落下來而歸屬於氣）：a.自宇宙論而言，理與氣相對而爲二，神與理亦爲二；b.自道德實踐而言，心與性相對而爲二，心與理亦爲二。理是本體論的靜態的實有，不能妙運生生、起創造作用，故是「只存有而不活動」者。

朱子順承伊川的思路，正是將道體與性體，皆體會爲「只存有而不活動」，所以朱子所講的性理，亦是性理的偏義。他貫徹伊川的轉向，而轉成另一個義理系統。（從客觀面說，是本體論的存有系統——而本體宇宙論地說，太極或理是本體論的存有，氣化萬殊是宇宙論的生化。從主觀面說，是靜涵靜攝系統——靜涵是心氣之靜態的涵養，靜攝是心知之認知的攝取。綜括起來說，可曰橫攝系統。）在伊川朱子系統中的「心、性、理」既然義有偏指而歧出，自然就和陸王以及明道等人縱貫系統中「心、性、理」三者同層同義的意指，有了差異。所以，凡是將道體、性體、仁體、心體，體會爲「即存有即活動」的義理，朱子都不能契會而產生誤解。換句話說，凡是屬於本體宇宙論的立體直貫型（縱貫系統）的辭語，朱子都不能正視欣賞，而一概加以揮斥。由於對道體性體以及仁體心體的體會有不同，所以在道德實踐上，他亦脫離宋明儒正宗的「逆覺體證」之路（朱子之師李延平，是超越的逆覺體證之路，胡五峯是內在的逆覺體證之路，朱子皆不採取），而順承伊川「涵養須用敬，進學則在致知」二語，開出了「靜養動察、敬貫動靜、即物窮理」的工夫格局。

六、朱子的地位及其貢獻

朱子爲學極有勁力，加上他廣泛的講論，使得在他之前以及和他同時的人，都和他發生了關涉。他講論而且註解北宋諸儒的書，他與胡五峯的門人有連年往復的論辯，與呂祖謙常相討論，與陳同甫爭論漢唐，而陸象山更是他終身的論敵。還有在他以後的王陽明，又繼象山之後出來反對他。這些都可以看出朱子是一個四戰之地，他是宋明儒學義理問題的中心或焦點。但講宋明儒學，「以朱子爲中心，可；以朱子爲標準，則不可。」元明以來，朱子的權威日漸形成，至於清代而益厲。於是天下人甚至「輕於叛孔而重於背朱」（借王陽明語），這都是以朱子爲標準之過。結果是人人逃朱，而不必能得朱子學的實義；人人尊朱，而又未必能識朱子的眞價値。

就儒家內聖成德之教的義理綱脈來衡量，朱子的系統並不等於先秦儒家孔孟中庸易傳的傳統。若以儒家的大流爲準（最高標準是孔子，在宋明儒中，則明道是一個模型），朱子是當不得正宗的。如果一定要以朱子爲大宗，則他的大宗地位是「繼別爲宗」。牟先生這個說法，我認爲是切當而不可易的。（按、在宗法上，王（共主）與君（諸侯）的嫡長子（太子、世子）繼承王統與君統，其餘諸子（王子、公子）則別出而另成宗系。這些別立宗系的「別子」之嫡長子，又繼別子而爲「大宗」，此之謂「繼別爲宗」。王統君統，是永承大統；繼別爲宗，則是別出宗系以成統（此亦是百世不遷之大宗）。說朱子是繼別爲宗，是就宋儒義理的傳承而取譬以爲言。濂溪、橫渠、明道，由中庸易傳而回歸論孟，確能上承孔孟以下先秦儒家的本義原型而引申發展（此方是正宗、正統之所繫）。到伊川而有義理的轉向（此猶如別子），故落於大學講格物窮理，而對於道體性體心體的體悟，則發生了偏差而有歧出。伊川此一轉向正爲朱子所積極繼承並充分完成，所以他是「繼別爲宗」。至於眞能不失先秦之本義原型，而順承北宋前三家發展的，則是朱子所反對的胡五峯的湖湘之學，以及直承孟子而開出的象山之學。」

朱子當然是宋明儒中的大家。而數百年來，他在文教學術上對中國、對韓國、乃至對日本的影響之大，在宋明儒者中亦沒有第二個人可以相比。他能貫徹伊川自己不自覺、而二程門人後學亦未覺察的義理之轉向，獨力完成一個大系統，單憑這一點，便已足夠顯示朱子的偉卓。加上他遍注羣經，又爲論語孟子作集註，爲大學中庸作章句，對後世文化學術發生了廣大而深遠的影響。還有他對「心」的理解雖不合孟子義，但却與荀子言心之意不期而合。二人所說的心，都不是實體性的道德的本心，而是知性層的認知的心。今天，中國正亟須從文化心靈中透顯「知性主體」以開出知識之學，而荀子和朱子的心論及其重智的傾向，正好是中國文化生命中一個現成的線索。而且朱子以大學爲定本而開出的「卽物窮理」的工夫進路，雖然在道德實踐上落爲「他律道德」，不合乎儒家大流「自律道德」的傳統。但「失之東隅，收之桑榆」，朱子所謂「人心之靈莫不有知，而天下之物莫不有理」，把一切推出去平置爲「然」與「所以然」，而納入「心知之明」與「外在之理」的攝取關係中；這種「泛認知主義的格物論」，如果應用到物理世界，亦可以由「窮究存在之然的所以然之理」，轉爲「窮究存在之然的曲折之相」以成就知識。如此，則朱子的格物論，亦可轉而對中國科學的發展，大有助益。（發朱子潛德之幽光，這亦是一大重點所在。）

六十八年十二月「中國文化月刊」第二期
編入「近世儒學與退溪學第四屆國際會議」論文集

附：略說「體」字的工夫義

「體」，是全身之總稱，故曰身體、軀體。體又有形狀之義，如易繫辭傳云：「神無方而易無體。」無體，即無形狀、無體質之意（引申之，即無定體之義）。規制格式亦曰體，如國體、政體、文體、字體之類。這些都是常義，不必辭費。

在哲學上，有本體、實體之體，如道體、誠體、性體、心體、仁體、天命流行之體……等。同時，⑴對「用」而言，說體用；⑵對「工夫」而言，說本體與工夫；⑶對「現象」而言，說本體與現象（西哲多說此義）。關於這些，亦不必多說。

現在要說的是作爲工夫字（動詞）的「體」字。張子（橫渠）正蒙天道篇有云：「天體物不遺，猶仁體事而無不在也。」「天體物、仁體事」，這個「體」字應當如何講解？朱子曾列舉「體察、體認、體究、體貼」以及中庸「體羣臣」等詞，用來解釋「體物不遺、體事無不在」之「體」字。朱子的解釋是否很妥當呢？

先看「體羣臣」，這個「體」字是「體恤、體諒、體恕」的意思，是表示君王對羣臣的顧念與關切。據此可知，「體羣臣」之體，與認知意義的「體察、體認、體究」，並不相同。至於「體貼」，有時候同於體恤、體諒、體恕，是指一種道德的「心」與「情」之溫潤體貼而言。有時候則指認知意義的體會而言，如程明道說：「天理二字，是自家體貼出來。」句中所謂「體貼」，即是「體會」之意，同於體認、體察。而朱子似乎沒有意識到這些差別，他只是籠統的說，而且他的意思，還比較著重於認知意義的體究、體認與體察。朱子這種解釋，與橫渠所謂「體物不遺、體事無不在」的眞實義旨，事實上是並不相應相切的。

天之體物，無一物之不體，這是客觀地說；仁之體事，無一物而非仁，這是主觀地說。無論主觀或客觀地說，這二者在聖人的「踐仁盡性」或「踐仁知天」之中，到最後必然要完全合而爲一。因爲仁心卽天心，仁道卽天道；天大無外，性大無外，心亦同樣大而無外。而「天」與「性」之大而無外，又須通過「心」之無外（通物我、合內外）而後乃能得其眞實義與具體義。到此，便可以說「卽心卽性卽天」，此之謂主客觀之統一或合一。因此，所謂「仁心無外」，並不是一句形式的陳述，而是在實踐中所達到的具體而眞實的證現。這也就是說，當道德本心眞實呈現，而對天地間事事物物皆有痛癢之感，或不安不忍之情時，這仁心之「無外」，便眞實而具體地顯示出來了。孟子所謂「萬物皆備於我」，亦正是說的這仁心之無外。亦唯有這「無外」的仁心（亦卽與萬物痛癢相感的仁心），纔能「體事而無不在」。

但又須知，所謂「仁體事無不在」，却不是說「仁」這個概念能夠體事無不在，而是仁心在「盡」之中體事無不在。若不能「盡仁」，則我心之「仁」尚且未能充分地呈現出來，如何能夠體事無不在？「盡」，表示實踐，唯有在實踐中，仁心纔能眞實呈現以體事體物。仁之「體」，(1)就仁心而言，是感通一切、遍潤一切而不遺；(2)就仁道而言，是顯現一切、遍成一切而不遺。所以仁之體事，與天之體物，其義一也。都是易繫辭傳所謂「曲成萬物而不遺」的意思。

據以上的解說，可知橫渠所謂「天體物不遺，猶仁體事而無不在」，並不是認知的意義（所以不宜將「體」字解釋爲體察、體認、體究），而是就仁心之「感通、關切、知痛癢、不痲木」而言，這是「天心仁體」立體直貫的道德意義，亦卽天心仁體直接感通貫潤於事物，以使事物各得其所、各得其宜、各遂其生，以得到最後的完成。在這裏顯示出「天之體物、仁之體事」，實在就是一種道德的創造、價值的創造。後來王陽明所謂致吾心良知之天理於事事物物，則事事物物皆得其理、皆得其正、皆得其成，亦正表示是天心仁體的立體直貫。

說到這裏，我們可以把工夫意義的「體」字，作一小結了：(1)「天體物、仁體事」，是立體直貫的道德意義，表示天心仁體之遍潤一切，曲成萬物而不遺。（道德創造、價值創造，便從這裏說。）(2)「體恤、體諒、體恕」，是一般的道德意義，表示道德的心與情之溫潤。(3)「體察、體認、體究」，是平面的認知的意義。（按、明儒陳白沙的弟子湛甘泉有「體認天理」之說，他的意思當然是表示在內省實踐中以體認天理本體，但用「體認」二字，總覺有隔而不盡。所以陽明說他終有一間未達。）(4)「體貼」則兼兩面，有時同於認知意義之體會，有時同於體諒、體恕。

此外，還有「體道、體仁」之「體」，意指又有不同。體道、體仁，皆是「體現」之體，乃「體而有之」之謂，亦即「表現道於己身、表現仁於己身」之謂。

至於「體悟、體證」，乃是內省實踐意義的「當體會悟、當體親證」之意。南宋胡五峯所謂「須先體仁之體」，意卽要通過逆覺體證的工夫，使仁體眞實呈現。（按、「體仁之體」，前體字，是工夫字，是動詞；後體字，是實體詞，是本體之體。仁卽是體，所以「仁之體」卽指仁之自體，並不是另有一個作為仁之本體的東西。）五峯的話，是本於明道「識仁」之義而說。識仁，卽是體證仁體，以使仁體在我的生命行事中眞實呈現；而並不是就認知意義而說的認識仁、察識仁的意思。

「認知」，只能使概念清晰；由概念進到實踐，使「身與理一」、「身與道一」，這纔是中國學問的重點與中心點之所在。義理心性之學，不能由西方抽象的概念思考入，同樣的，亦不能由中國固有的訓詁字義之方式入。解字講文是另一套，在讀書過程中，當然人人都要經歷。但當我們入義理稍深，便應該超脫字義訓詁的層次，以求對義理宗旨作相應而妥切的體會。以上舉「體」字爲說，不過聊示一例，舉一反三，則在各人之善學。

附識：或以治義理之學有何方法爲問，這是很難泛泛作答的問題。我們只能這樣說：「方法隨學問而自明。」一切學問方法的意指，皆隨各人所知之廣狹、深淺而有差異。同一問題，各人所思所見與著眼著力之點，亦都有所不同。我們常說「做學問」，這表示學問必須辛勤地去做，纔能漸次窮其境域、明其分際、通其脈絡、得其徑路；纔能引出如何說明、如何對較、如何判斷、如何解答等的問題，亦纔有處理這些問題的需要和能力。此時，纔有眞正的方法之可言。此卽所謂「方法隨學問而自明」的意思。（至於選閱文獻、搜求材料，乃是為學過程中的事，義理學的方法不從這裏說。）一個人若不從事學問或做得不够，則茫無所知，如何能進入學問之門？事實上，世間並沒有一種方法，能使人輕易便捷地就獲得了學問。不經過一番結結實實的爲學工夫，是不可能成就學問的。唯有「學而時習」、「眞積力久」，纔能漸漸達到「全盡而粹」、「通體透明」之境。亦唯有生命與道理打成一片，人品與學問融貫爲一，纔是儒家講論義理心性之學的基本義旨。

又，若論心性之學的工夫問題，則須更端另講。

朱子學的綱脈與朝鮮前期之朱子學

一九八〇、一〇、一一、講於漢城「第十屆東洋學會議」

一、朱子對文化學術的貢獻與影響

朱子（西元一一三〇—一二〇〇）是宋明儒中的大家。他在文化學術上的貢獻和影響，可分三點略加說明。

1.經學方面的影響

兩漢經學，由鄭康成集其大成。但鄭氏的經學，在魏晉之間就受到王肅王弼的挑戰；南北朝時，鄭氏之學不行於南方。下至唐代，孔穎達撰五經正義，亦只取鄭氏詩禮二注而已。而且唐代以前的經學，只由朝廷懸爲功令，並不能發揮思想上的作用。到南宋，朱子遍注羣經，易有本義、啓蒙，詩有集傳，儀禮有經傳通解，書則囑門人蔡九峰撰爲集傳，於春秋雖謙抑不敢措辭，亦撰通鑑綱目以發其意，至於論孟集注與學庸章句，其影響尤爲深鉅。宋季元明以來，士人所誦習的四書五經，皆爲朱子學的義理所籠罩。就廣義的經學而言，朱子所造成的影響，實比鄭康成更爲廣大而深遠。

2.文教學術上的功績

朱子既遍注羣經，又編輯北宋諸儒的文獻，如編近思錄，二程遺書，並爲通書、太極圖說、西銘作解義，又持續而廣泛地講論各家之學（具見語類）。此外，撰小學，修家禮、鄉禮、學禮、邦國禮、王朝禮，編名臣言行錄，並爲楚辭作集注。如此一來，儒家的經典文獻，與一般文教學術、政事禮俗，幾乎都和朱子有了關涉，所以宋季以來的文化學術，無論是縱的傳承或橫的傳播，朱子都居於非常重要的地位。尤其對韓國、日本的影響之大，在宋明儒者之中，沒有第二人可以相比。（陽明學在日本雖亦盛行，但通盤看來，不過與朱子學平分秋色而已。）

3.性理學方面的貢獻

朱子爲學，極有勁力。對北宋諸儒的書，他不但一一講論，而且作了不少注解。同時代的學者，他與胡五峰門下有連年往復的論辯，與呂祖謙亦常相討論，又與陳同甫爭論漢唐，而陸象山更是他終身的論敵。二三百年之後，王陽明又繼象山出來批評朱子。凡此，皆可看出朱子是一個四戰之地，他是宋明儒學義理問題的中心或焦點。由於朱子門庭廣大，傳衍久遠，形成一個新的學統，所以後世就有人說「朱子集北宋理學之大成」。但這句話必須重新考察。從文獻之纂輯注釋與學術之廣泛講論上看，朱子確有集大成的樣態；但要說朱子集北宋「理學」之大成，便涉及「義理系統、工夫入路」的問題，此則不可以含混籠統，而必須明辨異同。朱子學脈，實只是順小程子伊川而發展。周濂溪與張橫渠對於道體性體的體悟，朱子並沒有眞實的契會，程明道論仁論心之言，朱子更不採取。至於二程門人謝上蔡楊龜山下來的學問徑路，朱子亦常有誤解而加以批評。在義理系統與工夫入路上，朱子只繼承伊川一人，並不眞能集北宋「理學」之大成。其實，朱子的偉大，亦不在集什麼之大成，而在於他思想一貫，能獨力完成一個義理系統。對於此一系統在文化學術上的意義與作用，吾人必須特爲珍視，重新加以了解與發揚。（上述的意思，筆者在近世儒學與退溪學國際會議第四屆大會發表之「性理的全義與偏義」文中，曾有論述，亦請參看）。

二、朱子學的義理綱脈

北宋前三家：周濂溪、張橫渠、程明道，上承先秦儒家經典之本義，以開展內聖之學的義理思想，其步步開展的理路，是由中庸易傳之講天道誠體，而回歸於論語孟子之講仁與心性。依據三家義理之歸結，客觀面的天道誠體與主觀面的仁與心性，全都是——(1)靜態地爲本體論的「實有」；(2)動態地爲宇宙論的「生化原理」；(3)同時亦是道德創造的「創造實體」。程明道提出「天理」二字，正是兼含上述三義而說。（故天理本體乃是「即存有即活動」的。活動，是言其能妙運氣化生生，而具有創生性。）而且全部宋明儒學所說的「天道、天命、太極、太虛、誠體、神體、仁體、中體、性體、心體」，皆可概括爲「天理」二字以言之。後世稱宋明時期的儒學爲「理學」「性理學」，亦正是以明道所體悟的「天理」觀念爲根據。

明道卒後，其弟伊川有二十二年獨立講學之時間，終於使他自己的思路逐漸透顯出來。伊川把道體性體皆體會爲「只是理」。既然只是理，就表示它不是心，不是神，亦不能就道體性體說寂感。道體的「神」義，與「寂然不動，感而遂通」義，既已脫落，則道體乃成爲

「只存有」而「不活動」的理，而本體宇宙論的創生義，亦因之泯失而不可見。講道體是如此，講性體亦然。伊川又有「仁是性，愛是情」之說，「性」只是形上之理，「心」與「情」則屬於形下之氣。理（性）上不能說活動，活動義便落在氣（心、情）上說。於是性體亦成爲「只存有」而「不活動」。

伊川義理轉向以後的理路，伊川自己以及程門弟子皆未覺察，一直要到朱子四十歲中和參究論定，始眞正明朗出來。朱子的心態幾乎和伊川完全相同，他步步釐清，步步確定，終於貫徹了伊川的思路，而開出一個新的義理系統。這個系統的基本綱領，主要是下列幾點。

1. 理氣論——性卽理、理氣二分

朱子對伊川所說「性卽理也」一言，看得非常鄭重。性卽是理，理遍在於天下，不容有空闕之處；故天下沒有無性之物，枯槁之物亦皆有性（理）。朱子認爲性只有一個，故不贊成人有兩性（本然之性、氣質之性）而物只有一性（氣質之性）的說法。他以爲氣質之性，只是此性（本然之性）墜在氣質之中；並不是本然之性以外，另有一個氣質之性。因此，順理向下說，理普遍地爲萬物之體，體卽萬物之性。順物向上說，萬物皆有其「所以然之理」以爲自己之性。朱子的說法，意在透顯性理的絕對普遍義。

關聯着人與物來講，朱子有「理同氣異」之說。理是形而上的，氣是形而下的（理氣二分）。(1)人與物皆稟受理以爲性，此之謂「理同」；(2)人與物所稟之氣，或純粹，或駁雜，並不齊一，此之謂「氣異」。不過，如果換一個方面來說，則人與物皆能知覺運動，所以氣猶相近。但人與物畢竟是異體，在表現理時，不但有偏全之異，甚至還有「能表現」與「不

能表現」的差異。所以在理之表現上，人與物又絕不相同。總之，人之與物，理雖同而理之表現則不同；氣雖異，而知覺運動則無異。

復次，朱子又有理氣「不離不雜」之義。「不雜」是說理屬形而上，氣屬形而下，不可混雜。「不離」是說理寓於氣，離了氣，理便無有掛搭處。氣能凝結造作，而須依理而行；但此「理」卻「無情意、無計度、無造作」，只是一個形式標準，只存有而不活動。因此，朱子所說的「理」並不具有「妙運創生義、自發自律義」，而爲他律道德。

但亦須知，朱子理氣論之問題，不在「理氣爲二」，因爲理與氣本有形上形下之別。所以在概念上將理與氣加以分別，並無問題。（至於就理氣「相卽不離」之意，而說理卽氣，氣卽理，乃是實踐上的圓融語。張橫渠程明道皆善說此義，而明道說來尤爲圓熟通透。（註二）羅整庵等人在此弄不清楚，故生出許多夾纏。）而朱子理氣二分之所以終於有問題，一是神義寂感義從太極之理脫落下來而屬於氣，一是關聯心性而說，性是理，而心則屬於氣（不是理），結果，心與性爲二，心與理爲二，理成爲「只存有而不活動」的理，如此便出了問題。不但陸王反對，而且亦不合明道「心性天是一」之義，更不合孟子之義。

此外，朱子說：「統體一太極，物物一太極」。太極卽是理，理是一；然理又分別地爲萬物之性，隨順物之多而理亦顯示多相。猶如月印萬川，月是一，萬川之月則是月映現之相。是之謂「一理而多相」。另外，還有「理先氣後」之說，「先」只是「本」義，乃形上之先，而非時間之先。

2. 心性論——心性情三分、心統性情

朱子承伊川之意，而言「性卽理」，而且性亦只是理。如此說性理，則性理本所含具的「心義、神義、寂感義」，皆從理性本體上脫落下來而屬於氣。於是，性理只是靜態的形上實有，只是心氣活動所遵依的標準，而它本身却不能妙運氣之生生。如此，則道德實踐之活動中心，乃從性理而轉移到心氣一面。但心氣並不含具道德的理則性，結果，工夫便落在對心氣之涵養以及對心氣之發的察識上。

心性對言，「心」是氣之靈。心能知覺，有動靜；而所以知覺、所以動靜的理，則是「性」。因此，心不是性，亦不是理。至於朱子說「心具衆理，心具衆德」，這個「具」只是後天工夫地「當具」，而不是先天實體地「本具」。（若是先天本具，便應贊同陸象山之「心卽理」矣。）

性是理，心是氣之靈，而「情」則是心氣之發，或心氣之變，此便是「心性情三分」。心性情既已三分，然則三者又如何關聯？朱子在此，乃有「心統性情」之說。「心，統性情者也」，本是張橫渠一句孤立的話，其意不易確知。依朱子義而說心統性情，這個「統」字，當是統攝統貫義，而非統屬統帥義。而心之統性與統情，亦有不同。心統性，是認知地關聯地統攝性而彰顯之。（此時，心卽統貫於未發之性。）心統情，則是行動地統攝情而敷施發用。（情是從心上發出來，此時，心卽統貫於已發之情。）

由此而說「仁」，亦仍然是「心性情三分」、「理氣二分」的間架。朱子承伊川「仁是性，愛是情」之意，亦說「仁者，心之德，愛之理也」。意思是說，仁不是心，亦不是愛，

而只是「愛之所以然之理，而爲心所當具之德」。這個說法，正是將「仁體」支解爲心性情三分、理氣二分（仁只是性，只是理，惻隱之心與愛之情，則屬於氣），如此一來，「仁」只是一個形上抽象的理，不再是具體活潑的生生之仁。（註二）這樣講仁，既不合論語孟子之義，亦不合程明道言仁的義旨，朱子反對謝上蔡以覺訓仁，又反對楊龜山以萬物一體說仁，正表示他對明道言仁的綱領，無所契會。（故朱子編近思錄，不取明道之「識仁篇」。）

3. 工夫論——靜養動察、敬貫動靜

心不是理，而是氣之靈。心有動靜，而所以動、所以靜的根據，則是理。然則，心如何方能合理而具理？此則必須涵養。朱子言「涵養」，不是涵養本心性體，而是以肅整莊敬之心，汰濾私意雜念，以達到「鏡明水止」、「心靜理明」之境。情是心氣之發、心氣之變，情之發未必合理中節，故須加以察識。所謂「察識」，是以涵養敬心而顯現的心知之明，來察識已發之情變；使心之所發的情變，皆能合理中節。

總起來說，靜時涵養敬心，以求近合未發之中；動時察識情變，以期達於中節之和。此之謂「靜養動察」。而心氣之貞定凝聚，必須通過「敬」的工夫，無論動時靜時，皆有敬以貫之：敬立於存養之時——涵養於未發，亦行於省察之間——察識於已發。若順察識於已發而推進一步，便是致知格物以窮理。所以朱子這個「靜養動察」的工夫格局，實際上卽是伊川「涵養須用敬，進學則在致知」二語之詳密化。

「人心之靈莫不有知，而天下之物莫不有理」，朱子依於此一格範，將一切皆平置爲「然」與「所以然」。「然」指實然存在的事物，「所以然」指遍在於事物的普遍的理。所謂「卽物而窮其理」，就是以心知之明去窮究外在事物之理。通過「心知之明」與「在物之理」的攝取關係，乃形成朱子泛認知主義的格物論。

4. 格物論——卽物窮理

朱子依於他的泛認知主義，將仁體、性體，以至於形上的實體（道體、太極），亦皆平置而爲普遍的理。而這普遍的理，同時亦是在卽物窮理之方式下，爲心知之明所認知的對象。於是，那作爲「理」的道體性體仁體，遂永遠爲「客」爲「所」，而不能反身爲「主」爲「能」。（依朱子的思理，虛靈知覺的心知，方是主、能。）在這種情形之下，自孟子以來的那個立體直貫、能起道德創造的實體性的「心體」，亦就無從說起了。結果，「心」與「理」永遠爲二而非一（合一是二而一，不是真一）。基於此種「主智主義的道德形上學」而表現的道德，必爲他律道德。這就是朱子性理學的性格及其限制所在。

另一方面，朱子卽物窮理，其窮究的方式雖是認知的，却並沒有積極的知識意義，窮存在之理是哲學的，必須窮存在事物的曲折之相（如質、量、關係等），方是科學的。不過，理氣之分，亦實有可以引出科學知識的依據。就「理」上建立的是哲學、道德學，就「氣」建立的則是積極的知識。朱子對後者本有濃厚的興趣，他的大弟子蔡元定，尤其具有此種純知識的興趣和才智；雖然是老式的、前科學的，但却是科學家的心靈。所以，順著「卽物窮理」的方式轉進一步，是可以開出「知識之學」的。而朱子所說的「心」，亦正是知性層的認知的心。在今天，中國與東方各國皆亟須從文化心靈中透顯「知性主體」，以開出知識之學(吾人不能永遠取之於西方，仰賴於西方)。而朱子的心論及其重智的傾向，正好是傳統文化生命中一個現成的線索。發朱子「潛德之幽光」，這亦是一大重點所在。

三、朱子學在朝鮮前期的傳衍與發展

韓國高麗朝(西元九一八—一三九二)受唐代文化之影響，以佛教爲國教。朝鮮朝(西元一三九二—一九一〇)開國以後，尊崇儒學。其開科取士，是以三經(詩、書、易)與四書爲功令，而在學術思想上發生影響的，則是朱子學。茲分四點，以略述朱子學在朝鮮李朝前期的傳衍和發展。

1. 朱學東傳(高麗朝末葉)

在高麗朝忠宣王時，有白頤正留學燕京十年，師事趙孟頫，求得朱子性理學而歸，是爲宋學傳入韓土之始。但當時佛教當令，儒學未能即時發生影響。

經過半個世紀，有鄭夢周(西元一三三八—一三九二)尊信性理之學。他一面從事政治改革，一面立學堂，置鄉校，在太學講述朱子學，並用朱子家禮行冠婚喪祭，以取代佛教之儀式。其時，明朝已開國，夢周暗圖廢棄蒙古服飾，採行大明衣冠文物，他的心向和作爲，正爲朝鮮儒教之興起開啓了先路。

2. 義理初發（李朝開國前後）

朝鮮李朝開國前後，又有鄭道傳三峰（西元？—一三九八）奮起講學。道傳爲李朝開國功臣。他先著「佛氏雜辨」，正面駁斥佛家學術之虛誕。又著「心氣理篇」，比較道佛與儒學之優劣，爲儒教在韓國的學術地位奠定了初基。

稍後，權近陽村（西元一三五二—一四〇九）爲鄭氏的「心氣理篇」作注釋，其注言有云：「人之生也，受天地之理以爲性，而其所以成形者，氣也。合理與氣，能神明者，心也。……其心之靈，管乎事物之理，其氣大，塞乎天地之間，皆以義理爲之主，而心與氣每聽命焉耳。此儒者之道，具於人倫日用之常，行於天下萬世而無弊。」陽村又作「入學圖說」，有云：「四端，理之原，發於性，純善。七情，氣之原，發於心，有善有惡」。陽村這個說法，實爲百餘年後，退溪諸人四七論議之濫觴。

3. 經世致用（從金宗直到趙光祖）

李朝建國之後，儒學成爲國教，而實以朱子學爲本。在初期階段，一般學者大體重視博文力行，經世致用，其影響多在政制。如金宗直及其門人金宏弼、鄭汝昌等人，皆熱心政治，而導致「戊午之禍」（時當明孝宗弘治十一年）。

宏弼之門人趙光祖靜庵（西元一四八四—一五一九）倡導「至治主義」學派，繼續主張革新政治，排斥舊儒。無奈「亢龍有悔」，又激成「神武門之變」（時當明武宗正德十四、王陽明平宸濠叛亂之年）。光祖與同志數十人或死難，或流竄，或削職。從此以後，獄禍時起，儒者乃漸離政治，轉而研討義理。這一連串政治上的挫敗，却反而促成了性理學興起之契機。

4. 契入性理（徐花潭、李晦齋、李退溪、李栗谷）

李朝開國一百餘年之後，接連出了幾位大學者。玆依其年序，略加介述。

(1)徐敬德花潭（西元一四八九—一五四六）：花潭的著述，如原理氣、理氣說、太虛說、鬼神死生說、復其見天地之心說，都是精約的短篇。但花潭之學，不從朱子來，大抵受邵康節、張橫渠的影響爲多。不過，花潭雖敏悟深密，而其器局學力則不足以上企張子正蒙之沉雄弘偉。他又尚奇異，好術數，所以就性情風格而言，亦很難契應西銘粹然醇厚的仁者襟懷。退溪以爲花潭之言，「揆諸聖賢說，無有符合處」，花潭雖「自謂窮深極妙，而終見得理字不透」（註三），從內聖性理學的立場看來，退溪的話，或者不失爲平允的論斷。

(2)李彥廸晦齋（西元一四九一—一五五三）：晦齋是朝鮮李朝最早治朱子之學而有成的人。他早歲與忘機堂曹漢輔論無極而太極，亦是韓國第一次出現的儒學爭議。退溪認爲晦齋「闡吾道之本原，闢異端之邪說，貫精微，徹上下，粹然一出於正，深玩其義，莫非有宋諸儒之緒論，而其得於考亭者爲尤多也。」（註四）晦齋晚年撰有大學章句補遺、續大學或問、求仁錄。前二書皆申述朱子之學，而補遺一書且能指出朱子格物補傳之失當，晦齋以爲，大學「物有本末」與「知止而後有定」二節，即是格物致知傳文，無須另作補傳。這個見解，與南宋董槐、葉夢鼎、王柏，元代吳澄，明代蔡淸諸儒之說，大同小異，可謂不謀而合。（註五）

(3)李滉退溪（西元一五〇一—一五七〇）：自朱子學傳入朝鮮，經二百餘年之蘊蓄，到李退溪而成爲一代宗匠。據退溪年譜及其言行錄看來，退溪之學朱子，可謂正心誠意，亦步亦趨，他一生的行誼、著述、居官、講學，一以朱子爲法，其戒之愼之，敬謹篤厚的精神，在朱子的門人後學之中，似乎亦罕有其匹。他細讀朱子之書，輯成「朱子書節要」十四卷（或曰二十卷，此據退溪自撰之節要序）。此書對韓日兩國之學者影響甚大，而日本的朱子學，更直接受到此書之影響。（註六）

退溪的義理規模與綱領節目，以他六十八歲所進之「聖學十圖」最有綜括性。十圖之名如下：1.周濂溪之太極圖，2.程復心（南宋之隱儒）作之張子西銘圖，3.李退溪作之朱子小學圖，4.權陽村作之大學圖，5.李退溪作之朱子白鹿洞規圖，6.心統性情圖：上圖程復心作，中下二圖李退溪作，7.朱子仁說圖，8.程復心作之心學圖，9.王柏作之朱子敬齋箴圖，10.李退溪作之陳南塘（元儒）夙興夜寐圖。對此十圖，退溪皆有引述或說明。前五圖「本於天道，而功在明人倫，懋德業」。後五圖「原於心性，而要在勉日用，崇敬畏」。總玆十圖，又皆以「敬」爲主。故退溪之學可稱爲主敬之學，退溪雖不及朱子之宏偉博大，但朱子學的實踐徑路，退溪確有實得，而操履之功，尤其醇厚謹質。後世推爲「海東考亭」，洵非虛譽。

(4)李珥栗谷（西元一五三六—一五八四）：栗谷少退溪三十五歲，他二十三歲初見退溪，退溪年五十八，而退溪卒時，栗谷年三十五。二賢相見之時日雖不多，而論學之書信則不少。大體而論，退溪沉潛篤實，而栗谷高明宏達；退溪衞道之心最切，而栗谷論道之情甚殷；退溪主篤行，而栗谷好明辨。栗谷編撰之「聖學輯要」，亦猶退溪之「聖學十圖」，可以分別代表二人之思想綱維。二人同尊朱子，而論學之旨趣則不盡相合，故雖有師弟之誼，而終於發展成朝鮮中期以後儒學之兩大山脈。（筆者與韓國友人相談，常聞用「山脈」二字以指說學派之傳衍，可謂善於形容，特襲用之。）

四、朝鮮前期朱子學的中心論題

朝鮮前期朱子學的中心論題，主要是討論三個問題。一是理氣的問題，一是性情的問題，一是人心道心的問題。而這三個論題，不但相互關聯，而且又牽涉到：

(1)孟子中庸的本意是如何？朱子對孟子中庸的理解又如何？

(2)退溪諸儒的理解，與孟子中庸朱子之原義，有異同否？

(3)退溪諸儒固宗奉朱子，是否亦受北宋諸儒之影響？

(4)退溪諸儒對於彼此的思路，是否有充分相應之了解？抑或不免有隔閡與誤解之處？

(5)退溪諸儒相互論辯的問題，是否有會通之道？其異同之點，能得其消解之線索否？

據此五點看來，要想對朝鮮前期朱子學的論議，作一簡括分明的評述，並非易事。深望熟悉朝鮮儒學文獻的專家學者，能就這些問題作一番釐清疏導的工夫，則對今後儒學思想之闡揚發展，必可大有裨益。筆者對於韓儒文獻，所知不多，此時只能依據朱子學的思想理路，在若干緊要的關節上略陳淺見，無法詳作討論。

1.理發、氣發的問題

首先，在理氣之「發」的問題上，退溪先有「四端理之發、七情氣之發」之別，後來在心統性情圖下圖改爲「四端，理發而氣隨之；七情，氣發而理乘之」。退溪此一說法，被歸結爲「理氣互發」說，而引起了討論與爭議，如奇高峰主「理氣共發」說，李栗谷主「氣發理乘」說。

在朱子語類論孟子四端處，原曾說過「四端是理之發，七情是氣之發」。這二句話，在中國方面並沒有引起討論。依朱子分解的思理來看，則發者是情，情屬於氣，在「理」上則不說發。所謂「四端是理之發」，其眞實的意思，當是說：四端，是依理而發出的情，却不能說情是從理上發出來。（但若是「即存有即活動」的性理，則性理自能妙運氣化之生生。如此，便須另說另講。）退溪據朱子學而主「理氣互發」，似乎以爲理亦能發。其實，理只是氣發時所當遵依的標準，是發之所以然，而實際上的「發者」乃是氣。朱子這個思路，栗谷較有相應之契會。他說：「理無爲也，氣有爲也。」又說：「理者，氣之主宰也；氣者，理之所乘也」。又說：「發之者氣也，所以發者理也。非氣則不能發，非理則無所發。」（註七）栗谷所見如此，故不贊同退溪「互發」之說，而只採取其後一句「氣發而理乘之」。退溪讀朱子書，人皆稱其「精詳謹密」，栗谷所說之意，他不應無所知聞。然則，退溪何以一直堅守「理發」之說？筆者嘗思其故，以爲有三點可得而言：

(1)朱子本有「四端是理之發」之句，而退溪篤信朱子，故曰「得是說，方信愚見不至於大謬。」（註八）

(2)退溪認爲「理動則氣隨而生，氣動則理隨而顯。濂溪云，太極動而生陽，是言理動而氣生也。」理能動，故「能發能生」，而有「至妙之用」。（註九）這是假周子「太極圖說」以爲言。（按、朱子所體悟之性理義，與周子所體悟的「即存有即活動」的太極誠體義，實有距離，而朱子不自知，又為「太極圖說」作解義，故退溪亦隨順周子之意而說理動、理發。）

(3)朱子本於「仁是性，愛是情」之說，而形成「心性情三分」之思想格局，此實已脫離孔孟言仁言心性之原義，而另開一系之義理。然朱子並未覺識自己之思理已逸出孔孟之原義，故常引經典之文以說己意，這是理解朱子學之一大難處。（註十）若依孟子義，本心卽性，心性是一，性是理，心亦是理，而四端卽是本心性體自身的發用。依此而說四端是理之發或發於理，自可不違義理。當退溪自省「理發」之說時，若是順孟子言四端之意去想，則亦可以加强他「不須更改」之認定。

依於以上三點說明，或者可以使吾人對「理氣之發」這個問題，採取一個比較豁朗明達的態度，以了解各人立論之由來。如此，則庶幾可以免於相互對斥，而能通觀全部儒學之義理以調適上遂，進而開啓學術的新機運。

2. 理氣一元、二元的問題

再者，順理氣之說而又有「主理」「主氣」之分。退溪栗谷諸賢當然明曉朱子理氣「不離不雜」之義。退溪說：「理氣本不相雜，而亦不相離。不分而言，則混爲一物，而不知其不相雜也。不合而言，則判爲二物，而不知其不相離也。」（註十一）栗谷亦有理氣「既非二物，亦非一物」之說。但全盤地看，退溪畢竟着重於理氣之「不雜」，栗谷畢竟着重於理氣之「不離」；於是，論者或謂退溪爲「理氣二元」論，栗谷爲「理氣一元」論。實則，分理氣爲二，並非就是理氣二元論；合理氣而言之，亦並非就是理氣一元論。

自西方文化東來，亞東各國（中、韓、日本皆然），總喜歡拾取西人名詞以論東方之學，一元二元，尤其隨意泛用。今考儒家之學，實無所謂「二元論」之思想（因此，「一元論」之詞語亦不適用）。二者平行而各自作主，方爲二元。朱子之「理氣二分」，只是形上形下之判，理自爲「主」而氣爲「從」，既然有主有從，當然不是二元論。而從另一方面說理氣相卽不相離，亦只表示二者關係之密切，並不是泯除形上形下之別，而視爲混然一物。因此，凡「理卽氣，氣卽理」，「神卽氣，氣卽神」，以及「太虛卽氣」一類的語句，皆只是從實踐上說的圓融語，而並不是從概念上泯除理氣之差別而視爲混然一物（請覆按本文第二節之1後段）。然則，指退溪爲理氣二元論，栗谷爲理氣一元論，恐怕都不能算是妥當的說法。

筆者認爲，卽使用「主理」「主氣」來概括某儒之學，亦只是不得已而用之的偏顯之詞。至於「唯理」「唯心」「唯氣」一類的詞語，尤其易於滋生誤會。譬如中國方面亦有人說程朱是唯理論，陸王是唯心論，又有人以爲張橫渠是唯氣論，這些全都是不明學術之實而胡亂混濫的說法。如果吾人能够愼於名實，減少因名詞用語而造成的誤會與疏隔，必將開出一條暢達無礙的學術研究之途轍，以達成弘揚學術的目的。

3. 性情善惡的問題

性情善惡，是順理氣問題而引出的論議。退溪之意，四端、理之發，純善；七情、氣之發，有善有惡。他說：「四端之情，理發而氣隨之，自純善無惡；必理發未遂，而揜於氣，然後流爲不善。七者之情，氣發而理乘之，亦無有不善；若氣發不中，而滅其理，則放而爲惡也。」（註十二）退溪這個說法，是順互發說而來的一貫之論。栗谷既不滿互發說，故對性情善惡的說法亦有不同。他說：「性具於心而發爲情，性既本善，則情亦宜無不善；而情或有不善者，……理本善而氣有清濁。氣者，盛理之器也。當其未發，氣未用事，故中體純善；

及其發也，善惡始分。善者，清氣之發也；惡者，濁氣之發也。」（註十三）

栗谷以爲，理爲未發，中體純善；氣爲已發，因清濁而分善惡。他的立論，在理氣之發上雖與退溪不同，但對「性（理）爲純善，情（氣）有善惡」這個主斷，實無本質上的差異。依於同一主斷，退溪本於他「理貴氣賤」之認定，以爲性理純善，而惡之根源則歸於氣（情）一邊。栗谷本於他「氣發理乘」之思理，將善惡繫於氣之清濁，以爲清氣之發爲善，濁氣之發爲惡。由此又引出「理通氣局」之說，以爲「理」無偏正、通塞、清濁、粹駁之異，而所乘之「氣」，則或正或偏、或通或塞、或清或濁、或粹或駁；理既乘乎氣，則其氣分殊，氣稟有善惡，故理亦有善惡。（註十四）

「理有善惡」之說，雖似突兀；但如果了解這是指乘氣流行的理而言，則亦無須驚怪。程明道講天理，亦有「天下善惡皆天理」、「事有善有惡，皆天理也」一類的說法，這是就現實存在的種種物情事勢而言「理」。這個理，牟宗三先生在「心體與性體」書中判之爲第二義的天理（從體上說的天理，方是第一義的天理）。古人使用詞語不甚嚴格，同一個詞語的意指，常隨文而有不同，必須細心體會，乃能得其實義。（註十五）栗谷所謂「理有善惡」，既是從乘氣流行之分殊上說，當然是第二義的理，而不可能指性理而言。如此加以分別，卽可消除誤解。

4. 人心道心的問題

「人心唯危，道心唯微。惟精惟一，允執厥中。」這是尚書大禹謨的話。朱子中庸章句序有云：「心之虛靈知覺，一而已矣。而以爲有人心道心之異者，則以其或生於形氣之私，或原於性命之正。」這幾句話，卽是栗谷與成浩原論辨人心道心的張本。

起先，成浩原本於退溪互發之意，以爲理發則爲道心，氣發則爲人心。栗谷則以爲朱子旣曰「心之虛靈知覺一而已矣」，則何從而得此理氣互發之說乎？唯栗谷雖認爲理氣無先後離合，不可謂之互發，但亦認爲人心道心可以分從兩邊來說。其「人心道心圖說」有云：「道心雖不離乎氣，而其發也爲道義，故屬之性命；人心雖亦本乎理，而其發也爲口體，故屬之形氣。方寸之中，初無二心，只於發處有此二端。」栗谷最後答成浩原一書又云：「朱子曰，心之虛靈知覺一而已矣，或原於性命之正，或生於形氣之私。先下一心字在前，則心是氣也，或原或生，而無非心之發，則豈非氣發乎？」(註十六)據此可知，栗谷對人心道心的說法，是緊承朱子之意以爲言，而且時時不忘與他的「氣發理乘一途」之說相關聯，頗能顯示思想上的明晰性。

其實，成浩原本於退溪之說，雖不免分別太甚，但只須稍加順通，亦仍然是朱子一路。如果直接依朱子的思理，則當如是：實然的心氣之心，是人心；通過涵養居敬的工夫，使實然的心氣之心，漸清淨而貞定，漸如理而合道(所謂理氣合)，便是道心。(註十七)但亦須知，這與理合一的道心，只是合於理，而並不卽是理。蓋依朱子，性方是理，心不能卽是理也。(至於尚書本身所說的「人心、道心」之意指，則須另說另講。)

五、餘言

依上文的敘述，可以看出朝鮮前期的儒學，確能順着朱子學的學脈徑路而發展，而對各項問題，亦能節節而論以契入義理的肯要。但可能由於一意專講朱子學，對於北宋諸儒的義理乃至先秦儒家的基本原旨，似乎發揮較少。而對陸王一系則採取批駁固拒的態度，因而近世儒學中一個極爲重要的「心卽理」與「性卽理」的問題，一直未被重視。就儒家之學的完整性以及朝鮮學術的豐富性而言，這似乎不能不說是一件憾事。

朱子學與陽明學的路徑雖然不同，但同樣都是近世儒學的重鎭。如能通觀全部儒家學術的綱脈，明曉儒家思想的分合發展，則朱子陽明二家之學亦不相礙，而可相資相益。（在日本，朱子學與陽明學並行不悖，卽是顯明的例證。）

筆者敬望韓國學界的賢彥學者，一方面固須秉承優良的學術傳統，善述善繼；一方面亦宜敦仁日新，以光大先賢的志業（易云：日新之謂盛德，富有之謂大業）。眞理無古今，學術無國界。面對艱難憂患的時世，吾人唯有豁醒文化心靈，暢通文化生命，以更開擴的心胸，更高遠的器識，共同來發揚全面的儒家學術，以顯發東方文化的智慧，貞定東方文化的方向，如此，乃能進而爲東方民族、爲人類世界開出光明的坦途。筆者疏淺不學，然素來深信儒學必當復興，東方文化必可發皇。今特趁此參加學術講演會之良機，謹致拳拳之意，尚希高明採擇，不勝企盼。

附註

註一：其詳，請參看拙撰「宋明理學北宋篇」第五、六、九、十各章。

註二：朱子作「仁說」一篇，拙撰「宋明理學南宋篇」第四章曾有疏解，請參看。

註三：見退溪言行錄，參閱玄相允「朝鮮儒學史」頁七五。
註四：見增補退溪全書，册二，頁四八二、四八三，晦齋李先生行狀。
註五：宋後諸儒有關大學章次與朱子補傳之疑難，請參看拙撰「宋明理學南宋篇」第四章附錄「大學分章之研究」一文。
註六：日本崎門、熊本兩學派，直接採退溪之「自省錄」與「朱子書節要」為典籍，而日本刻版之「李退溪全集」，且將朱子書節要亦收錄在內。又，日本朱子學之興起，乃退溪身後之事。如日本朱子學之元祖藤原惺窩（一五六一—一六一九），整整晚於退溪一甲子；而江戶朱子學之初祖，乃藤原之門人林羅山（一五八三—一六五七）。後於退溪一百九年之中江藤樹（一六〇九—一六四八），則為日本陽明學之元祖。請參看拙著「王陽明哲學」書後，附錄二。
註七：見栗谷全書，參閱金忠烈教授著「李栗谷之理學」一文，中華學術院，華學月刊二十期。
註八：見增補退溪全書，册一，頁四一三，答奇明彥書。
註九：同上，册五，李子粹語，頁一八六、一八七。
註十：朱子學的性格，理路，以及其真實的價值，宋元明清以來，鮮能有一通盤相應之了解。中國當代哲學泰斗牟宗三先生，曾費八年之心血，於十餘年前完成「心體與性體」一巨著（第三册專講朱子學），始使宋明儒學的義理綱維、思想脈絡、系統分合，朗然明白。二年前牟先生七十哲誕，門人編撰「牟先生的哲學與著作」一書，可以稍窺先生之學的涯略。（筆者趁此次參加講演會之便，特將此書與拙著五種，一併奉贈檀大東洋學研究所，以酬答惠贈退溪全書之雅意。）
註十一：見增補退溪全書，册四，頁二一八，言行錄卷四。
註十二：同上，册一，頁二〇五，心統性圖說。
註十三：同註七。
註十四：同註七。
註十五：關於程明道論第二義的天理，請參看拙撰「宋明理學北宋篇」第九章第五節。
註十六：同註七。

註十七：大體而言，心之本體純粹至善，是謂道心；若順氣質欲念而發，便謂之人心。唯朱子言心，並不取實體性的本心義，故依其思理，只能說有「合道之心」，而實無「先天的道心」；若朱子亦有類於「先天道心」之語意語句，亦仍然只是隨順經典原義而如此言之耳。在其自己之思想系統中，則不容有「先天的本善的道心」之觀念。至於退溪謂「心是理氣之妙合」，恐亦仍是在工夫上說。若原則上先認定「心」是「理氣之妙合」，則「心」畢竟是理？抑是氣？心能「即是理」乎？恐必不然矣。如此，則心仍是氣之靈處，仍是朱子之義旨。

刊於韓國檀大東洋學研究所「東洋學」一九八〇年年刊
六十九年十二月「中國文化月刊」十三期、「鵝湖」六十五期

朱子學的新反省與新評價

本文係出席一九八二年七月「國際朱子會議」之論文。筆者另有「檀島國際朱子會議後記」一長文，已於「宋明理學南宋篇」增訂再版時列為附錄，請參看。

作者附識

一、朱子學背景之重新考察

1. 北宋前三家義理開展之理序

在宋明儒學六百年的發展中，北宋之周濂溪、張橫渠、程明道、程伊川，南宋之胡五峯、朱子、陸象山，明代之王陽明、劉蕺山，是眞正足以作爲綱柱的人物。這九個人前後互相勾連，在義理問題的發展上，是相銜接、相呼應的。

北宋諸儒，上承儒家經典本有之義，以開展他們的義理思想，其步步開展的理路，是由中庸易傳之講天道誠體，而回歸於論語孟子之講仁與心性。最後，纔落於大學講格物窮理。

宋代儒學興起，文化意識與道德意識交併而發，一時賢者輩出，皆足名世。而其中眞能順承孔孟以下先秦儒家的本義而引申發展，並正式奠定宋明儒學之義理模型的，是北宋前三家——周濂溪、張橫渠、程明道。

首先，周濂溪「默契道妙」，以中庸之「誠體」闡釋易傳之「乾元、乾道」，而復活了先秦儒家形上的智慧。接着，張橫渠思參造化，貫通天道性命，直接就「道體」說「性體」，而且對於孔子的仁與孟子的本心，亦已有了相應的了解。到了程明道，更以他圓融的智慧，盛發「一本」之義，而完成了儒家「心性天是一」的圓教之模型。道，一本而現：無論從主觀面或客觀面說，都只是這「本體宇宙論的實體」之道德創造、或宇宙生化之立體地直貫。於是，客觀面的「天道誠體」與主觀面的「仁與心性」，全都是——

(1)靜態地爲本體論的「實有」；

(2)動態地爲宇宙論的「生化原理」；

(3)同時亦爲道德創造的「創造實體」。

程明道所謂「天理二字是自家體貼出來」的「天理」，便正是兼此三義而說。所以，「天理」乃是一個含義最爲深邃而豐富的名詞，其他如像「天道、天命、太極、太虛、誠體、神體、中體、仁體、性體、心體」，皆可用「天理」這個有創生性與覺用性的實體加以總括。

程明道如此體悟天理本體（道體、性體、心體），遠而言之，是存在地呼應先秦儒家的生命智慧，使論語、孟子、中庸、易傳的原始型範，重新開顯而獲得貞定。近而言之，是順承周濂溪、旁通張橫渠，而完成的一個圓滿的義理結穴。後世稱宋明階段的儒學爲「理學」或「性理學」，正是以程明道所體悟的「天理」觀念爲根據。而天理這個本體，不僅只是「理」，同時亦是「心」，亦是「神」；因爲它是一個「寂然不動，感而遂通」的寂感眞幾，是「於穆不已」的奧體，亦卽有創生性與覺用性的實體，是「卽存有卽活動」的。（活動，是就它能引發氣之生生，有創生性而言。）

2.程伊川之轉向與朱子之繼承

當二程兄弟一起講學時，主要觀念皆發自程明道。程明道卒後，程伊川獨立講學達二十二年之久，終於使他自己的生命與思路逐漸透顯出來。伊川順着自己質實的直線分解的思考方式，把道體與性體，皆體會爲「只是理」。既然只是理，就表示它不是心，不是神，亦不能就道體性體說寂感。道體的「神」義與「寂然不動，感而遂通」義既已脫落，則道體乃成爲「只存有」而「不活動」的理，而本體宇宙論的創生義，亦因之泯失而不可見。講道體是如此，講性體亦然。伊川又將孟子「本心卽性」離析而爲「心性情三分」，「性」只是理，是形而上的；「心」與「情」則屬於氣，是形而下的（後來朱子卽承此而說「心」是氣之靈，「情」是氣之變）。理（性）上既不能說活動，活動義便落在氣（心、情）上說。於是，性體亦成爲「只存有」而「不活動」。

由於伊川對「道體、性體」的體悟發生偏差，乃形成義理上的轉向。不過，這義理的轉向，伊川當時並不自覺；二程門人亦似乎沒有覺察，他們只是依循着「以程明道爲主的二程學」而講論，並沒有隨順程伊川的轉向而走下去。南宋初期的胡五峯，亦只上承北宋前三家的理路而發展，而開出「以心著性，盡心成性」的義理間架。五峯「識仁之體」的逆覺工夫，更顯明地是直承明道而來，根本沒有受到伊川轉向的影響。所以，到胡五峯（甚至亦可包括朱子之師李延平）爲止，伊川的義理轉向，還只是一條伏線，並沒有引起學者的注意。

伊川轉向以後的理路，嚴格地說，一直要到朱子四十歲「中和參究」論定，纔眞正明朗出來。這時上距伊川之卒，已經六十多年了。朱子的心態，幾乎和伊川完全相同。但他走上伊川的路，却亦經過幾番出入和曲折。如果以朱子後來所完成的義理系統爲準，則他四十歲以前的問學，都只是學思過程中的經歷，算不得「的實見處」（朱子自己語）。到四十以後，纔順着他同於伊川的心態、而自覺地順成了伊川的轉向，終於開出一個新的義理系統。

3. 從義理分系看朱子與北宋諸儒之關係

對於宋明儒學，通常分爲「程朱」「陸王」二系。其實，這個分法既不足以彰明宋明六百年的學術之實，亦不足以窮盡宋明儒學的義理之全。(1)一般所謂「程朱」，實指程伊川與朱子，這是以一程（伊川）概括二程，而程明道的義理，在平常所講的「程朱學」中根本不佔份量，這是有違學術之實的。(2)依程明道之學，「心、性、天（理）是一」，不但可講「性卽理」，實亦可講「心卽理」。但依程伊川與朱子，則不能說心卽理（因爲心是實然的心，屬於氣）。因此，將明道與伊川朱子合爲一系，在義理上有刺謬。(3)胡五峯的湖湘學，實承北宋前三家而發展，乃北宋儒學之嫡系；其「以心著性、盡心成性」之義理間架，有本質上之必然性與重要性。所以雖式微四五百年，到明末劉蕺山猶然呼應此「形著」義而完成一系之義理，而宋明六百年的學術，亦到此結穴而盡了它發展的使命。

以是，牟宗三先生在「心體與性體」書中，對宋明儒之分系，作了如下之判定：北宋前三家，只有義理之開展，並無義理之分系。三家以下，(1)程伊川朱子爲一系，(2)陸象山王陽明爲一系，(3)胡五峯劉蕺山爲一系。（(2)(3)兩系到究極處仍可合爲一大系，但亦須分別獨立了解。至於此合一之大系與伊川朱子如何相通，則是另一問題。在此，我們只能說：這三系都是在一道德意識之下，以心體與性體爲主題、而完成的一個「內聖成德之學」的大系統。）牟先生對這三系的分判，並不是先有主觀的預定，而是依於客觀的義理，在層層的釐清中，一步步逼顯而至的。而其釐清逼顯的重要關節，是在二程與朱子。

程明道在宋明儒中是一大家，有極其顯赫的地位。但據宋元學案之明道學案，實在看不出明道學問的眞面目，而二程遺書中的二先生語，又多半沒有註明那些爲明道語，那些爲伊川語。然則，將如何加以鑑別？牟先生斟酌再三，決定：

(1)以二程兄弟性格之不同爲起點；

(2)以二程遺書中劉質夫所記之明道語（十一至十四卷）爲標準；

(3)以二先生語（遺書前十卷）中少數標明爲明道語者爲規約。

依此三點，以確定出一個鑑別明道智慧的線索，又經三數次之抄錄對勘，最後將明道語錄類編爲八篇（天道、天理、辨佛、一本、生之謂性、識仁、定性、聖賢氣象），而挺顯了明道義理之綱維。明道清楚了，伊川亦隨之而清楚，所以亦類編爲八篇（理氣、性情、氣稟、才性、論心、中和、居敬集義、格物窮理），使伊川的思路朗然可見。

朱子則文獻最多，但其思想之認眞建立與眞正用功的重點，是中和問題的參究，繼之而有「仁說」的討論，這都是在他自己苦參、以及和胡五峯門下論辯的過程中，逐步明朗出來。根據這個線索，纔能釐清和確定朱子學的綱領脈絡。

朱子對於二程，常常不作分別，他將二程只作一程看。朱子所說的程子、程夫子、程先生，大體是指伊川而言。而且，凡是他比較明確而挺立的觀念，亦都來自伊川。至於明道之言，他總以爲渾淪、太高，學者難看，實際上是表示不滿。他當然亦推尊明道，但都是些和義理綱領不相干的話。所以明道在朱子心中實在不佔重要的地位，朱子所繼承的，實只伊川一人，根本不繼承明道。至於二程以前的周濂溪與張橫渠，朱子雖然加以推尊，亦講述二人的文獻，但對於周張二人體悟道體性體的義理關節，並沒有眞實相應的契會。因此，後世所謂「朱子集北宋理學之大成」，這一句話必須重新考察。就文獻之纂輯注釋與學術之廣泛講論而言，朱子確能顯示集大成的樣態；但要說朱子集「理學」之大成，便涉及「義理系統，工夫入路」的問題，此則必須明辨異同，而不可以含混籠統，以致掩覆了學術思想的眞相。

二、朱子與南宋諸儒之異同

1. 朱子與前期閩學之關係辨異

二程門下有二大弟子，一是謝上蔡，一是楊龜山。南宋初期的洛學，便是經由他們二人而傳下來。謝上蔡通過胡安國、胡五峯父子而衍爲湖湘之學，楊龜山一支則成爲朱子以前的閩學。

楊龜山傳羅豫章，再傳李延平，三人皆福建南劍州人，是爲閩中之學。龜山就惻隱說仁，又以「萬物與我爲一」說仁之體，固然明顯地本於明道，卽使論及致知格物窮理，亦不取伊川「能所對立」的方式，沒有以「知」認「所知」的認知之意義。龜山言「中」，主張驗之於喜怒哀樂未發之際，這是「靜復以見體」，是逆覺體證的路，與伊川論中和之意殊不相同。胡安國嘗言，龜山之見在中庸，並指說這是「自明道先生所授」。龜山辭明道南歸，明道目送之，曰：「吾道南矣！」今再證之以龜山的學脈徑路，可知明道實有知人之明。

羅豫章是一個篤志躬行的人，他從學龜山二十餘年，推研義理，必欲到聖人止宿處。他敎人最切要的工夫，是於靜中看喜怒哀樂未發時作何氣象？這靜復以見體的體證工夫，是豫章眞得力處。

李延平二十四歲從學豫章，自後鄉居四十餘年，簞瓢屢空，而怡然自適。其學亦以「觀喜怒哀樂未發之大本氣象」爲入道之方。黃梨洲以爲這是「明道以來，下及延平，一條血路」。朱子亦說「此乃龜山門下工夫指訣」。朱子二十四歲初見延平，二十九歲再一見，三十一歲纔正式受學，又三年而延平卒。延平不講學、不著書，賴朱子之扣問，錄爲「延平答問」，其學始見知於世。朱子在延平處接下「觀未發之中」的題目，苦參中和問題，但始終未能契入延平超越的逆覺體證之路。四十歲以後，終於直承伊川而別走蹊徑，並不傳承延平之學。

朱子既說「羅先生之說，終恐有病」，對於延平之敎，亦以爲偏於靜而意有不滿，對龜山之學亦時有微詞。朱子之學弘實博大，直接稱之爲「朱子學」可耳，似不必再以「閩學」相稱。我認爲：龜山一支不必有朱子而始立，朱子亦不必附於龜山豫章延平之門而始大。伊川朱子是一系，而龜山南劍一支，實屬明道一脈。所以南宋閩學，直接歸屬龜山豫章延平，當更妥當。

從師承上說，朱子當然是延平弟子；但若專就義理之脈傳而言，朱子實不傳龜山延平之學。黃梨洲所謂「龜山三傳而得朱子，而其道益光」，實只是單從師承上說的彷彿之見。朱子所光大的，乃是伊川之道，並非龜山之道。龜山一脈，實到延平而止。

2. 朱子與湖湘學派工夫入路之分歧

洛學南傳，分二支結集於李延平與胡五峯，二人皆簡潔精要，能夠攝聚北宋的學脈而不散墜，而且都能精練集中而開出確定的工夫入路：

(1)李延平主靜坐以觀喜怒哀樂未發之大本氣象，是從中庸「致中和」而開出的「超越的逆覺體證」。這是靜復以見體，亦是「愼獨」工夫所必函者。

(2)胡五峯就良心發見處，直下體證而肯認之以爲體，是「內在的逆覺體證」。這是順孟子「求放心」與程明道「識仁體」而來。

超越的逆覺體證，必須與現實生活隔離一下，此隔，卽是超越。不隔離現實生活而當下卽是，便是內在。但靜坐隔離以體證中體（天理本體）只是一關，還須進一步漸澄漸涵以使天理本體呈現於生活之中，纔能具體表現道德行爲，創造道德價值。李延平有見於此，故旣言「默坐澄心」以體認天理，又言「冰解凍釋」以使理融於事而達於天理流行。這二步乃是超越體證本所函有的義理程序。（故隔離者仍須回歸於現實生活。）而胡五峯就日用生活中良心發見處，直下體證而肯認之以爲體，故不必靜坐，不須隔離，此卽所謂「當下卽是」。因此，逆覺工夫（反省自覺，反觀覺證）雖有超越與內在二種形態，而內在的體證尤爲道德踐履上「復其本心」的切要中肯之工夫，亦是內聖成德工夫最爲本質的關鍵。

五峯嘗云：「齊宣王見牛而不忍殺，此良心之苗裔、因利欲之間而見者也。一有見焉，操而存之，存而養之，養而充之，以至於大，與天同矣。此心在人，其發見之端不同，要在識之而已。」這是遙承孟子，就良心發見之端，以指點工夫入路。又云：「欲爲仁，必先識仁之體。」這是直承程明道「學者須先識仁……識得此理，以誠敬存之」之義而來。五峯之學，雖一傳而衰，但他開出的義理間架與工夫入路，不可掩也。朱子不契於五峯「知言」一書之理路，提出八端致疑，湖湘學者紛起與之論難，其中張南軒雖常隨順朱子脚跟轉，最後亦不放棄「先察識、後涵養」。玆略作說明，以見朱子與湖湘學派工夫入路之歧異。

張南軒所謂「先察識」，卽是察識良心端倪之發，亦卽先識仁之體，這正是內在的逆覺體證之路。而所謂「後涵養」，是繼察識之後再施以涵養之功，亦卽明道「以誠敬存之」之意。這裏的涵養，是涵養本心（良心、仁心），乃是從先天心體開工夫，是自律道德。（此亦張南軒唯一不失「湖湘學的」之論點，如這一點守不住，便不得為五峯門人矣。）

但朱子四十以後的工夫入路，乃是承伊川「涵養須用敬，進學則在致知」一語而來。伊川是從後天的實然的心氣之心上着眼，涵養這個「由振作、肅整、凝聚」而表現的「敬心」，來漸漸迫近那「性卽理」的天理本體，以使實然的心氣之心轉爲道心（合道之心）。朱子順承伊川而開出「靜養動察、敬貫動靜」的工夫格局，亦認爲必須先在靜時（無事時）漸涵漸澄，以肅整莊敬之心，汰濾私意雜念，以達到「鏡明水止」、「心靜理明」之境；而後在動時（應事接物時）纔能以涵養敬心所顯發的心知之明，來察識已發之情變，而使之依理而發，以達於中節之和。如此一來，他當然不能同意張南軒「先察識、後涵養」的說法，而必然主張「先涵養、後察識」。

其實，雙方所說的「涵養、察識」之意指並不一樣。只因二人都是依據自己的理路而各是其是，對於對方的義理來路却互不相知；只管在「先、後」二字上爭論，當然沒有結果。

3. 朱子與陸象山之爭議

南宋初期的閩學與湖湘之學，皆承接北宋儒學的義理而發展。稍後，陸象山崛起於江西，他直承孟子而開出心學一派，成爲朱子一生最大的論敵。

從鵝湖之會開始，所謂「朱陸異同」，一直是個熱門話題。一般雖亦知道朱陸爭論的中心點，是落在「性卽理」與「心卽理」的問題上，但對於這兩句詞語的眞實意指，大家却又不能得其確解。事實上，象山（陽明亦然）書中「性卽理也」之語不一而見，可知陸王同樣亦講「性卽理」，只是程朱（此指伊川與朱子，明道不在內）不能講「心卽理」耳。因爲朱子所體會的「心」「性」「理」，不但與象山不同，與整個儒家傳統之大流皆有歧異。

在朱子，(1)心，是實然的心氣之心，不是超越的實體性的道德的本心。(2)性，是與心相對爲二的性，不是「本心卽性、心性是一」的性。(3)理，是割離了心義、神義、寂感義的「只存有而不活動」的「只是理」，而不是與「心、神、寂感」融而爲一的「卽存有卽活動」的理。總之，朱子不解孟子的「本心」義，而以心屬於氣，故判定「心」不是「理」，「性」纔是「理」（而且只是理）。

而象山直承孟子「本心卽性」之義，故不以朱子爲然，而以爲：不但性是理，心亦是理（道德的本心，先天地自具理則性），所以便直接舉示「心卽理」。據此可知，朱陸異同的癥結，只在於「心與性是否爲一」這個關節上。若「本心卽性、心性是一」，則朱陸之學自可會通。若朱子學中「心與性爲二、心與理爲二」的分解無所改變，則朱陸之不能會通，便是義理上的必然與定然。至於其他的爭議，却可以一一疏通以解其糾結，並不足以成爲二家異同的眞正焦點。玆亦稍作簡述，未能詳悉。

(1)博與約：朱子主張先泛觀博覽，而後歸之約；象山主張先發明本心，而後再博覽。這表示雙方對於教人爲學的方法入路，有所不同。但若從內聖成德之敎的立場來衡量，則不能只看做寡頭的方法論之問題，應該是個「本末」問題。先後之序應當決定於本末。如此，則這個問題可以通解。（朱子宜認取象山之警策，象山應兼許朱子之敎法。）

(2)太簡與支離：朱子以象山之敎人爲太簡，象山以朱子之敎人爲支離。平情而論，象山亦無所謂「太」簡，其簡易，實卽易傳所謂「易簡則天下之理得矣」之義。先立其大、發明本心，卽是「易簡」，並非敎人不讀書也。象山說朱子「支離」，亦只是指朱子之敎人博學，實與內聖成德「不相干」，與道德實踐不相應；並不是直接以博文讀書本身爲支離。如此加以分別，便可以打開一個通解之道。

(3)尊德性與道問學：朱子以象山爲「尊德性」，自己則多用力於「道問學」，故欲「去兩短，合兩長」。而象山以爲「既不知尊德性，焉有所謂道問學」？實則，既有與尊德性相干的第一義之道問學，亦有與尊德性不相干或很少相干的第二義之道問學。但象山既偏指前者，而朱子亦沒有對此兩面加以分別，所以鬧成僵局。在今日看來，第二義的道問學，亦可無礙於道德實踐，甚至還可以助成而且恢廓吾人之道德實踐。問題只在朱子既不肯認「本心」的道德創生義，象山又不容許第二義之道問學的獨立意義。如果彼此能夠平情了解對方學問的徑路，自可相互契知以求會通。

此外，還有關於「太極圖說」的辯論。就辯論的問題本身而言，象山不如朱子仔細，象山亦本就是借題發揮。而朱子的論辯，除了解太極爲「只是理」的思路，不合周濂溪之本意，其餘所說，大體並無差誤。

三、朱子學的新評價

1.朱子在性理學上的成就與限制

上文已就「朱子學之背景」以及「朱子與南宋諸儒之異同」，作了簡明的討論。我們發現，朱子對北宋前三家所體悟的道體性體，無有眞實相應的契會；對程明道的學脈及其論仁論心之言，完全隔膜而不能了解；對謝上蔡以覺訓仁、楊龜山以萬物與我爲一說仁之體，亦加以反對；對李延平超越的體證與胡五峯內在的體證之工夫入路，又皆不能契入；對陸象山本於孟子而講心卽理，更不能相契而加以揮斥；後來王陽明一派却又呼應象山而力反朱子；何以如此？玆再剋就「性理」之全義與偏義，來衡量朱子在性理學上的成就與限制。

(1)性理的全義——性卽是理（理與心、神、寂感，融而爲一）：理是創生原理，能妙運氣之生生，故是「卽存有卽活動」者。

(2)性理的偏義——性只是理（心、神、寂感從性體脫落下來而歸屬於氣）：a.自宇宙論而言，理與氣相對爲二，理與神亦爲二。b.自道德實踐而言，心與性相對爲二，心與理亦爲二。理，是本體論的靜態的實有，不能妙運氣之生生而起創造作用，故是「只存有而不活動」者。

從這兩個基本類型，可以看出宋明儒者體悟「道體、性體」確有偏與全之差異，而宋明儒學「義理系統」之分化亦正繫屬於此。朱子承伊川之思路，將道體性體皆體會爲「只存有而不活動」，所以他所講的性理，正是性理的偏義。

朱子所完成的系統——

A、從客觀面說，是本體論的存有系統。而本體宇宙論地說，太極或理，是本體論的存有，氣化萬殊，是宇宙論的生化。

B、從主觀面說，是靜涵靜攝系統。靜涵，是心氣之靜態的涵養，靜攝，是心知之認知的攝取。綜括起來，可名橫攝系統。其工夫入路是「順取」的路（正與縱貫系統之「逆覺」的路相對為二）。

由於朱子系統中的「心、性、理」義有偏指，自然與象山陽明以及明道等人的縱貫系統有了差異。所以凡是將「道體、性體、仁體、心體」體會爲「卽存有卽活動」的義理，朱子皆不能契會而產生誤解。換句話說，凡是屬於本體宇宙論的立體直貫（縱貫系統）的辭語，朱子皆不能正視、不能欣賞，甚至誤解而不喜。他所不滿的，皆屬於縱貫系統。他所稱賞而無異辭的，只有程伊川一人。〔伊川與朱子同屬橫攝系統，其格物窮理，是以心知之明去認知（攝取）事物之理，因而形成主客相對，是平面的（橫的），故謂之「橫攝」。既然心知之明是順格物的方式而認知理、攝取理，遂亦稱其工夫爲「順取」的路。而在縱貫系統中，則客觀地說的宇宙生化或主觀地說的道德創造，皆是這「卽存有卽活動」的形上實體（道體性體心體通而為一的天理本體）之立體地直貫；換言之，皆是天理本體這個創造的動源本末通貫地妙運之、創造之、成就之。在此，沒有平面的主客相對，而是立體地直貫創生，故謂之「縱貫」。凡縱貫系統，其工夫皆屬逆覺體證的路。「逆覺」已見上文二之2，請覆按。〕

朱子本人的思理非常清澈而一貫，又精誠而用功，他不可能有很多錯誤。他的差失或不足處，主要只在他順伊川之轉向而把道體性體體會爲「只存有而不活動」。由於對道體性體以及仁體心體的體會有不同，所以在道德實踐上，他亦脫離儒家正宗大流的「逆覺體證」之路，而順承伊川「涵養須用敬，進學則在致知」二語，開出了「靜養動察，敬貫動靜，卽物窮理」的工夫格局。

朱子能貫徹伊川的思路而獨力完成一個系統，固然非常偉卓，在文化學術上亦有甚大之作用與意義。但朱子的系統既不是先秦儒家發展成的內聖成德之教的本義原型，所以並不等於孔孟中庸易傳的傳統。再就宋儒而言，朱子亦並不眞能集北宋「理學」之大成。朱子是四戰之地，他自是宋明儒學義理問題的中心或焦點；但講宋明理學，「以朱子爲中心」，可；以朱子爲標準，則不可」。（最高的標準是孔子，而程明道則可代表宋明理學的模型。）若以儒家的大流爲準，則朱子承伊川而開出的系統，並不能居於正宗之地位。若說朱子亦是大宗，則其大宗之地位，乃是「繼別爲宗」。牟先生這個簡別，我認爲是切當而不可易的。（在此，絲毫沒有貶抑朱子的意思，而是要還朱子之本來面目，使朱子學的實義，從層層烟霧障幕之中朗現出來，而後纔能發朱子之潛德幽光。至於朱子在文教學術上的重大貢獻與影響，天下皆知，無庸贅言。）

2. 朱子學的時代意義

朱子的系統，就儒家的內聖成德之教而言，雖有所偏，但從他的「格物論」，却可以轉出新的意義，而顯發它的時代價值。

朱子依於「人心之靈莫不有知，而天下之物莫不有理」此一格範，將一切皆平置爲「然」

與「所以然」。「然」指實然存在的事物，「所以然」指遍在於事物的普遍的理。所謂「即物而窮其理」，就是以心知之明去窮究外在的事物之理。通過「心知之明」與「在物之理」的攝取關係，乃形成朱子泛認知主義的格物論。

在朱子系統中，「即物窮理」是順「察識於已發」而推進一步，仍然屬於道德實踐的工夫問題。在這裏，那個「普遍的理」是該括「仁體、性體、道體、太極」在內而說的理，因而亦在即物窮理的方式下被平置爲心知之明所認知的對象。於是，那作爲「理」的道體性體仁體，乃永遠爲「客」爲「所」，而不能反身爲「主」爲「能」（依朱子的思理，虛靈知覺的心知，纔是主、纔是能）。如此一來，從孟子以來的那個立體直貫、能起道德創造作用的「實體性的心體」，亦就無從說起了。結果，「心」與「理」乃永遠爲二而非一（通過工夫的合一，乃是二而一；不是本一、真一）。基於此種「主智主義的道德形上學」而表現的道德，必爲「他律道德」。（唯有作為道德創造之源的「心性理是一」的理道，於穆不已地自覺自發、自主自律、自定方向、自發命令，純亦不已地表現道德行為，纔是「自律道德」。）儒家傳統之大流是自律道德，他律道德自不得爲正宗。這是朱子學的性格所決定的。

再從另一方面看，朱子之「即物窮理」，其窮究的方式雖然是認知的，但却沒有積極的知識意義。因爲，窮究存在之理，是哲學的；必須窮究存在事物的曲折之相（質、量、關係等），纔是科學的。不過，朱子的理氣之分，却含有可以引出科學知識的依據：

⑴就「理」上建立的，是哲學、道德學。

⑵就「氣」上建立的，則是積極的知識。

前者是朱子的本行，後者則是在他「道問學」的過程中帶引出來。但對於知識，朱子實有濃厚的興趣。如像「語類」卷二卷三論天地、鬼神，皆是就存在之然而說。由氣之造作營爲、說明自然界之形成，雖尚未達到科學之階段，但氣之造作營爲是物理的，在基本原則處是科學的，當然可以向科學走。在朱子的「道問學」與「格物窮理」中，實隱藏有純知識面的眞精神，並不僅僅是空泛的讀書。朱子的大弟子蔡元定尤其具有這種純知識的興趣，而且很能表現這方面的才智。雖然是老式的、前科學的，但卻是科學家的心靈。

所以，順着「卽物窮理」的方式轉進一步（由窮究存在之理，轉而爲窮究存在事物本身的曲折之相），是可以開出「知識之學」的。而且，朱子所說的「心」，亦正是知性層的認知的心。在今天，中國文化生命必須有更充實豐富的開展，而要從中國文化心靈中透顯「知性主體」，以開出科學知識，則朱子（還有荀子）的心論及其重智的傾向，正好是一個現成的線索。這亦正是朱子學中亟待發揚的潛德幽光。

附識

一、本文所論，屬於學術思想之反省與批判。由於範圍廣，層面多，若處處引據原文，又須多作附註，勢必增加字數。今爲節省篇幅，故極力減少徵引。

二、本文各節之討論與判斷，其義理的根據，主要見於牟宗三先生「心體與性體」（臺北正中書局出版）、「從陸象山到劉蕺山」（臺北學生書局出版）。

三、本文作者之「宋明理學北宋篇、南宋篇」（臺北學生書局出版）以及「性理的全義與偏義」

（一九七九、一一、近世儒學與退溪學第四屆國際會議論文）、「朱子學的綱脈與朝鮮前期之朱子學」（一九八〇、一〇、漢城第十屆東洋學會議論文），亦可供參證。（兩文現皆編入本書）

附言：關於宋明儒學之分系問題

本文重新省察朱子之學，而涉及宋明儒學義理之分系，因而亦介述了牟先生「心體與性體」分宋明儒學爲三系的原由。數月前，有幾位青年朋友談到勞思光先生在其「中國哲學史」書中，提出宋明儒學一系三型之說，他們問我有何看法？現在把當時討論的大意，附記於此。

首先，有一個意思必須了解。宋明六百年的儒學，可以統稱爲「理學」，或「性理學」，或「心性之學」，或「內聖成德之學」，這是「同」。但有同也就有異，講學最基本的目的之一，就是爲了明辨學術之同異。異中之同，同中之異，皆須分別；而分系分派之事，亦正由分辨同異而來。宋明儒學的分系，是要從義理綱維、思想脈絡、工夫進路等處，疏導出同中之異，以顯示出各家爭議的意義和癥結。而且，亦只有明辨同異，纔能更清楚其演變的線索脈絡，及其發展的義理關節。這樣，纔是「講明」學術的正當用心。而眞正說來，宋明儒學的分系，問題並不在「二系、三系、一系」的一二三上。若有明澈相應的了解，說三系可，說二系亦可（伊川朱子是橫攝系統，其餘皆屬縱貫系統），就是說一系亦未嘗不可（皆是在一道德意識之下，以心體與性體為主題，而完成的一個「內聖成德之學」的大系統）。據此可知，分系的目的，是為了明辨學術之同異，並不是為了標新示異、有意地自立一個「說法」。

勞書對於一般的「程朱」「陸王」二系之說，以及牟先生的三系之分，都曾提到。但對於三系說的介述，既不明晰，亦欠中肯。而勞先生自己的看法，是認為宋明六百年的學術，沒有義理系統的不同，只有理論效用的高低，所以只把「周張、程朱、陸王」視為直線演進的三個階段，而分別判之為「天道觀」、「本性觀」、「心性論」，是即所謂「一系三型」之說。他這個說法，實際上是以他寫中國哲學史的基本立場作為背景。譬如「自我境界」之說，以及分儒家為「心性論中心」、「宇宙論中心」二大類型，便是他很基本的觀點。七月初，我在東海大學文化研討會講「中國哲學史的分期」，曾對勞先生書中這二個基本觀點，大略表示了我的看法。那篇講稿已在「中國文化月刊」二十二期和「鵝湖」七十五期分別發表（現已編入本書）。該文說到過的意思，這裏不再重複。

由於勞先生把中庸易傳的年代硬向後拉，拉到與西漢董仲舒的宇宙論中心之思想，相提並論，所以根本不承認「中庸、易傳」在「先秦儒家」中的地位。這個觀點，直接影響甚且決定他對宋明儒學分系的論斷。

說到這裏，我想還得先就中庸易傳的年代問題，作個簡要的說明。中庸、是禮記書中的一篇，易傳、是指易經卦辭爻辭以外的十篇文字（十翼）。漢儒的說法，以為易傳是孔子所作，中庸是子思所作。這種說法是否可靠，自可重新估量。但這兩部文獻，都引述了不少孔子的話，這些話不是秦漢間人所能嚮壁虛造得出的。試取幾本可靠的秦漢文獻，拿來和中庸易傳相對較，就可以看出中庸易傳所記述的孔子之言，不可能出於秦漢間人的僞託或新造。同時，中庸易傳的義理申述，亦與孔子的德慧生命有着存在地呼應，而與秦漢人書中的思想語脈並不相類。因此，我們可以這樣推斷：這兩部文獻中的文句義理（含蓄中所引的孔丁之言、以及申述義旨的重要語句），是通過一代代的相傳（有口傳，亦有文字之傳），而後纔結撰而成爲篇章（非出一時、一人之手），終於成爲流傳至今的「中庸」「易傳」。至於這兩部書到底何時成爲定本，由於文獻不足徵，業已無法確考。其實，這亦並非十分重要之事（先秦文獻成書的過程，都有這種情形，其成書的確切年代，亦多半難以考定。而其他文化系統中經典成書的年代問題，恐怕更是文獻不足徵了）。我們只要明白這兩部書不是秦漢人的「作品」，而是孔門累代傳承下來的義理（所謂孔門義理）；這樣，就可以承認它是屬於先秦儒家的文獻（義理），是論語孟子以後的一步引申發展。我這樣說，既不一味泥古，亦不無端疑古，應該是很平實的態度。

但勞先生根本不承認「中庸、易傳」在先秦儒家中的地位，所以對周張二人順承中庸易傳「講天道誠體、講性命天道相貫通」的思想，皆判爲「與孔孟原旨相距最遠」。其實，論語言「天、天命」，亦言「天道」（子貢明說：夫子之「言」性與天道）；孟子言「盡心、知性、知天」，言「過化、存神、上下與天地同流」，更直言「誠者，天之道也」；孔孟之學爲什麼不可以向中庸易傳的天道論發展？推求勞先生的用心，似乎是一定要把孔孟的「主體性」與超越客觀面的天道生德之關聯，加以截斷；所以總不承認：超越地說的「天道」，可以與內在地說的「心性」通而爲一。這是他講儒家之學很基本的立場。而所謂宋明儒學一系三型，亦正是從這個立場而引出來的一種說法。

這一系三型之說所涉及到的問題，大致有下列各點：

1.據我在「中國哲學史的分期」一文第三段所作的說明，中庸易傳乃是繼孔孟以後一步很自然的發展。將中庸易傳排斥到先秦儒家之外，而下拖於漢儒董仲舒「宇宙論中心」的系統來等同並論，是不對的。

2.「性命天道相貫通」，是先秦儒家本有的原義，亦是宋明儒者所共許的義理骨幹，周、張、明道、五峯、蕺山固然如此，陸王二人亦然（只因陸王之學着重於一心之朗現、申展、遍潤，所以這方面的話說得比較少而已）。而伊川朱子雖然對於道體性體的體悟有歧異，但也不悖於「性命天道相貫通」的大義。這樣重要的一個綱維性的義理，可以置之於不顧嗎？

3.勞著以二程朱子爲「本性觀」。「本性」一詞的意指，嫌太寬泛籠統；雖然勞先生以「性卽理」來規定它，但他對「性卽理」一詞之不同的意指，却又欠缺明確的辨識——(1)在伊川與朱子，「性卽理」與「心卽理」是相對而不相容的。性是理，心則屬於氣，不是理。結果，心性分而爲二，心與理亦隔而爲二。所以只能說「性卽理」，不能說「心卽理」。(2)在明道，則心性天是一，所以他說「只心便是天」。天，卽意指理（天理）而言。所以在明道的系統裏，「心、性、理」實通而爲一，性是理，心亦同樣是理。明道講性卽理，是意指性理的「全義」，伊川朱子講的性卽理（性只是理），則屬於性理的「偏義」。

4.伊川朱子對「性卽理」一詞之理解，既與明道有「偏、全」之異，如何能混同地强合三人爲「一型」（本性觀）？勞先生書中對本性觀的解說，是以伊川朱子之意爲準，然則，明道的義理將如何安放？而且，「性卽理」一語，實際上乃全部宋明儒者所共許，卽使講「心卽理」的陸王書中，亦常見「性卽理也」之言。因爲本心卽性，心性是一；性是理，心亦是理。陸王雖着重在「心卽理」上說話，却亦同時肯定「性卽理」。如今勞先生却「偏」用

「性卽理」，只將它單配在「本性觀」一型之中，自不妥當。

5.假若眞能正視明道與伊川朱子之不同，則同時亦可了解濂溪、橫渠、明道三人「由中庸易傳之講天道誠體而回歸於論語孟子之講仁與心性」，正代表宋明儒學第一階段之完成。尤其由於明道圓融之智慧，盛發「一本」之論（天人是一，心性天是一，先天後天是一；道、一本而現；至誠之「形、著、明、動、變、化」，卽是天道之化；窮理、盡性、至命，三事一時並了）；客觀面的天道誠體與主觀面的仁與心性，皆充實飽滿而無虛歉，兩面直下通而爲一，卽心卽性卽天，而完成了內聖圓教之模型。如果對北宋前三家發展完成的這個義理模型，欠缺眞實相應的了解，則有關伊川之轉向，洛學之南傳，以及南宋以後義理分系的線索關節，皆將難有明澈的了知和確切的把握。所以，講全部宋明儒學，雖然須以朱子爲中心（但不能以他爲標準）；而要講明宋明儒學創發階段的義理開展之理序、以及在開展中挺顯的義理模型，則程明道纔更是一個重大的關鍵。而勞著忽視於此，實覺遺憾。

依上所述，可知一系三型之說，(1)判周張二人爲「天道觀」，而不知由「周、張」到「明道」，乃是聯貫地顯示「由天道誠體回歸仁與心性」的義理之開展。而宋明儒學「性命天道相貫通」的義理骨幹，正是由北宋前三家所接續完成。(2)判二程朱子爲「本性觀」，而不知「明道」之義理綱脈，與「伊川、朱子」實不相同。同時又「偏」用「性卽理」而將之單配於「本性觀」一型之中，而不知「性卽理」乃是宋明儒者共許之義，今只取其偏義而忽其全義，自非妥當。(3)對南宋儒學義理系統之分化欠缺明確之了解，對湖湘學派「以心著性、盡心成性」之義理間架，及其「先識仁體」之逆覺體證，未有客觀之認識，對明末劉蕺山言「形著」之切義亦未加正視。(4)對陸王之學雖加推尊，但不知陸王之「心卽理」，與「性卽理」

並不相礙，與「天道性命」亦固相貫通。總之，「一系三型」這個說法，對於宋明六百年儒學的義理綱脈及其異同分合之關節，實在很難達到相應的疏導之目的。

七十年九月

王陽明論「經學卽心學」

——「稽山書院尊經閣記」之疏解

平常有「程朱理學」「陸王心學」之說，這個說法可以成立，但也必須有所簡別。所謂可以成立，是因爲程朱講性卽理，陸王講心卽理，雖同是理學，但陸王特別彰顯心，所以說二人是「心學」，固未爲不可。所謂必須有所簡別，則有三點說明：一、將理學與心學相對而言，容易使人產生望文生義的誤解，以爲陸王之學不是理學，只是心學。二、陸王實與程朱一樣，都是心性之學。陸王旣講心卽理，亦講性卽理；而本心卽是性，心、性、理三者名異而實同。三、程朱則只講性卽理，而不講心卽理，所以他們所謂「性卽理也」一語，並不能概括陸王「本心卽性」之義。在程朱（實際是伊川與朱子，明道則有所不同，須另講），心性不一，因而心與理亦爲二。——據此，可知陸王心學，亦可稱爲理學，而程朱理學，則不可稱之爲心學。

陽明說：「聖人之學，心學也。」他這裏所說的心學，其含義並不是與「理學」相對而言的「心學」，而是說「聖人之學，只是學以求盡其心」而已。所以他又說：「四書五經，不過說這心體。」可見陽明是直接認爲「經學卽心學」的。關於陽明的學說思想，筆者已撰有「王陽明哲學」一書，已由三民書局出版，本文不擬再作重述。玆特取沒有編入「傳習錄」的一篇文章——一篇最能發明「經學卽心學」之基本義旨的文章，略加疏解，亦可視爲拙著的一點補充。

一、聖人之學，心學也

「稽山書院尊經閣記」，是陽明五十四歲所作。書院在浙江山陰（今紹興），境內有會稽山，故名稽山書院。尊經閣卽在書院內。其文曰；

經，常道也。其在天謂之命，其賦於人謂之性，其主於身謂之心。心也、性也、命也，一也。通人物，達四海，塞天地，亙古今，無有乎弗具，無有乎弗同，無有乎或變者也；是常道也。其應乎感也，為惻隱、為羞惡、為辭讓、為是非。其見於事也，則為父子之親、為君臣之義、為夫婦之別、為長幼之序、為朋友之信。是惻隱也、羞惡也、辭讓也、是非也，是親也、義也、序也、別也、信也，一也；皆所謂心也、性也、命也。通人物，達四海，塞天地，亙古今，無有乎弗具，無有乎弗同，無有乎或變者也；是常道也。

經，常也。經典所垂訓的，總是恆常不變之道。此道在天而言，謂之「命」；天道天命下降而貫注於人，則謂之「性」；而道又爲吾身視聽言動之主宰，此卽謂之「心」。雖有「心」「性」「命」之異名，而其爲道則一。此道通貫人物，徧達四海，充塞天地，緜亙古今，萬事萬物無不具此道、同此道，而且永遠不變，所以是常道。常道無聲無臭、卽寂卽感，當其應物而感，便是惻隱、羞惡、辭讓、是非之心，亦即仁義禮智之四端。當其表現在事實上，則是父子之親、君臣之義、夫婦之別、長幼之序、朋友之信，亦即五倫之理。四端之心與五倫之理，名有不同而其義則可通而爲一，皆同是所謂心、性、命，亦同是天地間凡有血氣之倫所共同具有而永恆不變的常道。「常」可從二面了解，一是恆常，言其不改變；一是平常，言其不特殊。人人所共由，人人所能行，而且達之天下，行之久遠，而莫能改變，此即常道之所以爲常道。

二、六經乃是常道

> 是常道也，以言其陰陽消息之行焉，則謂之易；以言其紀綱政事之施焉，則謂之書；以言其歌詠性情之發焉，則謂之詩；以言其條理節文之著焉，則謂之禮；以言其欣喜和平之生焉，則謂之樂；以言其誠僞邪正之辨焉，則謂之春秋。是陰陽消息之行也，以至於誠僞邪正之辨也，一也；皆所謂心也、性也、命也。通人物，達四海，塞天地，亘古今，無有乎弗具，無有乎弗同，無有乎或變者也。夫是之謂六經。六經非他，吾心之常道也。故易也者，志吾心之陰陽消息者也；書也者，志吾心之綱紀政事者也；詩也者，志吾心之歌詠性情者也；禮也者，志吾心之條理節文者也；樂也者，志吾心之欣喜和平者也；春秋也者，志吾心之誠僞邪正者也。

此段首句「是常道也」的「是」，作「此」字解。開頭數句，說明六經之理，皆是常道之發用流行：⑴就其陰陽消息之變化流行而言，便謂之「易」。消、滅也，息、生也。易傳云：「一陰一陽之謂道」。陰陽消息循環不已之理，正易經之所盛言。⑵就其綱紀政事之實施而言，便謂之「書」。書經大要，皆二帝三王政教綱紀之記述，故荀子勸學篇云：「書者，政事之紀也。」⑶就其歌詠性情之抒發而言，便謂之「詩」。孔子曰：「詩三百，一言以蔽之，曰：思無邪。」詩以「溫柔敦厚」爲教，所以最得性情之正。⑷就其條理節文之明著而言，便謂之「禮」。禮乃事物之條理，生活之節文，自修己以至於治人，一皆以禮爲規範。故條理節文，粲然明備，莫非禮之顯現。⑸就其欣喜和平之引生而言，便謂之「樂」。莊子天下篇云：「樂以道和」。荀子勸學篇云：「樂之中和也」。故引生其中正和悅之音，是卽爲樂。⑹就其誠僞邪正之辨正裁判而言，便謂之「春秋」。春秋正名分，別善惡，以行其褒貶，故「孔子作春秋，而亂臣賊子懼」。

自易而書、詩、禮、樂以至於春秋，其義雖各有所重，而其旨歸，則皆是心性天命之理，皆是通貫人物，徧達四海，充塞天地，緜亙古今，而永恆不變的常道。經，卽常道之謂。所以說「六經非他，吾心之常道也」。志，記也。六經是吾心之常道，分別記述吾心之陰陽消息、綱紀政事、歌詠性情、條理節文、欣喜和平、誠僞邪正等等。故陽明有言：「四書五經，不過說這心體。」

四書五經講的是聖賢學問。聖賢學問是「生命的學問」，此屬內容眞理（與科學邏輯之屬於外延眞理者不同）。凡內容眞理，皆繫屬於一念之覺醒，皆繫屬於心體。脫離了心體，便沒有聖賢學問。故陽明直判曰：「四書五經，不過說這心體」。蓋論語以「仁」爲主，孟子以「性善」爲主，中庸以「誠」「中和」「愼獨」爲主；大學以「明明德」「誠意」爲主；詩以

「溫柔敦厚」爲教，書以「百王心法」爲教，易以「窮神知化」爲教，春秋以「禮義大宗」爲教，禮以「親親尊尊」爲教。——凡此，皆是屬於內容眞理而不能脫離主體者，故陽明以爲「不過說這心體」。人若視四書五經爲文字書册，推出去而日事於訓詁考訂，而不能會歸於心體，不能契悟其中的眞理，如此，豈得謂之通曉四書五經？陸象山云：「學苟知本，六經皆我註脚。」後儒不明所以，以爲這是象山的狂悖之言。其實，象山說的却是最爲平實的話。他只是表示：六經千言萬語，不過爲我的本心仁體多方印證而已。由「明心體」以明聖人之道，乃是儒家之通義。程明道所謂「學者須先識仁」，象山教學者「明本心」「先立其大」，以及陽明之「致良知」。全是爲學入道的緊切之言，亦是聖賢之學的血脈門徑。

三、尊吾心之常道即是尊經

> 君子之於六經也，求之吾心之陰陽消息而時行焉，所以尊易也；求之吾心之紀綱政事而時施焉，所以尊書也；求之吾心之歌詠性情而時發焉，所以尊詩也；求之吾心之條理節文而時著焉，所以尊禮也；求之吾心之欣喜和平而時生焉，所以尊樂也；求之吾心之誠僞邪正而時辨焉，所以尊春秋也。

此段言所以尊經之道：反求吾心之陰陽消息，而應時化行之，便是「尊易」之道。反求吾心之紀綱政事，而應時實施之，便是「尊書」之道。反求吾心之歌詠性情，而應時抒發之，便是「尊詩」之道。反求吾心之條理節文，而應時明著之，便是「尊禮」之道。反求吾心之欣喜和平，而應時引生之，便是「尊樂」之道。反求吾心之誠僞邪正，而應時辨正之，便是「尊春秋」之道。所以，尊經卽是尊吾心之常道，亦卽尊性、尊命。（心、性、命，一也。）中庸云：「君子尊德性而道問學」。不尊德性而道問學，則是舍本逐末而已。

> 蓋昔者聖人之扶人極、憂後世，而述六經也，猶之富家之父祖，慮其產業庫藏之傳其子孫者，或至於遺忘散失，卒困窮而無以自全也；而記籍其家之所有而貽之，使之世守其產業庫藏之積而享用焉，以免於困窮之患。故六經者，吾心之記籍也；而六經之實，則具於吾心。猶之產業庫藏之實積，種種色色具存於其家；其記籍者，特名狀數目而已。而世之學者，不知求六經之實於吾心，而徒考索於影響之間，牽制於文義之末，硜硜然以為是六經矣；是猶富家之子孫，不務守視其庫藏產業之實積，日遺忘散失，至於窶人丐夫，而猶囂囂然指其紀籍曰：「斯吾庫藏之積也」。何以異於是？

人極，卽人倫常道。此一節陽明取喻說明聖人之扶持人倫綱常，憂念學絕道喪，而述六經以垂後世；正如富家之父祖慮其子孫不能守產業，所以記籍其產業財物之名目，付之子孫，使之世代守其產業庫藏之積，以免遺忘散失而陷於困窮。富家之產業財物，具存於其家，此是本；所記載之名狀數目，則是末。同理，六經之實理（四端五倫，皆是實理），具於吾心，此是本；六經之文字，則是末。當然，若無有經典文字，則後人亦無由詳悉聖賢之道，但聖賢之道，實卽吾心之常道，聖人不過「先得我心之同然耳」。並非在「我心之同然」之外，別有一個聖人之道。後世學者不知求六經之實理於吾心，而唯知考求其名物度數之形迹，拘牽於文義訓詁之末，以爲六經大義不外於是。如此，則與富家子孫旣失其家業而淪爲乞丐，而猶大言不慚，以爲其財富具存於記籍之中者，有何不同？此正所謂「貧兒說富」而已。

四、斥世儒亂經侮經之非

嗚呼！六經之學，其不明於世，非一朝一夕之故矣！尚功利，崇邪說，是謂亂經。習訓詁，傳記誦，沒溺於淺聞小見，以塗天下人之耳目，是謂侮經。侈淫辭，競詭辯，飾奸心盜行，逐世壟斷，而猶以爲通經，是謂賊經。若是者，是併其所謂記載而割裂棄毀之矣！寧復知所以爲尊經也乎？

此段斥世儒不知尊經，直是亂經、侮經、賊經而已。董仲舒有二句話極好：「正其誼不謀其利，明其道不計其功。」須知天下萬物，未有義正而不利者，亦未有道明而無功者；故不謀其利而利自至，不計其功而功自成。反之，若棄仁義而尚功利，則其所成之功必只是一時之功，其所得之利必只是私己之利，決不足以功垂後世而利濟天下。故崇尚功利與崇尚「非仁義、棄人倫」之異端邪說，皆足混亂六經之義旨。至於訓詁記誦，並非一無價值，卽使淺聞小見，亦不是毫無可取，但本末大小不可不辨。經學自應以發明常道爲本，以尊此常道爲大。若只以此訓詁記誦與淺聞小見，塗飾天下人之耳目，使之不知正見，不聞大義；而誤以爲六經之學，只是訓詁記誦而已，則終將斷喪本源，蔽塞大道。而六經所受之侵侮，孰大於此！此外，又有一輩人喜以放蕩不實之言，而競爲詭辭巧辯，以掩飾其奸詐之心與盜竊之行（欺世盜名），甚而父以傳子，師以傳弟，藉此以求取功名利祿，於是結徒黨、立門戶，而自以爲累世通經，而世俗之人，多不具眼，遂亦以經學稱之。經學落到這步田地，眞可謂奄奄一息。然則戕賊六經，莫此爲甚矣。如上所述亂經、侮經、賊經之類，不但不能發明六經之道，連六經之文亦已遭其割裂毀侮；如此講經傳經，尚有何尊經之可言？是故，陽明慨歎道：「寧復知所以爲尊經也乎？」

越城舊有稽山書院，在臥龍西岡，荒廢久矣！郡守南君大吉，既敷政於民，則慨然悼末學之支離，將進之以聖賢之道。於是使山陰令吳君瀛，拓書院而一新之，又為尊經之閣於其後，曰：經正則庶民興，庶民興斯無邪慝矣。閣成，請予一言，以諗多士。予既不獲辭，則為記之若是。嗚呼！世之學者，得吾說而求諸其心焉，其亦庶乎知所以為尊經矣！

越城，指會稽山陰，卽今紹興縣。南大吉，字元善，號瑞泉，陝西渭南人。時任郡守，並從陽明學而爲弟子。正，謂正其不正以歸於正。興，謂興起爲善。慝音特，藏於心中之惡念。諗音審，告也。——陽明此記，乃發明心學之重要文字。全文主旨在發明「經學卽心學」之義。而最主要的是二句話：一是「六經卽吾心之常道」，一是「尊吾心之常道，卽所以尊經」。此義，正與象山「尊德性」之學遙相承接，而且亦可視爲象山「六經皆我（心之）註腳」一語之闡釋發揮。

附識：

對於陸王，常有一個誤會，以爲陸王之學空疏，實則，此乃不切之談。象山與曾宅之書有云：「宇宙自有實理。所貴乎學者，爲能明此理耳。此理苟明，自有實行，自有實事，德則實德，行則實行。」象山所謂實理，亦卽陽明所謂「良知之天理」。此天所與我、心所本具的理，是有根的，是眞實的，故曰「實理」。實理顯發爲行爲，卽是「實行」；表現爲家國天下之事，卽爲「實事」；得之於已而凝爲孝弟忠信等等，卽是「實德」。象山嘗謂天下學問，只有二途：一途議論，一途樸實。他自稱其學爲「樸學」「實學」，並且說：「千虛不博一實。吾平生學問無他，只是一實。」由本心實理流出而爲實事實行，此卽陸學精神之所在。象山常引述易傳之言：「舉而措之天下之民，謂之事業。」他爲官之時甚暫，但出知荊門軍十五個月的政績，朝野交口讚譽，而且他是眞的積勞成疾，死於任所。至於陽明的事功，更不是任何譏議陸王之學爲空疏的人所能望其項背。且陽明亦是爲國勞瘁，而死於道路的。陸王心學絕對不尙空談，因爲不安不忍的本心，必然要通出去，以與社會生民、天地萬物，渾然而爲一體，此亦正是儒家學問的血脈，而陸王之學正緊切地把握了此一精神。據此可知，陸王之學不但不空疏，而且最有實踐性（而此正爲當前一般知識分子所最欠缺）。——相應道德本性而爲道德實踐，內以成己，外以成物。此卽心學之所以爲心學的最本質之宗趣。「先立其大」、「致」其「良知」，必然是：一面表現爲建立個人與國家社會之必然關連，一面發爲人人對國家社會事業負責之生命力的發皇，此卽陸王學之實踐性及其所以爲正大之所在。

六十四年九月「中華文化復興月刊」八卷九期

附：陸王「心學」釋義

一、「心學」，是以儒家的「道德心」爲準，而開出來的學問。所以，它不涉及道家講的道心，亦不涉及佛家講的如來藏心或般若智心。同時，亦不可拿西方的唯心論來隨意比附，以免滋生混淆與誤解。

二、心學，是指陸象山與王陽明所代表的學問。故通常有所謂「程朱理學」「陸王心學」的分別。但這個分別容易望文生義，以爲程朱講理不講心，陸王講心不講理，這當然是誤解。象山說「心卽理」，陽明說「良知卽天理」，陸王豈能不講「理」乎？所以，分而言之，雖然心學與理學相對而說；統而言之，則程朱陸王皆稱理學。

三、象山言「心」，是根據孟子而來。「本心、良心、不忍之心、怵惕惻隱之心、羞惡之心、恭敬辭讓之心、是非之心」，皆是孟子的詞語。象山主張「明本心、復本心、先立其大」，正是順孟子的義理而講說。卽使「宇宙便是吾心，吾心卽是宇宙」、「此心同，此理同」，亦仍然是孟子所謂「萬物皆備於我」、「君子所過者化，所存者神，上下與天地同流」、「心之所同然者，理也、義也，聖人先得我心之同然耳」諸語的引申與發揮。

四、「心學」的義理綱維，可擧三點而言之：(1)本心卽性：孟子從惻隱羞惡等四端，以言仁義禮智之性，乃是「卽心而言性」。依據孟子的義理，心性本是一（不只是二者合而爲一），故本心卽是性。(2)心卽理（良知卽天理）：陸王所說的本心良知，是自具理則性的道德的心。它自主自律，當惻隱自能惻隱，當羞惡自能羞惡，當孝弟自能孝弟；它自己卽是道德的律則，是卽所謂天理。天理，不是外在的抽象的理，而是內在於良知本心的眞誠惻怛，此眞誠惻怛昭明地朗現出來便是天理。所以天理之朗現，就在本心良知處發見。理由心發。滿心而發，則充塞於天地之間者，莫非此心，莫非此理。而一切事物，皆在良知天理之潤澤中而得其眞實之成就。攝物以歸心，心以宰物、以成物，此便是道德的創生、形上的直貫。所謂「心與理一，心外無理」，乃至「心外無物」，皆須在這個意義上乃能得其正解。(3)心同理同：象山所謂「吾心卽是宇宙」，這個「吾」字，是指天下古今每一個人而言。象山說，千萬世之上、千萬世之下、以及東西南北海有聖人出焉，皆同此心，同此理。這心同理同的心，乃是超越時空之限隔而絕對普遍的心。我們的本心旣與天地萬物通而爲一，則它就是天心，就是天理，此之謂「心同理同」。

五、陸王之學是孟子學，是「一心之朗現、一心之申展、一心之遍潤」的心與理通而爲一的「心學」。

王門天泉「四無」宗旨之論辯

——周海門「九諦九解之辨」的疏解

弁言

自從王陽明與二大弟子錢緒山王龍溪天泉橋上一夕話，引出「四有」、「四無」之說，次年卽因公積勞而卒。此後，王龍溪以其過人之穎慧與辯才，周流天下，專意講學，與同門商量師門宗旨。數十年中，大小論辯，幾乎皆與龍溪有關。其中最重要的有二次：一是江右王門聶雙江對龍溪「致知議略」起疑難而引起的論辯，凡九難九答，後輯爲「致知議辯」，收入王龍溪語錄卷六。一是周海門闡發天泉證道「四無」宗旨，而許敬菴表示異議，亦九難九答，名曰「九諦」「九解」。關於前者，牟師宗三先生有「致知議辯疏解」一長文，對此九難九答逐一分疏，讀之可以了解龍溪之造詣，亦可了解雙江異議之不相應，並可確定陽明學之本色。牟先生認爲王門義理綱脈之疏導，今日尚須重做。年初函示有云：「周海門有九諦九解之辯，亦係辯王龍溪無善無惡之說者。此文亦值得疏解，吾不欲再作，棣可作之。」並敎以疏解之時，必須於雙方立言之層面，表白清楚，方能盡疏通之實。時筆者正撰述「王陽明哲學」，未卽着手。書成，乃得秉筆作此疏解，惟不知能得其意否耳。

「九諦」、「九解」，全文載於明儒學案卷三十六、周海門學案。文首有弁言云：

> 南都舊有講學之會，萬曆二十年（西元一五九二）前後，名公畢集，會講尤盛。一日，拈擧天泉證道一篇，相與闡發，而座上許敬菴公未之深肯。明日，出九條目，命曰「九諦」。先生為「九解」復之，天泉宗旨益明云。

按：周海門（汝登）爲羅近溪之門人，許敬菴（孚遠）則爲湛甘泉弟子唐一菴之門人。二人論辯之時，羅近溪已卒四年，王龍溪已卒九年，而上距天泉證道龍溪提出「四無」之說時（嘉靖六年，西元一五二七），則已六十五年矣。九諦九解之辯，轟動一時，劉沖倩當時即合兩家之文而刻之，以求歸一。（沖倩自此受教於海門，而未稱弟子，二年後方曰：尚覺少此一拜。見明儒學案卷三十六劉沖倩學案。）然此次論辯之後，「四無」之說仍一直引起爭議，連帶陽明四句教首句「無善無惡心之體」，亦依然招致誤會，顧憲成甚至說「壞天下之法，自斯言始」。劉蕺山且疑四句教不出於陽明。黃梨洲作明儒學案，雖廻護四句教，但疏說欠分明，而於四無之說，則每致不滿。關於此一問題，拙著「王陽明哲學」第七章曾有論述，請參看。以下，試就「九諦九解」之義旨，依原文之序作一疏解。

一、辯無善無惡：心性至善，不與惡對

敬菴難：

諦一——易言：元者，善之長也。又言：繼之者善，成之者性。書言：德無常師，主善為師。大學首提三綱，而歸於止至善。夫子告哀公，以不明乎善、不誠乎身。顏子得一善，則拳拳服膺而弗失。孟子七篇，大旨道性善而已。性無善無不善，則告子之說，孟子深闢之。聖學源流，無不可考而知也。今皆捨置不論，而一以無善無惡為宗，則經旨皆非。

海門答：

解一——維世範俗，以為善去惡為隄防；而盡性知天，必無善無惡為究竟。無善無惡，卽為善去惡而無迹；而為善去惡，悟無善無惡而始真。敎本相通不相悖，語可相濟難相非。此天泉證道之大較也。今必以無善無惡為非然者，見為無善，豈慮入於惡乎？不知善且無，而惡更何從容？無病不須疑病。見為無惡，豈疑少却善乎？不知惡既無，而善不必再立，頭上難以安頭。故一物難知者，本來之體；而兩頭不立者，妙密之言。是為厥中，是為一貫，是為至誠，是為至善，聖學如是而已。經傳中言善字，固多善惡對待之善；至於發心性處，善率不與惡對。如中心安仁之仁，不以忍對；主靜立極之靜，不與動對；大學善上加一至字，尤自可見。蕩蕩難名為至治，無得而稱為至德，他若至仁至禮等，皆因不可名言擬議，而以至名之。至善之善，亦猶是耳。夫惟善不可名言擬議，未易識認，故必明善，乃可誠身。若使對待之善，有何難辨，而必先明乃誠耶？明道曰：人生而靜以上不容說，纔說性時，便已不是性也。凡人說性，只是說繼之者善也，孟子言人性善是也。悟此，益可通於經傳之旨矣。

按：敬菴此條所難，是引據經義常訓以爲說。經義常訓，自無不是，但看人如何體悟，如何解說。敬菴乃一端凝篤實之君子（參看明儒學案卷首師說），而向上一機之慧悟，或有所不足；對陽明龍溪之思路亦缺乏相應之了解，故誤將無善無惡之說，與告子「性無善無不善」混爲一談。而海門之答，則理路淸楚，其大旨可綜爲三點說明：

1.天道性命是超越善惡對待的絕對體，故「盡性知天，必無善無惡爲究竟」。說「無善無惡」，並不排斥「爲善去惡」；而只是要超越善惡對待之層次，以透顯其純善至善之本體。故曰「無善無惡，卽爲善去惡而無迹；爲善去惡，悟無善無惡而始眞。教本相通不相悖，語可相濟難相非」。

2.所謂「無善無惡」，意在遮撥善惡相對的對待相，以指出這潛隱自存的本體不落於善惡對立之境，以凸顯其超越性、尊嚴性、純善性。純善，不是與惡相對的善，而是善本身。既是善本身，故不再立善之名，否則，便是頭上安頭。善名且不必立，更何處容得下惡？此便是「無善無惡」之語意。而大學所謂「止於至善」的「至」，正是超越相對之義。（至仁、至義……之至，亦然。）故至善之「善」，不與「惡」對，不可以名言擬議，因而亦不易識認；所以必須先明此至善之善，而後乃能誠其身。若是相對之善，既有惡與之對照，自然很容易辨別，又何必再說「不明乎善，不誠其身」？——按、與惡相對之善，是事上之善，是相對的；心性之善，是體善、理善，是絕對的（不與惡對）。誠身，是自誠、自成。必先明得心體之善（純善、至善），乃能有以自誠，有以自成。

3.由於心性本體無善無惡，不可以善惡言；說惡固非，說善亦不是。因爲「善」「惡」皆是名言，一用名言指述，便已限定了它，而使它成爲相對的，故程子以爲：性不容說，纔說性便已不是性。雖然性不容說，畢竟它是一個純粹至善的本體，故孟子則直說「性善」。陽明雖言「無善無惡心之體」（心體卽性體），但又云：「無善無惡，是謂至善。」（見傳習錄上）可知說無善無惡，正是要透顯此超越善惡對待的心性本體。這個純善的本體，卽是尙書允執厥中的「厥中」，卽是論語一以貫之的「一貫」，卽是中庸至誠無息的「至誠」，卽是大學止於至善的「至善」。故所謂「無善無惡」，決不是「沒有善」或「不善」，亦不是說無所謂善與不善，因而亦決不是告子「生之謂性」的「性無善無不善」之中性義。——惟海門所引程明道語：「凡人說性，只是說繼之者善也，孟子言人性善是也。」此則須略作分疏。易繫辭傳云：「一陰一陽之謂道，繼之者善也，成之者性也。」繼之與成之兩「之」字，皆指「道」而言。「道」藉一陰一陽之氣化流行而顯現它自己。吾人能繼續此生化無間、成始成終之道，而不使它斷滅，亦不使它因我而止絕，這就是「善」；人能完成此道或成就此道於自己之生命中，這就是個體之「性」。繼善與成性，是同一件事，亦卽易乾象所謂「乾道變化，各正性命」之事。性體至善，超越善惡之對待；但一落於流變之事，對待相卽顯現出來。明道所謂「凡人說性，只是說繼之者善也」，卽是就流變說善，亦卽事上對待之善。然明道緊接著却舉孟子爲例，云「孟子言人性善是也」。其意蓋以孟子言性善，亦是善惡對待之善，是事上之善，此則似可說而實不可說。故胡五峰「知言」有云：「善不足以言之，況惡乎哉！」又云：「孟子之道性善，歎美之辭，不與惡對也。」（請參看拙撰「宋明理學南宋篇」第二章。）五峰直認孟子所謂性善之善，不是與惡相對之善，而是對至善性體的歎美之辭。可知孟子之言性善，實不可作善惡對待之善看。「經傳中言善字，固多善惡對待之善」，然因此而直視孟子之言性善亦爲對待之善，則是分疏未精之故。

以上三點綜述，是海門「解一」之大旨。第一點所引：「無善無惡，即爲善去惡而無迹；而爲善去惡，悟無善無惡而始眞。敎本相通不相悖，語本相濟難相非。」乃海門極佳之語。而敬菴於「諦七」一條，亦有「各有攸當，豈得以此病彼」之言。既然各有所當，則兩家之辯說，宜可相通相濟而不相悖相非。但雙方在對辯之中，却只成直接相對之遮撥，而並不眞能盡其「各有攸當」之實義。吾人於此，實須有以疏通之，庶幾可通雙方之情，以顯示其義理之實。

在疏通之前，對雙方立言之層面，必須先予指出。海門云「無善無惡，即爲善去惡而無迹」。此處所謂「無迹」，究竟是就何一層面而言之義理？此必須有以明之。自來說「無」者，大抵皆是根據「無有作好、無有作惡」而說。（尚書洪範云：「無有作好，遵王之道；無有作惡，遵王之路。」好惡，皆讀去聲。）作好作惡，皆起於意（有意的、作意的好惡，乃是偏好偏惡，故不可有），起於意則顯好惡之相，而滯執於迹；故此意實乃私意，而非誠意。（誠意，方是不作好、不作惡者。）以是，凡起於意之作好作惡，皆非發自心性本體之好善惡惡。而所謂「無有作好、無有作惡」，則正是要遮撥那起於私意的好惡，以期好惡皆能各得其正。

據此可知，「無有作好作惡」實與「好惡」（好善惡惡）兩不相悖，而層面則不同。凡敬菴所說，大抵皆自「好惡」層面而言之；而海門所說，則皆自「無有作好作惡」層面而言之。自「好惡」層面而言者，是基層、實層；自「無有作好作惡」層面而言者，則是虛層。

進而言之：前者是「實有」層，是客觀地言之，敬菴所謂「天下之善，種種固在」（見諦七），卽是就此一層面而言。後者是「工夫」層，是主觀地言之，亦可說是從作用上而言之。海門所說卽屬此一層面。依於前者立言，說「有」，依於後者立言，說「無」。至此，吾人可以作一簡結：

(1)說「無」是從工夫上之「修爲無迹」（海門解六語）而言，亦卽作用上的無。而敬菴乃以爲凡言無者，卽是無其實有層上之善，將對方自工夫上之無迹而言之無，誤認爲實有層上之無，故一味「執有」而「非無」。

(2)說「有」乃是肯定實有層上之善。而海門亦未能善會對方之意，以爲凡言有者，卽是工夫層上「有迹」之有，而不知對方所謂有，乃自實有層上而言之。既有此誤解，遂又「執無」而「非有」。

雙方在論辯中之所說以及其所論證，在義理上實各有所當，不能說是錯誤。然而兩人於對方立言之層面，却又未能有相應之契知，於是各執一面，互不相喻，而成爲直接之對遮。牟先生常說此種分疏，在古人很難表白出，亦不易意識到，故往復致辯，終成繳繞。在今日疏通其義，首須簡別雙方立言之層面：實有層之善，不可抹去，據此而可以說「有」，這是分解地客觀地言之。而工夫層上之無迹，則是表示不可存有任何執着，據此而可以說「無」，這是主觀地圓熟地言之。明晰此義，而後乃可知其「各有攸當」者果何所在。關此，將於以下各節隨文疏導。

二、辯性體至善，不落兩邊，不可增損

敬菴難：

諦二——宇宙之內，中正者為善，偏頗者為惡，如冰炭黑白，非可以私意增損其間。故天地有貞觀，日月有貞明，星辰有常度，嶽峙川流有常體，人有真心，物有正理，家有孝子，國有忠臣。反是者，為悖逆，為妖怪，為不祥。故聖人教人以為善而去惡，其治天下也必賞善而罰惡。天之道亦福善而禍淫，積善之家必有餘慶，積不善之家必有餘殃，自古及今未有能違者也。而今曰無善無惡，則人將安所趨舍者歟？

海門答：

解二——曰中正，曰偏頗，皆自我立名，自我立見，不干宇宙事。以中正與偏頗對，是兩頭語，是增損法。不可增損者，絕名言而無對待者也。天地貞觀，不可以貞觀為天地之善；日月貞明，不可以貞明為日月之善；星辰有常度，不可以常度為星辰之善。嶽不以峙為善，川不以流為善。人有真心，而莫不飲食者此心，飲食豈以為善乎？物有正理，而鳶飛魚躍者此理，飛躍豈以為善乎？有不孝而後有孝之名，孝子無孝；有不忠而後有忠之名，忠臣無忠。若有忠有孝，便非忠非孝矣。賞善罰惡，皆是可使由之邊事。慶殃之說，猶禪家談宗旨，而因果之說，實不相礙。然以此論性宗，則粗悟性宗，則趨舍二字，是學問大病，不可有也。

按：敬菴此條所難，仍是以「善」與「惡」對較而言。海門指他是「兩頭語」，是「增損法」，亦自可說。蓋性體之善，是絕對的至善，不可落於善惡兩端，亦不可以增損。故孟子盡心上云：「君子所性，雖大行不加焉，雖窮居不損焉，分定故也。」

相對而言的善與惡，以及中正與偏頗等等，皆是兩頭，皆是增損。至若天地之有貞觀，日月之有貞明，星辰之有常度，自是天地日月星辰之所以爲天地日月星辰，是它的本體自然如此呈現、如此發用。人若以貞觀爲天地之善，以貞明爲日月之善，以常度爲星辰之善，則是「自我立名」、「自我立見」，而不關天地日月星辰之事。其餘如嶽之峙、川之流，以至鳶之飛、魚之躍，亦皆是事物之如如呈現，吾人亦不必自我立名而稱之爲善。（按、敬菴所說貞觀、貞明、常度、常體等等，皆是實有層上的話。就此而言，稱之為「善」，固無不可。而海門所謂「不可以貞觀為天地之善」云云，實意只是要絕名言之對待。如此，則進而說貞觀、貞明、常度、常體等，乃是無善惡對待相之至善，亦可。兩家所言，義各有當，而實不相悖。但如不善解，而落於直接對遮，則有所不可。）

再就人分上言，忠於君國、孝於父母，亦是吾人之本心性體純亦不已地發用流行，而並非以「忠」、「孝」爲善而希慕之、實行之。故曰「忠臣無忠」、「孝子無孝」。所謂無忠無孝，自非不忠不孝；只是忠臣之心原無忠之名，孝子之心原無孝之名。他心中若存有忠孝之名，便是以忠孝爲善而希羡之；如此，則是「將以有爲」（譬如藉此博得功名利祿等），而不是眞忠眞孝。至於「賞善罰惡」，乃政治上的「民可使由之」之事；而「福善禍淫」、「積善有慶，積不善有殃」等等有關因果之說，亦只是表示社會風敎誘人爲善的苦心。因爲世人往往昏墮陷溺，泯失天性之良，不免做出不善之事，而淪於不忠不孝。聖人不得已「立名敎」以「維世範俗」，善心之士亦不得已而有「福善禍淫」之說以勸世人爲善去惡，使之知所趨舍。凡此等等，迹其用心，皆無不是。然君子論學，則須正本清源，徹悟本體；未可累於俗說，不加明辨而混視之。須知性體卽是天理，吾心良知之天理自能定方向、發命令；人苟於性宗粗有所悟，便自能順性體而行，何須另求趨舍？孰謂脫離心性本體，而尙另有趨舍之可言乎？

海門所謂「趨舍二字，是學問大病，不可有也」。此言須善會，不可誤解。若悟得心性本體，又何嘗不可言趨舍？蓋聖賢敎人，亦無非發明本心，使之中有所主、知所趨舍而已。然若不會此意，則其所謂趨舍，實皆私意計較，以私見和私意增損其間，終不免乖舛紛馳、歧出入邪，故曰「不可有也」。

三、辯太虛心體，卽是未發之中，卽是天下大本

敬菴難：

諦三——人心如太虛，元無一物可着，而實有所以為天下之大本者在；故聖人名之曰中、曰極、曰善、曰誠，以至曰仁、曰義、曰禮、曰智、曰信，皆此物也。善也者，正中純粹而無疵之名；不雜氣質，不落知見，所謂人心之同然者也。故聖賢欲其止之。而今曰無善，則將何以為「天下之大本」？為「其為物不貳、則其生物不測」？天地且不能無主，而況於人乎？

海門答：

解三——說心如太虛，說無一物可着，說不雜氣質，不落知見，已得斯旨矣。而卒不放下一善字，則又不虛矣，又着一物矣，又雜氣質，又落知見矣，豈不悖乎！太虛之心，無一物可着者，正是天下之大本，而更曰實有所以為天下大本者在，而命之曰中，則是中與太虛之心二也。太虛之心與未發之中，果可二乎？如此言中，則曰極、曰善、曰誠，以至曰仁、曰義、曰禮、曰智、曰信等，皆以為更有一物而不與太虛同體，無惑乎？無善無惡之旨不相入，以此言天地，是為物不貳失其主矣。

按：敬菴此條所言，已見大意，但仍然「執有」而「非無」。海門之答，本欲就敬菴所說予以點撥，然於對方之語意既未能平心善會，於其立言之層面亦未有相應之契知，故不免有疏濶混誤之處。

心性本體，無聲無臭、無形無質、無方無所，故敬菴亦說「心如太虛，元無一物可着」。着於惡固不可，着於善亦不是。然則，何以又不容許「心體無善無惡」之說？總因敬菴皆就實有層上說話，他此條所謂天下之大本，所謂中、極、善、誠，所謂仁、義、禮、智、信，皆是意指實有層上的至善。故曰「善也者，正中純粹而無疵之名；不雜氣質，不落知見，所謂人心之同然者也」。此純粹至善之心體，既無一物可着，又不雜氣質、不落知見，當然亦就不落於善惡對待之境；既超越善惡對待之相，則心體無善無惡之說，尚有何可疑？可見敬菴之執有而非無，實因對陽明四句教與龍溪言四無之理路，不能相應了解之故。於此，對於無善無惡之說的含義，實有再進而作一分疏之必要。

四有句與四無句皆說「無善無惡」，但其意指之義理層面却有不同：(1)陽明四有句中的「無善無惡心之體」，依據傳習錄「無善無惡，是謂至善」之言，可以明顯地看出此句是實有層上的話，是意指那超越善惡之對待相的純善至善之心體，亦卽指實有層上的至善。故陽明此句所意謂的無善無惡之至善心體，與敬菴專就實有層所說之善，實屬同一層面，是可以直接地不相悖的。(2)龍溪四無句中所謂「心是無善無惡之心」，則是另一層面（工夫層）的話，純粹是工夫上之「無迹」（不作好不作惡，亦不着善不着惡）。通過工夫上的無迹，那實有層上的至善，始能無迹地（如其至善地）朗現出來。實有層上的至善，通過工夫上的無迹而如其至善地朗現出來，而後乃可眞爲天下之大本。——於此可知，實有層上所說之「有」，與工夫層上所說之「無」，義亦相通相濟而不相悖。而敬菴所謂「各有攸當」之實，至此亦遂朗然可見，而眞可相喩而解矣。

至於海門之答，其過有二：(1)海門謂敬菴始終不放下一「善」字，以爲如此便是「又不虛矣，又著一物矣，又雜氣質、又落知見矣」。這是以工夫層上之「有迹」去想敬菴所說之善，他不知敬菴所說乃是實有層上的話，而實有層上之善，是不可以直接對遮而抹去的。(2)海門云：「太虛之心，無一物可着者，正是天下之大本，而更曰實有所以爲天下之大本者在，而命之曰中，則是中與太虛之心二也。太虛之心與未發之中，果可二乎？」此是明顯地誤解敬菴之語意。敬菴云：「人心如太虛，元無一物可着，而實有所以爲天下之大本者在。」他所謂「所以爲天下之大本者」，正是指太虛之心而言。下文緊接著又說「故聖人名之曰中……」此亦明白表示，作爲天下大本的太虛之心，卽是聖人所謂未發之中。『海門誤解語意，又忽視敬菴「聖人名之曰中、曰極、曰善……皆此物也」之言，而以爲敬菴所說之中、極、善、誠、仁、義、禮、智、信等等，皆是不與太虛同體之另一物。凡此，皆是未能平心理會對方之語意，而生出的不相應之辯解。

唯敬菴在此條之末，又節引中庸「天地之道，可一言而盡也：其爲物不貳，則其生物不測」之言，以爲「天地且不能無主，而況於人乎」？敬菴之意，認爲言「無」者，便是無其實有層上之善；無實有層上之善，便是失其主。此却是誤解不諦之辭。就陽明而言，無善無惡，是謂至善。就龍溪而言，其所謂「無」，是就工夫上之無迹說；通過工夫上之無迹而後乃能朗現至善心體。故無論四有四無，皆不失其主。無善無惡的至善心體卽是主，卽是太虛之心，卽是未發之中，卽是天下之大本。陽明云：「未發之中，卽良知也；無前後內外而渾然一體者也。」（見傳習錄中、答陸原靜書。）良知心體卽體卽用、卽動卽靜、卽寂卽感，它自是至誠無息者。而天地之道，豈不亦只是一個「卽寂卽感」、「至誠無息」！中庸所謂「其爲物不貳，則其生物不測」，是說天道之爲物，純一不貳，故其生化萬物，神妙而不可測。須知唯有卽寂卽感、至誠無息之本體，方能生物不測，方得爲天地萬物之主；亦唯有不着於物而無善無惡，方能妙運生生，方得爲太虛心體。離了這無善相無惡相的太虛心體，則失其主、失其中、失其大本矣。

四、辯格致誠正之功，只是明此至善心體

敬菴難：

諦四——人性本善，自蔽於氣質，陷於物欲，而後有不善。然而已善者，原未

嘗泯滅。故聖人多方訓迪，使反其性之初而已。祛蔽為明，歸根為止，心無邪為正，意無妄為誠，知不迷為致，物不障為格，此徹上徹下之語，何等明白簡易！而今曰：心是無善無惡之心，意是無善無惡之意，知是無善無惡之知，物是無善無惡之物；則格致誠正工夫，俱無下手處矣！豈大學之教，專為中人以下者設歟？近世學者皆上智之資，不待學而能者歟？

海門答：

解四——人性本善者，至善也。不明至善，便成蔽陷。反其性之初者，不失赤子之心耳。赤子之心無惡，豈更有善耶？可無疑於大人矣！心、意、知、物，只是一個，分別言之者，方便語耳。下手工夫，只是明善，明則誠，而格致誠正之功，更無法。上中根人，皆如是學。舍是而言正誠格致，頭腦一差，則正亦是邪，誠亦是偽，致亦是迷，格亦是障。非明之明，其蔽難開；非止之止，其根難拔，豈大學之所以教乎？

按：敬菴此條，係就明善、止至善，以及格、致、誠、正之意，對「四無」之說提出論難。陽明云：「無善無惡，是謂至善。」明善，實即明此無善無惡的至善心體。大人不失其赤子之心，亦即不失此無善無惡的至善心體。所謂「反其性之初」，亦即返於此不落善惡對待的至善心體（心體即性體）。分而言之，開為「心、意、知、物」四面，此即四句敎之所示。四句敎（四有）是從「意之所在」說物，故須步步對治，心意知物亦須分別彰顯，並分別予以省察與反照。「四無」是從「明覺之感應」說物，良知明覺是心之本體，明覺感應自無不順適；意從良知心體起，自無善惡之兩歧；物循良知之天理而現，自無正與不正之駁雜。如是，則明覺無所對治，心意知物一體而化，一切皆如如呈現，只是一良知明覺之流行。故海門曰：「心意知物，只是一個；分別言之者，方便語耳。」又曰：「下手工夫，只是明善，明則誠，而格致誠正之功，更無（別）法。上中根人，皆如是學。」海門所說，是頓教，是承龍溪四無以爲言。然以明至善心體爲直接下手工夫，又謂上中根人，皆如是學，此則不但失陽明之意，與龍溪之意亦未盡合。

龍溪嘗曰：「心本至善，動於意始有不善。若能在先天心體上立根，則意之所動自無不善，一切世情嗜欲自無所容，致知工夫自然易簡省力。」（見王龍溪語錄卷一、三山麗澤錄。）若問如何而能在先天心體上立根，則其根據自是頓悟。這一頓悟，心知意物一體而化，不但「致知工夫自然易簡省力」，而且由於無所對治，本體工夫合一，「事」皆無迹，皆至善，（故曰一體而化），此時，實亦根本沒有「致」之工夫可言；故在此再說「致知工夫易簡省力」，便成多餘。其實，要說「致知」，便只有四有句一套。海門在此不言「致知」，而只說「明善」爲下手工夫，表示他對「四無」之思路，確有眞切之體會。海門以爲，苟不明此無善無惡之至善心體，則一切失其主，又將如何能正心、誠意、致知、格物？故曰：「舍是而言正誠格致，頭腦一差，則正亦是邪，誠亦是僞，致亦是迷，格亦是障。非明之明，其蔽難開；非止之止，其根難拔，豈大學之所謂教乎？」蓋不知此至善之心體原本無善無惡，則其所明之善便只是對待之善；對待之善不是至善，若以明此對待之善爲明（非明之明），則其昏蔽且將永難開光，又如何能袪蔽？且既以善惡對待之善爲善，則其所謂止於至善，實亦只是止於對待之善而已；以此爲止（非止之止），却正是不知止，而謂歸根乃歸於此非至善之根耶？此非至善之根且須拔去，何得歸止於此乎？然旣誤認此非至善的對待之善爲歸止之根，則人將甘心止於此（或永不自覺地止於此），而其根亦遂難拔矣。大學止於至善之敎，豈如是乎？

以上是順海門所言，略作解說。海門這幾句話，本說得很深微，但爲學工夫之層次轉折，亦不可忽視。陽明四句敎開爲心意知物四面，示人以格致誠正之義路，人猶無相應之解悟，而視之爲太高；而海門更漠視爲學之常義、世敎之常法（如敬菴之所說），而謂：舍去明此無善無惡之至善心體而言正誠格致，則「正亦是邪，誠亦是僞，致亦是迷，格亦是障」。此則下語太快，將先天看得太容易，而輕略了爲學工夫之層次轉折，甚至連陽明四句敎之宗旨亦不免有所違失。依海門之意，是直欲天下人只從四無一邊，直接以明先天至善心體爲入手工夫，以期立時卽頓，直達化境，此則言之太驟，未免忽視對治實踐之功，而有蕩越之病。

看敬菴之論難，字面上亦自平實無悖謬，關鍵只在對「心性本體超越善惡之對待」一義，未能契知，蓋由向上一機之慧悟有所不及故也。而海門之答，雖守住四無立場，然亦不免有疏濶之病。他所謂明至善，卽是龍溪「在先天心體上立根」。而在先天心體上立根的根據，是「頓悟」；直悟本體，立時卽頓，只有「性之」的天縱之聖能之。但卽使是「性之」的上根人，亦不能無世情嗜欲之雜（不過少而易化而已），因而亦不能無對治；至四無之境固然無所對治，然四無實乃通過對治實踐所達到之化境，而化境固不可以爲敎法，亦不可直接以化境爲工夫入手處也。因此：

(1)四無句只是順四有句推進一步，只可視爲良知敎之調適上遂，却不是抹除「四有」而另立「四無」。

(2)四無從先天下手，是圓頓之境。然先天心體上如何用得功？所以要說工夫下手處，仍然是「四句敎」。

龍溪當初在天泉橋上提出四無時，雖然把四有句看做後天，而於致良知之先天義亦有忽略，是以不免疏濶蕩越；然在別處，他亦只就良知說，而後來作「致知議略」與「致知議辯」時，尤較精熟諦當。其致知議辯第一辯有云：「夫寂者未發之中，先天之學也。未發之功却在發上用，先天之功却在後天上用……欲正其心，先誠其意，猶云舍了誠意，更無正心工夫可用也。」龍溪此言，正是本於陽明致知誠意格物之義而說。今海門只從四無一邊而直以明先天至善心體爲下手工夫，則猶如龍溪當初說四無時，將先天看得太容易，而似欲敎人捨後天而趨先天，此則欠妥而失當。海門又說「上中根人，皆如是學」。上根中根之人，當然皆須明善，問題是如何明，明善工夫如何下手？此則仍須是四句敎也。陽明認爲四句敎是「徹上徹下語，自初學至於聖人，只此工夫」。此乃表示，無論上中根人，其爲學工夫，皆須從四句敎下手。海門於敬菴之疑難，未能關聯四有句加以疏導，只從四無一邊而以明先天至善心體爲下手工夫，而又言詞簡略，此固不足以解敬菴之蔽。大體篤實者高明常不足，而穎悟者又易涉疏濶。故過與不及之蔽，學者最須警惕。

五、辯秉彝之良，不着善惡，無善無惡之旨，正足康濟世道

敬菴難：

諦五——古之聖賢，秉持世教，提撕人心，全靠這些子秉彝之良在。故曰民之所好好之，民之所惡惡之。斯民也，三代之所以直道而行也。惟有這秉彝之良，不可殄滅，故雖昏愚而可喻，雖強暴而可馴。移風易俗，反薄還純，其操柄端在於此。奈何以為無善無惡，舉所謂秉彝者而抹殺之？是說倡和流傳，恐有病於世道非細。

海門答：

解五——無有作好作惡之心，是秉彝之良，是直道而行。着善着惡，便作好作惡，非直矣。喻昏愚，馴強暴，移風易俗，須以善養人。以善養人者，無善之善也。有其善者，以善服人，喻之馴之必不從，如昏愚強暴何？如風俗何？

至所謂世道計，則請更詳論之：蓋凡世上學問不立之人，病在有惡而閉藏；學問用力之人，患在有善而執着。閉惡者教以為善去惡，使有所持循，以免於過。惟彼着善之人，皆世所謂賢人君子者；不知本自無善，妄作善見，（按、世界書局本，「妄」誤作「忘」，又以「見」字屬下句，非是。）捨彼取此，拈一放一，謂誠意而意實不能誠，謂正心而心實不能正。象山先生云：惡能害心，善亦能害心。以其害心者而事之，則亦何由誠、何由正也？夫害於其心，則必及於政與事矣。故用之成治，效止驩虞；而以之撥亂，害有不可言者。後世若黨錮之禍，雖善人亦不免自激其波；而新法之行，即君子亦難辭其責。其究至於禍國家，殃生民，而有不可勝痛者，是豈少却善哉？范滂之語其子曰：我欲教汝為惡，則惡不可為；教汝為善，則我未嘗為惡。蓋至臨刑追考，覺無下落。而天下方恥不與黨，效尤未休。眞學問不明，而認善字不徹，其蔽乃一至此！故程子曰：東漢尚名節，有雖殺身不悔者，只為不知道。嗟乎！使諸人皆知道，而其所造就、所康濟，當為何如！秉世敎者，可徒任其所見而不喚醒之，將如斯世斯民何哉？是以文成於此，指出無善無惡之體，使之去縛解粘，歸根識止。不以善為善，而以無善為善；不以去惡為究竟，而以無惡證本來。夫然後可言誠正實功，而收治平至效。蓋以成就君子，使盡為皐夔稷契之佐，轉移世道，使得躋唐虞三代之隆；上有不動聲色之政，而下有何有帝力之風者，舍茲道其無由也。孔子曰：聽訟吾猶人也，必也使無訟乎！無訟者，無善無惡之效也。嗟乎！文成茲旨，豈特不為世道之病而已乎？

按：敬菴此條，仍是就實有層上立言。其正面所說，並無不是。但以爲「無善無惡」之說，是「擧所謂秉彝者而抹殺之」，則是未能契悟「無善無惡，是謂至善」之旨，而於四無就另一層面而說之義理，亦無相應之了解之故。

詩大雅烝民之篇云：「天生烝民，有物有則，民之秉彝，好是懿德。」彝，指常性。常性乃先天之良。先天之良自是超越善惡對待的絕對善，這個普遍而永恒的本體，當然不可殄滅。而大學所謂「民之所好好之，民之所惡惡之」的好惡，是依據「心之同然」而來。「心之所同然者，何也？謂理也、義也。聖人先得我心之同然耳。故理義之悅我心，猶芻豢之悅我口。」（孟子告子上篇）這悅理義的同然之心，亦即「好是懿德」的秉彝之良。「民之秉彝也，故好是懿德」；而大學所說的民之「所好」，便正是此好是懿德的好。以是，民之所好所惡，必是「好善惡惡」。與民同好惡，卽是同此「好善惡惡」之好惡。孔子曰：「斯民也，三代之所以直道而行也。」（論語衛靈公篇）民有秉彝之良，故自然好善而惡惡，此之謂「直道而行」。據此可知，民之所好所惡，決不是指氣質脾性上的喜歡不喜歡。氣質脾性上的好惡，不是心之同然；這種好惡，是人各不同而沒有準的，將如何與民同好之、同惡之？依此氣質脾性而行，又安得謂之直道而行？故海門曰：「無有作好作惡之心，是秉彝之良，是直道而行。着善着惡，便作好作惡，非直矣。」

凡着善着惡，皆起於意，意分善惡，遂落兩邊。着於惡固非，着於善亦不是。心體至善，不落對待，故無善無惡。無善無惡之先天心體，不起於意，故「無有作好」，亦「無有作惡」，唯是秉彝之良（天則）之「於穆不已、純亦不已」；此方是「直道而行」。無善無惡的至善心體，是民之秉彝，是人人先天本有的。聖賢敎人（所謂喻昏愚、馴強暴、移風易俗），亦只是要人復其秉彝之良，呈現其至善心體而已；此之謂「以善養人」。（不是聖賢拿個善去養人，而是引發人本有之善以養他自己，以潤化清澈他自己之生命。）反之，若視人爲昏愚、爲強暴，或視天下風俗不善，而拿個「善」出來喻之、馴之、敎化之，此便是「以善服人」。執着於善，便不免作好作惡，而不能得好惡之正，如此，人必不從；然則又將何以喻昏愚、馴強暴，而移風易俗、反薄還純？總之，一落對待，便非至善心體，便非秉彝之良。超越對待而無善無惡，却正是至善心體，正是秉彝之良。海門發揮「無善無惡」之旨，固自諦當。

敬菴又疑無善無惡之說，「恐有病於世道非細」，而海門之答，却甚能透悟而徹至。聖賢秉持世敎，提撕人心，正須復其無善無惡的至善心體，不着一善，「由仁義行」。對於學問不立、閉藏其惡之人，聖賢敎以「爲善去惡」，此乃對機方便立法，使之有所持循，以免於過。而世之賢人君子不察於此，遂立意執着於善，而落在爲善去惡上着意致力，看似取舍甚當，實則，不知不覺中已使超越善惡對待的至善心體，降陷於善惡對立之境，而牽滯粘縛。偏偏此類學問用力之君子而又執持甚堅，自守甚固，愈堅執、愈固守，則愈益陷於善惡對立之境，而無由明其純善之心體。如此執着於善，則「善亦能害心」。因爲着於善卽是起於意，凡起於意者，究其根底，實乃功利之心（不是至善心體）。以此爲政，自亦能成就事功，五霸之業是也。孟子曰：「霸者之民，驩虞如也。王者之民，皞皞如也。」（盡心上篇）驩虞，與歡娛同，是一時的興奮。皞皞，廣大自得之貌，是永恒的安適。霸者以功利爲善，功利盡而善亡，故霸業不可久。王者之治，如天道自然之運，視人自身爲一目的，由其德性之覺醒，卽可向上向善，以完成他自己，此卽易乾彖所謂「各正性命」。（正者，成也。各成其性，各立其命。）人人歸於性根，人人止於至善，此其所以能「皞皞如」也。聖王不爲善於天下，而人人自得其善，此卽海門所謂：「不以善爲善，而以無善爲善；不以去惡爲究竟，而以無惡證本來。」人人復其本來無善無惡的至善心體，一切直道而行，心不待正而自正，意不待誠而自誠，天下不待平治而自平自治。如此，則「無善無惡」之旨，豈不正足以康濟世道，而躋於唐虞三代之盛！孔子曰：「聽訟，吾猶人也，必也使無訟乎！」聽訟，是落在事上分判善惡誠僞、論斷是非曲直；在此層上卽使片言折獄，刑賞俱當，亦只是小小康濟，又何足以言「至治」？且天下之人，苟皆明其無善無惡的至善心體，一切只依仁義而行，不作好、不作惡，又何由起「訟」？故海門曰「無訟者，無善無惡之效也」。

反之，若着於善而欲執善以撥亂返治，則將與惡對立而形成壁壘，於是奮志激情，疾惡如仇；而小人爲求自保，亦無所不用其極，起而抗拒。到頭來終無以超越小人以化其奸惡，亦未能潛消禍根以康濟天下。東漢之世，始而外戚與宦官爭，繼而士大夫與外戚爭，終而士大夫與宦官爭，總之是君子與小人爭。士氣可謂盛矣，名節可謂立矣，然而終於釀成黨錮之禍。最後，袁紹將兵盡誅宦官，但亦因此招引軍閥權奸，而東漢以亡。君子自居淸流，自居善類，而視人爲濁流，爲奸惡，故形成理性與非理性之直接搏鬭，小人死而君子亦亡。此正「着善着惡」、「作好作惡」，有以致之。（牟先生「歷史哲學」最後一章，論東漢黨錮之禍最爲精闢而痛切，可參閱。）海門以爲范滂之言，蓋至臨刑之時，追維生平，乃覺善惡二字，無有下落。海門此說，實具卓識，文章家固不足以知之。王船山論史事，常發感慨曰：「惜乎，其未聞君子之大道也！」苟聞君子之大道，自能認得「善」字明徹，以復其無善無惡之至善心體。如此，自能向上一機，本其一體之仁，握天樞以斡世運，撥亂世而返之治。

又按：此論世道一段，實與陽明之意有相承接（請參看傳習錄中卷答聶文蔚第一書）。惟海門乃扣緊「無善無惡」立言，於「一體之仁」之義旨，未有積極發揮，人遂忽而不察耳。世之論王學末流之弊者動輒將王龍溪與泰州派下諸人一口抹煞，實在有失眼目。人果欲論王學末流之弊，必須先知三義：

(1)須分辨是「法病」乎？抑「人病」乎？人未至於聖，總不免有病在，然認人病作法病，則不可。義理之學，當以宗旨骨幹、精神氣脈定；若只落於外部詞語之檢校上，則將混抹問題之本眞，其結果未有不流於淺俗悖謬者。

(2)須解除「禪」之禁忌，不可一見言「無」、言「頓悟」、言「當下卽是」，便以爲是禪。義理境界有共通者，豈可歸之一家！宋明儒所言，實皆順先秦儒家本有之義理而引申發揮，其言之精微玄奧處，亦是本於先秦儒家之形上智慧而充其極，在內聖之學的義理思路上並無歧出。吾人於此若不平情以察，而動輒杯弓蛇影，一味忌諱此共同之境而閉絕之，則孔孟易庸之慧命將很難全幅暢通，而內聖之學亦將永在別扭之中。

(3)須諦認何者爲名教？何者爲壞名教？名教自有義理根柢，非可徒以外部之禮俗風習爲名教也（禮俗風習，自亦不可橫予抹煞）。平心而言，王學末流如李卓吾之鼓狂禪，其壞名教豈果眞甚於明末一輩士大夫之無恥無心肝乎？（如為魏忠賢遍立生祠於天下，以及聯名疏奏魏閹當入文廟配享，卽是無恥無心肝而大壞名教。）若更以亡國之罪歸之王學，則是顢頇醜詆而已。明之亡滅，其故多端，獨歸罪於王學末流且不可，又豈得歸罪於王學？胡秋原先生論明清之際，凡用心於學術、投身於救亡圖存之業者，實皆王學之子孫（見其「復社及其人物」一書），其言大有識見。

六、辯既無惡，亦無善，修爲無迹，乃眞修爲

敬菴難：

諦六——登高者不辭步履之難，涉川者必假舟檝之利，志道者必竭修為之力。以孔子之聖，自謂下學而上達，好古敏求，忘食廢寢，有終其身而不能已者焉。其所謂克己復禮，閑邪存誠，洗心藏密，以至於懲忿窒慾，改過遷善之訓，昭昭洋洋，不一而足也。而今皆以為不足取法，直欲頓悟無善之宗，立躋聖神之地；豈退之所謂務勝於夫子者耶？在高明循謹之士，着此一見，猶恐其涉於疎略而不情；而況天資魯鈍根器淺薄者，隨聲附和，則吾不知其可也。

海門答：

解六——文成何嘗不教人修為？卽無惡二字，亦足竭力一生，可嫌少乎？旣無惡而又無善，修為無迹，斯真修為也。夫以子文之忠，文子之清，以至原憲克伐怨欲之不行，豈非所謂竭力修為者，而孔子皆不與其仁；則其所以敏求忘食，與夫復禮而存誠，洗心而藏密，亦自可思。故知修為自有真也。陽明使人學孔子之真學，疎略不情之疑，過矣。

按：敬菴謂聖人之訓，「昭昭洋洋，不一而足」，此固然。人應奉行聖人之敎訓，亦無庸爭議。然疑無善無惡之說爲棄修爲而背聖學，此則仍然是誤解。海門答之，頗爲簡明中的。所謂「修爲」，卽道德實踐之謂。道德實踐必須相應道德本性而爲之，相應道德本性而爲道德實踐，亦只是「必有事焉」，時時去「集義」、時時「致良知」而已。故陽明以爲，若是工夫原不間斷，卽不須更說「勿忘」；原不欲求效，卽不須更說「勿助」。隨時就事上致其良知，便是「格物」；着實去致良知，便是「誠意」；着實致其良知而無一毫意必固我，便是「正心」。故曰：此其工夫何等明白簡易，何等灑脫自在！（請參看傳習錄中卷答聶文蔚第二書。）致良知卽是相應道德本性而爲道德實踐。良知本體固無善無惡，然要復此無善無惡的至善本體，並隨時呈現此本體於視聽言動之間，又豈是輕易之事！故海門云：「文成（陽明諡號）何嘗不教人修爲？卽無惡二字，亦足竭力一生，可嫌少乎？旣無惡而又無善，修爲無迹，斯眞修爲也。」

不着善、不着惡，不作好、不作惡，一切由仁義行，卽是修爲而無迹。反之，若不明無善無惡之至善心體，只拘守經義常訓而着意着力，則仍只是孟子所謂「行仁義」，而非「由仁義行」。雖敏求情切，下學功深，而至廢寢忘食，亦仍是不會孔子敎人之意；雖日事於懲忿窒慾，改過遷善，克己復禮，閑邪存誠，由於未能正本清源，亦仍然算不得眞修爲，仍然不是孔子之眞學。何以言之？以其不明心體，學無頭腦，而不免猶有意必固我之蔽故也。令尹子文之「忠」，陳文子之「清」，以及原憲之「克伐怨欲不行」，豈不正是竭力於修爲者，何以孔子不許以「仁」？蓋仁體卽是無善無惡的至善心體，它不落對待、不落方所、感通無隔、覺潤無方，只是一個於穆不已、純亦不已。而忠清等等，則是着於意而修成的一節之善，當然不得許之以仁。明乎此，乃知所謂「修爲」者，固須向上一機以透悟心體而後可。而敬菴認爲：言無善無惡，卽是以聖人之訓不足取法，是所謂務勝於夫子，這當然是不相應的不諦之疑。

至於易繫辭傳上所云「聖人以此洗心，退藏於密，吉凶與民同患，神以知來，知以藏往」諸語，却正可印證「無善無惡」之旨。不着善、不着惡，不作好、不作惡，洗心之謂也。唯洗心乃能退藏於密，唯退藏於密，不着一物，方是神感神應之太虛心體，方能藏往知來，吉凶與民同患。唯聖人與人爲徒，其敎化羣倫，自有方便對應之敎，故儒者敎人，亦儘有隨機接引之言。然成德工夫，層次無限，若執言着迹，亦終無由上達。而陽明以「無善無惡」指點至善心體，則是究竟透宗發明仁體的徹悟之談。故海門以爲陽明正是敎人「學孔子之眞學」。

七、辯爲此不有之善、無意之善，乃眞爲善

敬菴難：

諦七——書曰：有其善，喪厥善。言善不可矜而有也。先儒亦曰：有意為善，雖善亦私。言善不可有意而為也。以善自足則不宏，而天下之善，種種固在；有意為善則不純，而古人為善，常惟日不足。古人立言，各有攸當，豈得以此病彼，而概目之曰無善！然則，善果無可為，為善亦可已乎？賢者之疑過矣。

海門答：

解七——有善喪善，與有意而為、雖善亦私之言，正可證無善之旨。堯舜事業，一點浮雲過太虛。謂實有種種善在天下，不可也。古人為善，為此不有之善、無意之善而已矣。

按：敬菴此條與諦三所說，皆已窺大意。但他雖明知「各有攸當」，而對於兩個層面之義理，却不能表白出之，仍然「執有」而「非無」；這表示他對「有其善、喪厥善」之實意，仍然未能眞予正視。所以既說「善不可矜而有」，却又曰「天下之善，種種固在」；既說「善不可有意而爲」，却又曰「古人爲善，惟日不足」。他對無善無惡之說，始終不能契應，所以總誤會所謂「無善無惡」，卽是「沒有善」，卽是「不善」。這個念頭不轉，便總

有一間未達。而海門之答，單刀直指，却頗有片言解紛之妙。然云「謂有種種善在天下，不可也」，此則又是「執無」而「非有」，故對敬菴從實有層而說之善，竟亦抹去。這表示他對兩個層面之義理，亦並不眞能盡其會通之責。

尙書所謂「有其善，喪厥善」，是說善不可執着而有；爲此不有之善，方是眞爲善。先儒所謂「有意爲善，雖善亦私」，是說善不可有意而爲；爲此無意之善，方是眞爲善。故海門曰：「古人爲善，爲此不有之善、無意之善而已。」

敬菴所謂「天下之善，種種固在」，是實有層上的話，此必須承認，不可對遮。譬如忠臣孝子、仁人義士之所作所爲，隨在而有，此便是有種種善在天下。然亦須知，在忠臣孝子仁人義士心中，原無忠孝仁義之名，原非以忠孝仁義爲善而後希羡之，實行之，而只是其心性本體純亦不已地發用流行。此正是爲不有之善、無意之善。（所謂「古人爲善，常惟日不足」，亦只是其心之不容已，而不是有意爲之。）若是認善爲可執而有，而有意爲之，則是有所爲而爲；有所爲而爲者必有私意之夾雜，如此，又豈得眞爲忠臣孝子，爲仁人義士？

至於程子所謂「堯舜事業，亦如一點浮雲過太虛」，亦是表示「善不可執而有」之意，而並非輕略堯舜事業。儒者贊頌堯舜甚至，豈有輕略堯舜事業之理？世人見此言語，驚相駭怪，只緣世人不入義理，於程子何尤？——或曰：程子之言，堯舜事業句下，本有「自堯舜觀之」五字。然文獻不足徵，或說無由確考。就義理而言，有此五字不爲多，無此五字不爲少。苟不會程子之意，有此五字，亦仍足滋疑生惑；若會得程子意思，則無此五字，又何至淪虛沉空？要須義理精熟，乃能不落知見。學問義理之層境無窮無盡，善學者層層上達，不善學者則常拘執自限，此所以多所扞格耳。

八、辯無善無惡，與致良知宗旨並不相異

敬菴難：

諦八——王文成先生致良知宗旨，元與聖門不異。其集中有云：性無不善，故知無不良。良知卽是未發之中，卽是廓然大公、寂然不動之本體。但不能不昏於物慾，故須學以去其昏蔽。又曰：聖人之所以為聖人者，以其心之純乎天理而無人欲之私也。學聖人者，期此心之純乎天理而無人欲，則必去人欲而存天理。又曰：善念存時，卽是天理；立志者，常立此善念而已。——此其立論，至為明析。無善無惡心之體一語，蓋指其未發廓然寂然者而言之，而不深惟大學止至善之本旨，亦不覺其矛盾於平日之言。至謂有善有惡意之動，知善知惡是良知，為善去惡是格物；則指點下手工夫，亦自平正切實。而今以心意知物、俱無善惡可言者，竊恐其非文成之正傳也。（按、「俱無」二字，世界書局本作「則指」，非；同書卷四十一許敬菴學案引此句作「俱無」，却不誤。）

海門答：

解八——致良知之旨，與聖門不異，則無善無惡之旨，豈與致良知異耶？不慮者為良，有善則慮而不良矣。無善無惡心之體一語，既指未發廓然寂然處言之，已發後豈有二耶？未發而廓然寂然，已發亦只是廓然寂然。知未發已發不二，則知心

意知物，難以分析。而四無之說，一一皆文成之秘密；非文成之秘密，吾之秘密也。何疑之有！於此不疑，方能會通其立論宗旨，而工夫不謬。不然，以人作天，認欲作理，背文成之旨多矣。夫自生矛盾，以病文成之矛盾，不可也。

按：敬菴此條，旣以陽明致良知宗旨，原與聖門不異；又謂四句教首句「無善無惡心之體」一語，與其平日之言矛盾。而於龍溪「四無」之說，則疑其非陽明之正傳。關此，皆是不諦之疑。

敬菴由於對「無善無惡，是謂至善」一義無所契之，故總誤會「無善無惡」之說有否認「心體至善」之嫌。實則陽明四句教後三句所表示的誠意、致知、格物之工夫，正是爲了明此無善無惡的至善心體。四句之義本末一貫，豈能認其三而疑其一，謂後三句「平正切實」，而以第一句爲「矛盾於平日之言」？四句教本爲揭示致良知宗旨而立，旣認致良知宗旨與聖門不異，又何得致疑於「無善無惡心之體」一句？而且旣以「無善無惡心之體」一語是指未發廓然寂然者而言，又已徵引陽明答陸原靜書首段「性無不善，故知無不良。良知卽是未發之中，卽是廓然大公、寂然不動之本體」諸語以爲說，則何不再就同書次段三段之言而審視之？陽明在該書中明白表示：良知心體不可以動靜爲體用。動靜者，所遇之時，心之本體固無分於動靜，亦無分於寂然感通。故曰「未發之中，卽良知也；無前後內外、而渾然一體者也」。未發之「中」，卽是良知之天理；已發之「和」，卽是良知天理感通之用。而且「未發」卽在「已發」之中，但却不可說「已發」之中又有一個「未發」；「已發」卽在「未發」之中，但亦不可說「未發」之中又有一個「已發」。分而言之，說爲「未發之中」與

「已發之和」；圓融地言之，則「未發之中」卽是「已發之和」。故海門曰「未發而廓然寂然，已發亦只是廓然寂然」。若已發者不是廓然之大公，不是寂然不動之體，安得爲中節之和？不中節之發乃是動於欲者，又安得謂之爲良知之發用？須知未發以體言，已發以用言，而良知「體用一原」，「體卽良知之體，用卽良知之用」（亦見陽明答陸原靜書），然則，良知教中，豈有與未發爲二之已發乎？

未發已發既不二，則心、意、知、物，自難分析。良知明覺卽是心之本體，明覺感應自無不順適；意從良知心體起，自無善惡之兩歧；物循良知之天理而現，自無正與不正之駁雜。如此，則明覺無所對治，亦無任何相可着，心意知物一體而化，一切皆如如呈現。（按羅近溪所謂「抬頭擧目，渾全只是知體著見；啓口容聲，纖悉盡是知體發揮」。亦是表示一切無相可着，皆只是良知心體之呈現流行。）此卽龍溪「四無」說之思路。四無是四有句之推進一步，可視爲四句教之調適上遂，故陽明亦予首肯。海門視四無之說，一一皆陽明之秘密，乃至爲人人之秘密，依心同理同之義，亦自可說。蓋先發此秘藏者固是聖賢，然聖賢亦只是「先得我心之同然耳」。唯此中畢竟有個明善工夫。而一說到爲學工夫，則仍須會通四有與四無之宗旨，而後始爲究竟不謬。而海門不免偏就四無一邊說，此則仍不足以袪敬菴之疑也。

海門又謂敬菴之見，不免「以人作天，認欲爲理」，此是推極而言之。蓋不明無善無惡之旨而着於對待之善，便是起於意；凡起於意者皆是後天之人欲，而非先天之天理。尅就此義而謂不明無善無惡之旨者，未免以人作天、認欲作理，亦未嘗不可說。（然用以直斥敬菴，則不相應。因敬菴所執守者，亦是一個層面之義理，於此，只應疏導會通，不宜對遮。）天理是超越的絕對體，當然不落善惡之對待。而「良知卽是天理」，故良知心體亦超越善惡之對待、而無善無惡。敬菴不明此義，而疑陽明之言有矛盾，實則陽明並無矛盾，却是敬菴「自生矛盾」。

九、辯無善無惡乃祖述聖門宗旨，並非鑿空自創

敬菴難：

諦九——龍溪王子所著天泉橋會語，以四無四有之說，判為兩種法門，當時緒山錢子已自不服。易不云乎：神而明之，存乎其人。默而成之，不言而信，存乎德行。神明默成，蓋不在言語授受之際而已。顏子之終日如愚，曾子之真積力久，此其氣象可以想見。而奈何以玄言妙語，便謂可接上根之人；其中根以下之人，又別有一等說話，故使之扞格而不通也！且云：汝中（龍溪）所見，是傳心秘藏，顏子明道所不敢言。今已說破，亦是天機該發泄時，豈容復秘！嗟乎，信斯言也，文成發孔子之所未發，而龍溪子在顏子明道之上矣。其後四無之說，龍溪子談不離口，而聰明之士，亦人人能言之；然而聞道者，竟不知為誰氏！竊恐天泉會語，畫蛇添足，非以尊文成，反以病文成。吾儕未可以是為極則。

海門答：

解九——人有中人以上、中人以下二等，所以語之亦殊。此兩種法門，發自孔子，非判自王子也。均一言語，而信則相接，疑則扞格；自信自疑，非有能使之

者。蓋授受不在言語，亦不離言語；神明默成，正存乎其人。知所謂神而明，默而成，則知顏子之如愚，曾子之真積，自有入微之處；而云想見氣象，抑又遠矣。聞道與否，各宜責歸自己；未可疑人，兼以之疑敎。至謂顏子明道所不敢言等語，自覺過高；然要之論學話頭，未足深怪。孟子未必過於顏閔，而公孫丑問其所安，絶無遜讓，直曰姑舍是而學孔子。曹交未足比於萬章輩，而孟子敎以堯舜，不言等待，而直誦言行行，是堯而已。然則有志此事，一時自信得及，誠不妨立論之高、承當之大也。

若夫四無之說，豈是鑿空自創？究其淵源，實千聖所相傳者：太上之無懷，易之何思何慮，舜之無為，禹之無事，文王之不識不知，孔子之無意無我、無可無不可，子思之不見不動、無聲無臭，孟子之不學不慮，周子之無靜無動（按、世界書局本作「周子無靜而動」，「而」字乃「無」字之誤。），程子之無情無心：盡皆此旨，無有二義。天泉所證，雖陽明氏且為祖述，而況可以龍溪氏當之也耶？雖然，聖人立敎，俱是因病設方；病盡方消，初無實法。言有非真，言無亦不得已。若惟言是泥，則何言非礙？而不肖又重以言，或者更增蛇足之疑，則不肖之罪也夫！

按：敬菴此條所言，是繼前條而正式地非難龍溪四無之說，尤其對分判「四無」與「四有」爲兩種敎法致其不滿。

依龍溪天泉證道紀所載，陽明以四無之說乃爲上根人立敎，四有之說乃爲中根以下人立敎。所謂中根上下之分，不只是聰明與否的問題，最重要的關鍵是在氣質私欲。上根之人，合下私欲少，不易爲感性所影響，故易於自然地順明覺走，此卽孟子所謂「堯舜性之也」。中根以下之人，則因私欲多，牽累纏結亦多，良知總不容易貫下來，故須依四有句之方式痛下省察反照的工夫，此卽孟子所謂「湯武反之也」。而事實上，四有句乃是道德實踐之普遍的、甚至是必然的方式。所以陽明說「二君（錢緒山與王龍溪）以後與學者言，務要依我四句宗旨。」（見年譜。傳習錄亦載有類似之言。）蓋上根之人，世間少有，故四無之說雖可成立，但以之爲一種獨立之敎法（實踐之常則），則不妥。四無是在實踐中所達到的化境，而化境不可以爲敎法；對「性之」之上根人而說爲一種敎法，亦只是權說、方便說。因爲性之之人乃是天縱之聖，對天縱之聖尚有何敎法之可言？須知四無與四有雖可視爲二種方式，但四無之說，實只是順四有而推進一步，並不眞能脫離四有而另立四無也。故論義理境界之調適上遂，四無句自可成立；若論敎法，實只有四有句一套，四無句則不可作一客觀之敎法。海門據孔子「中人以上可與語上，中人以下不可與語上」之言，以爲兩種法門發自孔子，此則頗爲牽强，難爲定準。而堅持四無與四有爲兩種敎法，亦欠分疏，且顯顢頇。此自不足以服敬菴。

惟敬菴所謂：「神明默成，蓋不在言語授受之際而已……奈何以玄言妙語，便謂可接上根之人；其中根以下之人，又別有一等說話，故使之扞格而不通也！」此却是不切之言。四無句實乃修爲實踐所達到之化境，龍溪以四句話表而出之，自甚善巧，但却不是敬菴所意謂的一般之玄言妙語。商量義理，當就宗趣旨歸而論，不可就學者之傳聲接響、浮泛無歸，而致疑於四無之指趣實義。「人病」自是人病，過在於人，不可誤以人病爲法病也。至於對中根以下之人，亦不是「別有一等說話」，只是須依四有句做切實工夫而已。四有句雖因有所對治而爲漸，但既有先天的良知爲其對治之超越根據，則亦含有頓之可能而可通於頓，未至於頓是漸境，至於頓則是化境。會通四有與四無，自能透徹圓融，尚有何「扞格不通」之疑？果眞扞格而不通，亦只是自疑自隔而已。故海門曰：「信則相接，疑則扞格；自信自疑，非有能使之者。蓋授受不在言語，亦不離言語；神明默成，正存乎其人。」

海門又謂：人苟眞知所謂神而明之、默而成之，則知顏子之不違如愚，曾子之眞積力久，自有入微之處。若只云想見其氣象，則又是從外部擬議懸想，不免歧出，故曰：抑又遠矣。且聞道與否，各宜責歸自己，不可疑人，尤不可疑及聖賢之教。海門這些意思，亦自說得懇切。至於陽明所謂傳心秘藏、天機發泄、顏子明道所不敢言等語，當時是在何種契機上說這些話，說話時之語氣是否同於龍溪之所記述，現皆不可確考。唯既有此意，便易使人玄蕩。故海門亦承認此等話語，「自覺過高」。然論學總須窮徹究竟，進德亦當取法乎上。此孔子所以有取於狂簡。「立論之高，承當之大」，正是狂者胸次；學者有志於道而自信得及，則偶有過高之言，亦不足深怪。但「一見自足，終止於狂」，則不可耳。（陽明論狂狷之意，傳習錄與年譜，皆有記載，拙著「王陽明哲學」第十章第二節嘗有論述，茲不贅。）

最後，海門綜結四無之說，以爲「究其淵源，實千聖相傳，而非鑿空自創」。玆順其所學，略加說明：

(1)太上之無懷——路史禪通紀：「無懷氏，帝太昊之先。其撫世也，以道存生，以德安刑。當世之人，甘其食，樂其俗，安其居，而重其生意。形有動作，心無好惡，老死不相往來，令之曰無懷氏之民。」太上無懷，「心無好惡」，故海門引之，以爲「無善無惡」之證。

(2)易之何思何慮——易繫辭傳：「子曰：天下何思何慮！天下同歸而殊途，一致而百慮，天下何思何慮！」陽明嘗謂：繫言何思何慮，非謂無思無慮，乃言所思所慮只是天理，更無別思別慮耳。（見傳習錄中卷答歐陽崇一書。）所謂「更無別思別慮」，卽是不着思慮、不起於意，亦卽不落善惡對待、不作好不作惡之意。

(3)舜之無爲——論語衞靈公篇：「子曰：無爲而治者，其舜也歟！夫何爲哉？恭己正南面而已矣。」恭己，卽明善誠身之謂。其身正，不令而行，故能「無爲而治」。繫辭傳有云：「易無思也，無爲也。寂然不動，感而遂通天下之故。非天下之至神，其孰能與於此！」唯有「不着於思爲、不落於善惡對待」的至善心體，方能神感神應，卽寂卽感。聖人明徹心體，極深研幾，故能通天下之志，成天下之務。

(4)禹之無事——孟子離婁下：「禹之行水也，行其所無事也。」大禹治水，不取壅堵之堤防法，而是順水性而行，是因其自然之勢而導之，此卽所謂行其所無事也。人之性自然好善而惡惡，順性而行（由仁義行），不作好、不作惡，便亦正是行所無事。

(5)文王不識不知——詩經大雅文王之什皇矣篇：「不識不知，順帝之則。」帝、謂天帝。帝之則，卽天之則，亦卽天理。「不識不知，順帝之則」，表示文王不自作聰明，不師心自用，唯是順天則天理而行。此仍是何思何慮、無思無爲之義。

(6)孔子之無意無我、無可無不可——論語子罕篇：「子絕四：毋意、毋必、毋固、毋我。」（四毋字，史記引皆作無。毋與無義同。）億測、期必、固執、私己，四者皆表示有所執、有所着，是起於意，而非良知之天明、心體之本然，故孔子絕之。「無可無不可」，語見論語微子篇。聖人之心，了無私意，當其可則可，當其不可則不可；一於天理，義之與比，故能常適其可。

(7)子思之不見不動、無聲無臭——不見、不動，皆見中庸末章：「君子之所不可及者，其唯人之所不見乎！……故君子不動而敬，不言而信。」所不見句，乃遙承首章「莫見乎隱，莫顯乎微，故君子愼其獨也」之意而言之。不動、不言句，亦承首章「戒愼乎其所不睹，恐懼乎其所不聞」，以言君子之戒愼恐懼，無時不然，固不待言動而後敬信也。故所謂「不見不動」，乃意謂君子成德，非起於意，只是愼獨，依天則而行。至於「無聲無臭」，乃詩經大雅文王篇之句，中庸引之，以贊聖人之德亦如天道之無聲無臭。既無聲臭，自無一物可着（亦無善、亦無惡），故海門引據之。

(8)孟子之不學不慮——盡心上：「孟子曰：人之所不學而能者，其良能也；所不慮而知者，其良知也。」朱註引程子曰：「良知良能，皆無所由，乃出於天，不係於人。」出於天者，乃是秉彝之良，自然超越對待，不着善惡。

(9)周子之無靜無動——周濂溪通書動靜章第十六：「動而無靜，靜而無動，物也。動而無動，靜而無靜，神也。」誠體不是一物，故其動既無動相，而其靜亦無靜相；它是卽動卽靜、動靜一如的虛靈寂體。（以其神感神應，故曰：神也。）儒家言本體，是卽超越卽內在的。故此天道誠體卽是心性本體。誠體無動靜相，心體無善惡相，其義實連貫而生。

(10)程子之無情無心——程明道定性書云：「天地之常，以其心普萬物而無心；聖人之常，以其情順萬事而無情。」普，遍及遍潤之意。天地以生物爲心，其心遍及遍潤於萬物，無私覆，無私載，故亦遂無心可見；而且天地之化生萬物，是「無心而成化」，並非有意而爲之，所以可曰「無心」。聖人之情，隨事而應，不着意，不偏注，「老者安之，少者懷之，朋友信之」，亦只是合當如此，自然而然，而並未專意用情，其情亦遂不可見，故亦可曰「無情」。程子所謂「無心、無情」，亦仍是不起意，不落思慮，不作好不作惡之義。

上所擧述，海門以爲盡皆「無善無惡」之旨，無有二義。故曰「天泉所證，雖陽明氏且爲祖述，而況可以龍溪氏當之也耶？」凡言本體，皆是就理說，不是就事說。理雖無有不善，然實無善相可見。故無善無惡之旨，確是遠有所本。海門以陽明「無善無惡心之體」爲「祖述」先聖宗旨，自無不可。龍溪言四無，雖分別就心、意、知、物四面而說，實則心意知物一體而化，一切皆如如呈現，無任何相可着，唯是一知體著見，唯是一明覺感應，故「四無」實卽「一無」。龍溪在境界上將四句教推至究竟處，正是良知教之調適上遂，而並非脫離四句教而別立四無也。然則，海門以「天泉所證」不得獨歸之龍溪，亦不可不謂隻眼獨具也。（按、王龍溪語錄中常有「不肖未敢言得，幸有所聞」之言，是則龍溪亦以自己之所說，不過闡述陽明宗旨，而未嘗據爲獨得之秘。）

海門又謂：聖賢立教，俱是因病立方；病盡方消，初無實法。言「有」非眞，言「無」亦不得已。若惟言是泥，則何言非礙？海門此言，看似玄蕩，而實通達。然淺識者，將又以此爲「宗門話頭」，而指其入禪矣。其實，孔子早經說過：「予欲無言」。後人何以對儒者稍涉高遠玄微之論，便以爲是禪，是來自二氏？然則，孔子之言「無言」，孟子之言「萬物皆備於我」，「過化存神」，「上下與天地同流」，亦來自二氏乎？中庸謂聖人之道「極高明」、「盡精微」，後人却儘將「高明、精微」之旨，全推與二氏，而又自謂能衞聖人之道，這眞是非常奇異可怪之論。歷來凡致疑於「四無」之說者，皆只落在言詮上，抓住「無善」二字，便誤以爲是說「性不善」或「性中沒有善」；苟能稍稍平心以觀，何至於生此誤會？然自許敬菴、顧憲成、黃梨洲等人，皆不能對四無之思路有相應之理解，又何怪乎佛弟子與世俗之人坐實宋明儒學爲「陽儒陰釋」？解人難得，千古所歎。然此一誤解所形成之禁忌，實關乎學脈，一經歪曲，衆人傳聲接響，呶呶多言，終於積非成是，遂使文化慧命，千百年難以顯豁暢通。此豈容啞口坐視，而任其長此混蒙而不加審察乎？海門九解所辯，於「四無」之思路，確有眞切相應之體會，雖不免有疏濶處，亦有分疏欠分明處，然倡明天泉宗旨之功，不可沒也。

附識：

宋明儒學發展到王學，再經二溪（王龍溪、羅近溪）調適上遂之闡發，實已徹至而無餘蘊。良知呈現，天理流行，一切皆只是良知之感應，只是知體之著見發揮。至此，良知一體平鋪，遂不免有顯露乃至淺露之感，而不能保住性體之奧義。牟先生謂江右王門劉師泉與劉兩峯之門人王塘南，皆欲向性體奧體（所謂性宗）走，是已開啓脫離王學（心宗）之機，而未能成熟。據此，則劉蕺山之攝知於意（意根誠體），歸顯於密，實乃義理發展之必然歸趨。（牟先生「致知議辯疏解」一文，卽欲就聶雙江之疑難以疏導出劉蕺山之思路。必須順此思路而發出對王學之論難，方是眞正對題者。）理學自南宋開爲三系：伊川朱子系、象山陽明系之外，胡五峯與劉蕺山亦成一系之義理（唯此系可與陸王系合為一大系）。胡劉二賢一頭一尾，時隔五百年而自然呼應；可知義理之開合，自有其義路脈絡可尋。强爲牽合固不可，欲混抹壓抑之，亦終不可能。義理學問之莊嚴眞切而不可「苟」，亦於此可見矣。

六十三年十一月初稿

六十四年十月「鵝湖」第四、五兩期

巍巍大人：敬悼 熊十力先生

黃岡熊先生（西元一八八五至一九六八），天挺人豪，一代儒宗，而今夏以八四高齡逝世於滬濱矣。天不憖遺，哲人其萎，瞻望雲天，哀仰何限！予後生小子，未嘗親聆教訓，固不足以知先生。然先生之爲人，師長前輩既常有稱述，而讀其書，想見其光輝盛德，仰其德，乃愈益起崇敬之情。自大明覆亡，船山老死，學絕道喪者三百年矣。非有深心之悲願，生命之大慧，與乎原始之眞力如 先生者，其孰能暢通華族生命之大流，光暢古先賢聖之慧命，以承續斯學，弘大斯道？ 先生泰山喬嶽，聲光橫溢，固巍巍一大人哉！牟師宗三嘗言： 先生是眞人，亦是野人。就其生命之原始氣——清氣、奇氣、眞氣、元氣、浩瀚之氣——而言，是「野人」。就其不染古今學風士習之汚濁俗套，而透顯生命之眞宰而言，是「眞人」。而就其直承吾華之民族文化生命，而爲聖學作宗主，爲玆世作木鐸，以透顯人格生命之「直、方、大」而言，是則爲「大人」。

「野人」之反爲文明人。文明人者，牢籠中之人也。文明是一套機括，一套桎梏。文明人好比籠中鳥、淺水龍，焉能聲鳴九臯，際會風雲？存在主義者有「街上人」一名詞，街上人者，文明人也。街上人之喧聒，何如曠野中之人聲？現代文明都市，連個月亮也無，遑論其他？（月亮不是月球）文明世界中人，能免於醜陋汚穢者幾希矣！淸者奇者，寖假變而爲混濁而醜怪矣。眞元浩瀚之氣，寖假變而爲虛薄浮蕩無體無力矣。惟先生眞樸渾含，元氣淋漓，嬌首八荒，默契蒼冥。嘗謂「每至武漢，頓覺市塵氣味，令人心中茅塞。自計足跡所經，唯北都荒廓，南京廣漠，最宜修學。不得已而求其次，則杭州秀麗，差可懷也」。「荒廓」、「廣漠」，所謂天地浩瀚氣象也。「秀麗」，則天地之清氣逸氣也。唯原始之生命，欣趣原始之氛圍。先生誠乾坤禹域之野人也。故其原始生命之眞力，能穿透歷史之煙霧，辟易文明之凡塵，而直對莽莽神州，上通黃帝堯舜而不隔。

「眞人」之反爲假人。假人者，習氣中之人也。泯喪生命之本眞，一任染習作主，久假不歸，乃隨生命之無明盲動，紛馳流轉而不能自已，此所謂習氣中之人也。習氣中人，無眞是非，無眞好惡，故亦無眞心肝、眞性情。一切只是隨風氣，趨時式，終日憧憧往來，客氣作主，遂成虛矜浮夸之軀殼假人。惟先生不敷衍、不應酬、不無聊、不做作，眞我呈露，爽朗明白。嘗聞之牟師：先生接待賓客，向無俗套，只談本體。無論來者爲達官貴人，爲士農工商，皆眞實作個人格看，而先生亦永遠只呈現其眞實生命之本體與人覿體相見。他只有一個眞。眞來以眞對，假來亦以眞對。（不能以假對。蓋為人之道，不能對人說人話，對鬼說鬼話也。）不自欺，不欺人。一方面是眞誠惻怛，另一面亦是孤冷自持。此是何等老婆心切，又是何等峻峭崖岸！先生嘗言：「今之大學敎育，茫無宗旨。當道奴蓄師儒。而敎授流品，亦極猥雜。不學無行，濫竽者衆。自好者宜視庠序爲汚途！然吾獨在其間者：一等於世尊行乞之義。二爲接引一二善類計。……吾不敢妄謁學校當局，不敢交諸名流。守其孤介，無所攀援，無所爭逐。兢兢業業，不敢負所學，以獲罪於先賢聖也。」先生久居上庠，而自謂等同「世尊行乞」，其意沉哀無比。（當今之世，人不知學，官不尊賢，尸位者不知敬師。乃使師儒興「託食」之悲，噫，豈不可歎之甚耶！）而欲接引來學，又常興「誰與授者」之歎。其敎訓後輩，言辭不免切峻者，眞愛才也。而居常罵人，亦無非平生見不得「假人」，聽不得「虛言浮語」，而要挑破沉悶，拒斥無聊，直對卑陋塵凡作獅子吼耳。

「大人」之反為小人。凡人不可失之小。一「小」字，便使人渾無胸襟，不成態度。惟先生悲天憫人，志懷千古，老而顛沛，不忘溝壑。念念與生民痛癢相關，時時以族類淪亡為憂。秉之心智弘深，命根特強。故能奮其「上天以六藝畀予」之志概，巍巍巖巖，卓爾風發，孤明獨照，含弘光大。其論聖學，以「敦仁日新」為主。謂涵養心性，要在日進弘實，不當專以日損為務。其論仁，則特重生生、剛健、炤明、通暢之德。此皆義進前賢，卓大深透。先生憫國人思想失其主，精神失獨立，以為「今日所急需者，思想獨立、學術獨立、精神獨立。一切依自不依他。高視濶步，而遊乎廣天博地之間。空諸依傍，自誠自明。以此自樹，將為世界文化開發新生命，豈惟自救而已哉！」又謂：「吾先哲為學之精神嚮向，超脫小己與功利之私。此等血脈，萬不可失。哲學無此血脈，不成哲學。科學無此血脈，且將以其知能供野心家之利用，而人類將有自毀之憂。吾人今日，必延續此血脈，以為羣生所托命。吾黃農虞夏之冑，不能不勇於自往也。」先生此言，族類之感與人類之愛交併而發，大人志量，誠不可及。而其承擔文運與自作主宰之精神，尤非時流所能彷彿其一二。惟 先生口言之，身體之，實見此理，實要擔當。故能恢廓發皇，自鑄偉辭，成一家言。

先生近承船山之緒，遙契尼山之旨。神思獨運，融攝道釋，而歸宗於大易。故其學深閎無涯涘。其三十年前之著作如「新唯識論」、「讀經示要」、「十力語要」、「佛家名相通釋」，臺灣有影印本；「十力語要初續」、「韓非子評論」，亦於三十八年由香港印行。至先生晚年所著，雖年逾古稀，遭逢屯艱，然猶心力瀰漫，理氣充盈。其「體用論」、「乾坤衍」二書迄無緣得見，先後讀其「原儒」「明心篇」一過，仍字字句句以光大聖學爲念，而力闢唯物之論。任乾坤倒轉而孤懷耿耿，痛紛綸浩刼而動心忍性。誠所謂「常運悲心存大理」、「老臥孤樓爭絕學」者矣。慨自華族遭刼，士氣頽喪，昔之紛呶狂狺而鄙棄傳統醜詆孔聖者，或匍匐馬列神魔之前以自賤受辱，或遁走鄉邦托庇異域以苟全活命，莽莽神州，誰爲黃帝以來之民族生命與孔孟以來之文化生命作主者！而　先生神龍潛淵，守死善道，身處煉獄，而莫或敢侮！非具乾坤伏魔手，其孰能至於此乎？　先生六十以前，常自歎「智及而不能仁守」。自神州沉淪，　先生息影滬濱，貞固抱一，窮且益堅，「正言辨心物，奧旨衍乾坤」。則天下之守仁者，孰難於此，孰大於此！延聖賢學脈於一線，爲黃帝子孫作典型，來日華族文化剝而能復，賴衰世猶有巨人耳。

通船山之孤懷，接宣聖之慧命。

江漢以濯之，秋陽以暴之，皜皜乎不可尙已！

五七、九、一八、東北抗日三十七周年之辰

敬悼　唐君毅先生

——兼述唐先生所著各書之大意與旨趣

一

大雅云亡，邦國殄瘁。唐先生的謝世，又豈止是哲學界極大的損失而已。雖說老成凋謝，典型猶存，但無論如何，值此中華民族花果飄零的時候，在文化學術和教育的崗位上，已經缺少一個閎識悲懷，擔當文運的碩果了。

我個人最初知道唐先生，是民國三十八、九年間，讀他在「民主評論」發表的文章，而最令我衷心感動而印象極深的，是三十九年孔子誕辰專號的「孔子與人格世界」一文。之後，唐先生的「中國文化之精神價值」、「人文精神之重建」等書，相繼在臺港出版，我都一一買來讀。牟宗三先生亦常說起唐先生，所以那時我雖未獲拜識唐先生，而在精神心靈與文化理想的企向上，却一直有着內在而親切的仰慕和感通。

四十五年暑假，唐先生隨港澳教育文化訪問團來到臺灣，我纔在牟先生的寓所東坡山莊，初次拜見唐先生。那次唐先生在臺北停留了十多天，他特別參加牟先生主持的「人文友會」第五十次聚會，講了一段非常懇切的話，當時由我擔任紀錄。（現特請「鵝湖」將此記詞刊出，以留紀念。）次日，牟先生與友會諸友請唐先生吃飯，飯後又到新店溪畔螢橋竹林茶館喝茶。

一二日後，還聽了唐先生一次講演，題目是「民主科學與道德宗教」。自從拜識了唐先生，便常寫信請教，四十九年，拙著「家國時代與歷史文化」出版，並承唐先生賜題書名。以後，唐先生每次來臺，我總前往客館拜謁，以親教益，而得到很多的啓發和鼓勵。

前年九月，唐先生在榮民總醫院動手術，之後，又移劍潭養病，我兩度前去探望，爲恐唐先生話說多了傷神，屢欲辭出，而他總說今天精神很好，難得見面，該多談談。於是，那一貫藹然親切的話語，便娓娓道來，了無倦容。臨別，唐先生和唐夫人送出門來，看見天氣很好，不覺走到池邊，我再三請留步，唐先生說，不要緊，大家一起多走幾步，我自己也高興。我看唐先生擧步雖有些遲重，但心境很開朗而貞定，他是無視或者平視那病魔之糾纏的。我默默禱求上蒼，保佑這位我敬愛，也是大家所敬愛的哲人，早日康復。沒想到在劍潭的揖別，竟是最後的一面。如今人天遙隔，更從何處親接先生的音容？

唐先生留在人間的，是他的精神志業，人格型範，和哲學思想，還有較具體的，就是他的著作，不學如我，實在不足以言介述唐先生的學術思想。在此，只能循着他的著作，就一己之所知作一簡述，以略明各書之大意與旨趣。疏漏是必然的，若更有差誤失旨之處，則敬俟讀者之指正。

二

唐先生最先印行的書，是民國三十二年由正中書局出版的「中西哲學思想之比較論集」。在此書印行之際，正是唐先生的思想有一進境之時，回視該書，看似內容豐富，而實多似是而非之論，所以唐先生願以三十三年由中華書局印行的「人生之體驗」爲自己出版之第一本書。此書頗帶文學性，多譬喻象徵之辭。主旨是在啓導人向內在的自我，以求人生之智慧。具有向內而向上之精神的青年，必能因讀此書而引發深心的感動。

接着，「道德自我之建立」亦由商務印書館於同年出版。這部書的文筆，特顯樸實而單純。若與前書相比較，則前書的內容大體本於悟會，觀照欣趣的意味較多，後書的內容則多本於察識，而鞭辟策勵的意味較重。因爲前書是唐先生依於他個人的性情，流露而出的對於人生之興感；而後一書則是爲求建立其道德自我，而對道德生活所作的反省之表述。

在此二書中，唐先生不取西方一般人生哲學道德哲學的方式，所以並不把人生問題道德問題，化爲一純思辯之所對。但在唐先生自覺地流露表述中，亦自然而加上了許多思想上的盤桓，因而此二書之寫作方式，與東方先哲直陳眞理以論人生道德的書亦有所不同。而是用思想去照明我們自己具體的人生之存在，以展露它所欲決定的理想與生活行爲之方向，以及在決定方向時所感到的困惑疑謎，進而面對此困惑疑謎而求加以銷化。這種思索，和第二次大戰以後在歐洲盛行的存在哲學者所說的存在的思索，却相類合。

與上述二書相連的另一部書，是「心物與人生」。此書本當與前二書同時出版。但唐先生覺得，眞要講哲學以直透本原，則當直接由知識論到形上學到宇宙論，或者由道德文化反溯其形上根據，再講宇宙論。而從自然界之物質、生命、講到心靈、知識、人生文化，雖然亦是一條路，但却是最紆曲的路；所以暫將此書停止出版。後來，唐先生又發覺一般青年學生所易於感到的哲學問題，仍然是如何從自然宇宙去看人的生命心靈之地位與價值，並依此以決定其人生文化之理想。人如此去想問題，一方面自易獲得一般科學知識與流行的哲學見解作憑藉，一方面亦易於引生各自的意見而停在一些膚淺混亂的談論上。而唐先生此書，是採對話體的論辯方式，以一根思想線索貫穿其中，正可使人對自然宇宙之認識，由物、到生命，再到心靈，以及心之求眞理，而步步深入，以漸次上達於高明。只要人能耐心依序而觀，並綜貫前後文之思想，自能袪蔽而得其要歸。乃決定增加幾篇論「人生與人文」的文章，合編成册，於四十二年，交由亞洲出版社印行，以利讀者。唐先生曾經表示，此書只是一橋梁，一道路，而不是一依止之所。因爲這是唐先生青壯年的作品，他的話還沒有說完，他的思想亦還有進一步的開擴和升進。

在此，我要略說聞之於牟先生的一些意思。牟先生與唐先生雖早相知，但直到抗戰期間纔在重慶見面。牟先生當時已寫成「邏輯典範」，正在爲「認識心之批判」醞釀構思，這是構架的思辯的路，那時牟先生對西方形上學不甚措意，尤其對黑格爾起反感；而唐先生則對形上學有强烈的興趣，而且是黑格爾式的。在兩位先生見面接觸之時，有一回唐先生講到辯證法與唯物辯證法之不同，雖只講了幾句，牟先生覺察到他講時頗費呑吐之力，便立即知道這必須有强度的心力往外噴，並感到唐先生是一個哲學的氣質，有玄思的心力，而以前發表的文學性之體裁的文章，並不足以代表他的生命之實。同時，「邏輯典範」一書所函的形上函義，在牟先生自己撰著之時並不自覺，而唐先生却能替他說出來。這使得牟先生在接近了康德之後，因着與唐先生的談論，對黑格爾亦發生好感，而契入了精神哲學。牟先生認爲，從知識對象方面作概念的思辯與分解，乃西方觀解的外在的形上學所從事，這是希臘哲人所開啓，而由自然哲學發其端，順對象或存在本有的各種面相而分解爲各種概念，再順各種概念之相順相違或相融相抵而展開爲各種系統。這些分解與系統自皆有其價值，但並非眞實形上學所以成立的本質關鍵，亦非眞實形上學所以得究竟了義以圓滿落實的所在。這些分解與系統不過是外部的枝葉，是有待於被消化的零碎知識。如柏拉圖、亞里斯多德而後，中世紀的神學，近代大陸的理性主義（經驗主義無有形上學），當代受物理學、生物學、數理邏輯之影響而出現的各種進化論、自然哲學、宇宙論、邏輯原子論等，全都不是眞實形上學之本源的義蘊。只不過是順著關於對象的若干知識或觀察，而來的一些猜測性的知解或形式的推證。眞實形上學之本質的義蘊，還是康德的進路爲能契入。由康德之路而契入的眞實形上學，以及其究竟了義與究竟落實，則根本是精神生活上的事。因此，牟先生感到自己當時所作的，只是根據「知性」而有一個形式的劃分，而由此形式劃分而分出的超越形上學問題，則是實際人生所要求的具體的精神生活之問題，這必須進入具體的精察與感受。形式的釐清與劃分，是康德的工作；而具體的精察與感受，則是黑格爾的精神哲學所展示。在此，佛敎大乘三系有很大的貢獻，而宋明儒的心性之學，則得到其最中肯的一環。所有觀解的形上學中的那些分解，必須統攝於這一骨幹中纔算有歸宿，有其落實而浹洽的意義與作用。以儒家之學爲骨幹，要分解便須是「超越的分解」，如康德之所爲。其次是辯證的綜和，而辯證的綜和卽含有辯證的分解，如黑格爾之所爲。同時亦須正視其哲學中抽象的普遍、具體的普遍、在其自己、對其自己等名詞之眞實意義。康德黑格爾的建樹，可以接上中國的心性之學，亦可以補中國文化之不足。而在中國哲學界裏，首先對黑格爾的精神哲學有眞實相應之了解的，便是唐先生。」（唐先生有「黑格爾的精神哲學」一長文，編入中華文化出版事業委員會印行的「黑格爾論文集」上冊。）

三

在「道德自我之建立」書中，唐先生雖已談到人倫關係與客觀社會文化理想，但那只是在個人求建立道德自我，而提起其自己的向上心情之氣氛下，而談到這些。此向上心情的氣氛，如充極其量而言，當然亦可以說是涵天蓋地而至大無外。因而一切人倫關係與客觀的社會文化理想，亦都可以爲它所籠罩。但這種向上的心情，畢竟只是屬於個人的。而由於當時並未眞正涉世或入世，所以對於人倫關係與客觀社會政治文化之理想的嚴肅性與莊嚴性，亦認識不深。直到抗戰勝利回南京，唐先生乃感到家、國、天下之觀念的重要性。後來又到江南大學擔任教務行政，乃由人與人的共同事業中，體悟到社會組織之重要，而開始撰述「文化意識與道德理性」一書，以爲社會文化建立道德理性之基礎。

在這部書裏，「道德理性遍運於各種社會文化意識」是一個綱領性的觀念。這表示人類一切文化活動，皆統屬於道德理性（道德自我）而爲道德自我之分殊的表現。人在各種不同的文化活動中，其自覺之目的，固不必在於道德之實踐，而常只在於一文化活動之完成或一特殊的文化價值之實現。譬如藝術求美、經濟求財利、政治求權利之安排等等。但一切文化活動之所以能够存在，則皆依於一道德自我爲之支持。因而，一切文化活動，亦皆不自覺或超自覺地表現一道德價值。道德自我是一、是本，是涵攝一切文化理想的。文化活動是多、是末，是成就現實之文明的。人若不能自覺各種文化活動所形成的社會文化之諸領域，實皆統屬於人之道德自我，而舍本以逐末，廢一而泥多；則只見現實文明之千差萬別，而不能反溯其所以形成的精神理想，以見其貫通。人若徒知客觀社會超越個人，而不知客觀社會亦內在於人之道德自我；則人文世界將日益趨於分裂與離散，人的人格精神亦將日趨於外在化、世俗化。所以此書之目的，一方面是推擴我們所謂道德自我的涵義，以說明人文世界之成立；一方面則統攝人文世界於道德理性的主宰之下。唐先生認爲，中國文化過去的缺點，是在於人文世界未曾分殊的撐開；而西方現代文化的缺點，則在於人文世界盡量撐開而淪於分裂。中國將來之文化，應更由本以成末，而現代西方文化，則應由末而返本。這亦就是爲中西文化理想之會通，建立一理論基礎。在此書中，唐先生已提出一文化哲學之系統。同時亦對自然主義、唯物主義、功利主義之文化觀，予以徹底之否定，以保人文世界之長存而不墜。（此書於四十一年全部完稿，而延至四十七年始由友聯出版社印行。）

三十八年，大陸淪陷，唐先生流亡到香港。瞻望故邦，臨風隕涕。乃發憤撰成「中國文化之精神價値」一書，於四十二年由正中書局出版。此書引申中國哲學之智慧以論中國文化之「精神價値」，統之有宗，會之有元，是民國以來通論中國文化的最佳之作。首四章縱論中國文化之歷史發展，包含中西文化之精神形成之外緣、中國文化與宗教之起源、中國哲學之原始精神、孔子以後的中國學術文化之精神。第五章至第八章，分論中國先哲之自然宇宙觀、心性觀，以及人生道德理想。第九章至十四章，則橫論中國文化之各方面，分爲中國人間世界、中國藝術精神、中國文學精神、中國之人格世界、中國之宗教精神與形上信仰：悠久世界。最後三章則專論中西文化之融攝問題，以解除近百年來中西文化問題之糾結，而昭示中國未來文化之遠景。

唐先生此書，對於具體的歷史社會之事實，所論較少。而對於中國文化的特殊精神，則力求以較清楚的哲學概念加以表達。對於中國文化的精神，唐先生不取中國無宗教之說，而認爲中國的哲學與道德政教之精神，皆直接由原始敬天的精神而開出。所以中國文化並非無宗教，而是宗教融攝於人文。中國文化精神之神髓，唯在充量地依據內在於人的「仁心」，以超越地涵蓋自然與人生，同時普遍化此仁心以通觀自然與人生之一切，並實現此仁心於自然與人生，而達於人文之充分化成。此仁心卽是天心，仁心是說其內在義，天心是說其超越義；實則合內外、通天人，故最後必歸於：見天心（仁心）、自然、人性、人倫、人文、人格之一貫。到此，方是論中國文化精神之究竟了義。

自唐先生到香港之六七年中，面對吾華族文化之厄運，情志激昂，悲智宏發，充分地披露了他對文化學術之通識與熱忱。於是繼「中國文化之精神價値」之後，又有「人文精神之重建」與「中國人文精神之發展」兩部大著出版。（前書於四十四年出版，後書則於四十七年印行。）這是從客觀的社會文化觀點，以通論當世所謂：民主、自由、和平、悠久、科學、社會生活、社會道德、以及宗教精神等等之問題。這幾部切關時代文化與民族國家之前途命運的書，雖不是哲學的專著，但其價値與影響，實較專著更爲深遠、更爲廣大。雖然唐先生自己覺得這種卽事言理之文，隨事宛轉，意氣激昂，亦易於使人心志外馳，往而不返；但同時亦指出，一般學院式的著作，其純客觀的敍述與分析，使一切人之觀念思想皆定位化於一個系統之中，這雖亦是學術目的之一種，但平鋪陳設在那系統之中的內容，其對理想與嚮往的引發性，便喪失了。這好比一一之珠雖須定位於盤中，但這些定位之珠，仍須流轉於盤，乃能有運動力。因此，一切思想系統中之內容，亦仍須再以「生命」貫注其中，加以活轉，乃能內在化主觀化，以誘導出根於道德自我而生發的眞實之理想與嚮往。由此可知，唐先生這幾部書的價值，並不是一般哲學的專著所能代替。我個人以及許多朋友，都特別喜讀這幾部書而深有感發。因爲唐先生之所論，與民族文化生命的脈博以及中國乃至世界人類的前途，皆是密切相關連的。而且這幾部書中，隨文隨頁都有唐先生的仁心悲願與人格精神之流注和映現，此時重讀，更覺唐先生音容宛在，而仍可相契相遇於旦暮。

另外，在上述各書撰作之同時與稍後，唐先生又陸續寫成「人生之體驗續篇」。前作「人生之體驗」，是基於對人生之向上性的肯定，以求超拔於現實煩惱之外；而此續篇，則更正視了人生之艱難、罪惡、悲劇等方面。這人生負面之事物，既無可躲閃逃避，乃通過曲折盤桓之思想，一一加以剖析與陳述。這方面的照察之微、體驗之深、以及感受之切，可說舉世罕有其匹。唐先生之意，當然是致望於讀此書者，正視人生之艱難與成德之不易，警惕人生上達之層層阻礙，而動心忍性以斬彼葛藤，將此人生負面之事物一一加以轉化，以歸於人生之正道。但天下人並不皆有唐先生之悲智與心力，氣性較弱而志不堅卓者，或易爲此書紆鬱沉重之氛圍所壓，而在無可奈何的感歎中減失其剛銳之氣，這是讀唐先生此書者，首應惕勵而善自珍重的。

四

在前述各書出版之後，唐先生又應香港孟氏教育基金會之約，撰著一部「哲學概論」，於五十年分兩厚册出版。以「哲學概論」爲書名，在西方亦是遲至十九世紀末葉纔有的事。而西方人所著的哲學概論，或着重一系統之說明而帶有一家言之色彩，或着重在選擇若干哲學之基本問題加以討論，或着重於羅列各派哲學對於各類哲學之解答以供讀者之採擇，但無論那種類型之哲學概論，皆只以希臘傳統以下的西方哲學爲取材之範圍。而唐先生此書，則兼及西方、印度、中國之哲學思想，在撰述的方式上亦頗採取各類型之優長，可以說是最完整博通的一部哲學概論。

五十五年，「中國哲學原論」上册，由人生出版社印行，書中分原理、原心爲導論編；原名、原辯、原言與默、原辯與默、原致知格物爲名辯與致知編；原道、原太極、原命爲天道與天命編。唐先生之意，此三編卽可分別代表中國哲學之三方面，而與西方哲學之論「理性的心靈」、「知識」、「形上學」之三方面，約略相當。由此以見中國哲學自有其各方面之義理，亦有其內在之一套問題；它既具有獨立自足性，而亦不礙其可旁通於世界之哲學。下册爲「原性篇」，本當與上册合印，以篇幅繁多，乃於五十七年由新亞研究所單册印行。此書是通貫中國哲學之全史，以論述二千餘年人性思想之發展。既明其演生之迹，復觀其會通之途，以期學者之循序契入，而由平易以漸達於高明、由卑近以漸趨於廣大。進而證見中國哲學中之思想，實豐富而多端，而可合成一獨立自足的義理世界。

在「原性篇」完成之後，唐先生卽罹目疾。屢經求醫，幸能保住一目之視覺。乃又寫成「原道篇」三大册，以論述中國哲學中之「道」的建立及其發展。上自周秦，下迄隋唐，彌綸開合，交光互映。意欲綜述其經緯縱橫之綱宗條脈，事屬非易。但讀後有一義深契於心，是卽唐先生此書之主旨，是在揭示：中國思想的慧命相續之流，實歷千百年而未嘗停滯不進，雖然有時昭顯而趨正，有時歧出而隱伏，但通觀其升進之途程，實有如江河之納細流，而日趨於浩瀚；在二千餘年中，實展現一社會政教「擧體俱運，順流平進」之浩浩蕩蕩的民族文化生命之大流。而唐先生此書，雖因卷帙之巨，看來只覺其渾淪一片，但讀者苟能有會於中國思想之慧命相續，並默存此念於心，以漸次熟習，漸次領攝，則亦可看出唐先生之論述，雖詳略不盡一致，而義理觀念却能先後照應，而有一自然之節次貫運其間，這亦或者正是唐先生最所用心措意之所在。

繼「原道篇」之後，唐先生又於六十四年出版「原教篇」，以論宋明儒學思想之發展。書出之後，我曾寫一文介述書中大意，刊於「哲學與文化」，玆不復贅。(今按、此文已編入「唐君毅教授紀念論文集」，即將由學生書局出版。)同年，唐先生並輯印「中華人文與當今世界」一書(學生書局出版)，這是唐先生歷年來身居香港，一面回念中華民族之人文精神，一面放眼看當今之世界，而絡續寫成的文章。編印之時，以「發乎情」之部爲導言，以「止乎義」之部論人文學術之意義，以「感乎世運時勢」之部論世界文化問題與中國人文精神之發展。書中所論雖比較通泛，而實與「人文精神之重建」、「中國人文精神之發展」二書同其性質。書後並附錄民國四十七年元旦與牟宗三、徐復觀、張君勱諸先生聯名發表之文化宣言。(題爲「中國文化與世界」。)全文分十二節：(1)我們發表此宣言之理由，(2)世界人士研究中國學術文化之三種動機與道路及其缺點，(3)中國歷史文化之精神生命之肯定，(4)中國哲學思想在中國文化中之地位及其與西方哲學之不同，(5)中國文化中之倫理道德與宗教精神，(6)中國心性之學的意義，(7)中國歷史文化所以長久的理由，(8)中國文化之發展與科學，(9)中國文化之發展與民主建國，(10)我們對中國現代政治史之認識，(11)我們對於西方文化之期望及西方所應學習於東方之智慧者，(12)我們對世界學術思想之期望。

去年，唐先生出版其最後一書：「生命存在與心靈境界」，以論述生命存在之三向與心靈之九境。此書之導論與後序已發表於「鵝湖」。所謂生命存在之三向，是指生命心靈之(1)前後向的順觀，以觀體爲主；(2)內外向的橫觀，以觀相爲主；(3)上下的縱觀，以觀用爲主；而此三者實又交互相通，未嘗不可合而爲一。由此三向開出心靈之九境：初三境爲萬物散殊境、依類成化境、功能序運境。中三境爲感覺互攝境、觀照凌虛境、道德實踐境。後三境爲歸向一神境（神教境）、我法二空境（佛教境）、天德流行境（儒教境）。至於全書之歸趣，則不出於「立三極、開三界、成三祭」。唐先生自謂，數十年來之一切所思，皆可概括於此。所謂「三極」是人極、太極、皇極。「三界」是人性世界、人格世界、人文世界。人性直通於天命與太極；人格之至，是爲聖格，此卽所以立人極；全幅人文之化成而不以偏蔽全，是卽所謂皇極。而祭天地、祭祖先、祭聖賢之「三祭」，則專爲徹幽明、通死生、貫天人而設。三祭之有形者屬於宗教，此本是儒家禮教之一端，唐先生則意在本此三祭以開攝未來世界之宗教。而三祭之無形者，卽存於人之德性與智慧之一念契會中。祭者，契也；故當下具足，不待外求。此三祭之事，志不在祈福，而唯是本乎人義之所當爲，以順吾人之性情，而立人道之至極。（至於一般之宗教，則猶未脫巫道而志在求福，不免使「人道」倒懸於「神道」，而以宗教凌駕於人文世界之上，離越於人文世界之外。）

五

唐先生一生盡瘁文化學術，德教遠播，作育功深。天下契知其學而能承風接響者，所在多有，必能有較詳實之介述發揮與申論。而此之所述，乃在心情沉重之下匆促寫成，不過略陳一己之知見，以爲好學青年告而已。

二月三日下午，臺大黃君瑞明與鄧君克銘來訪，告以唐先生已於昨晨在港逝世，聞之而驚，覓報索閱，而消息簡短。半小時後，師大林君安梧又來舍下，亦首先說到唐先生謝世之事，相與感歎，不勝其哀悼之情。當日晚間，上一簡函請唐夫人節哀，而實又無言以相慰。次日再爲新亞唐端正兄寫一信，請與在港諸友勉節愴痛，敦襄喪禮，並敬附輓聯，託他上獻於唐先生之靈前，以申衷心之哀仰。其辭曰：

香江雲天，遽隕山斗，哀仰情何限，賴有哲士盈庭，永續慧命；
蓬島客館，屢接音容，啓沃意特多，今唯青燈含淚，常誦遺書。

鵝湖社諸君子，決定即期出一專號，以紀念一代哲人之謝世。此乃學術良心之表示，可欽可感。主編曾昭旭先生特來急函，囑寫一文，乃不揣譾陋，敬述唐先生所著各書之大旨如上。竊念學術乃國家民族之命脈，前修開啓，後學繼踵，賴代代之相續，民族文化之生命，乃能繩繩繼繼，以勿陷沒。如有能弘發而光大之者，則尤爲華族之肖子，是在有志者。

六十七年二月八日於深夜燈下

六十七年三月刊於「鵝湖」三十三期

唐君毅先生的生平與學術

六十七年三月二十二日講於中國文化學院哲學學社

唐先生逝世，到今日已經七七四十九天了。去年秋天，唐先生服用中藥的情況還很好，所以香港新亞方面發起爲唐先生七十大慶編印一本祝壽論文集，約我寫稿。寒假期間我開始動筆，寫了一篇「中國近千年來學脈的分合與流衍」，一月底完稿，二月一日寄往香港，不料第二天唐先生便與世長辭。第三天報紙的消息很簡短，我沒有看到，到了下午，臺大師大有幾位同學來到我家，告知這個不幸的消息。次日晚上收到鵝湖的限時信，說要爲唐先生逝世出紀念專號，希望我寫篇文章。就在過年那三天中，寫成一篇介紹唐先生著作的紀念文字，已在鵝湖三月號發表。

三月七日，我應約參加了臺北「書評書目」雜誌社紀念唐先生的座談會，我也講到唐先生的著作。三月十一日，唐先生的靈柩，由唐夫人和女公子，還有新亞早期的學生，護送來臺安葬。十二日在臺大法學院禮堂開追悼會，我和友人周羣振先生合送一副輓聯，辭云：「蜀江蔚哲思，悲智宏發，重振人文爭世運；嶺海流教澤，德慧孔昭，更弘聖學卜天心。」十三日發引觀音山行安葬禮。這三天的儀式我都參加了。唐先生的長眠之地，俯瞰淡水河，面對七星山，視界開廓，有山有水，形勢景觀都很好。在那裏可以看到華岡，使我們覺得唐先生離我們很近。

那天在松山機場迎靈，臺大哲學學社的社長，約我作一次紀念唐先生的演講，我說我臺北臺中來回上課，恐怕沒有時間，當時沒有說定。上週，本校哲學學社的同學又要我作一次演講，談談唐先生的生平與學術。對於這個題目，我並不是很合式的發言人。那末誰最合式呢？我想應該是唐先生的門人弟子。而最有資格講話的，則是唐先生生平最相知的朋友牟宗三先生。但牟先生還在香港，就是四月底回到臺大講學，我想他也未必願意來講這個題目。因爲唐先生的逝世，牟先生非常傷痛。好在他有一篇哀悼文字在鵝湖發表，我們可以去看那篇文章。牟先生不講，唐先生的門人弟子也不能來講，所以我就答應了這一次的講演。

我認識唐先生雖已二十多年，但只有唐先生每次來臺灣時才有向他當面請益的機會。平常就只有通信和看他的文章，讀他的書。此外，我在牟先生那裏也聽到一些有關唐先生的性情和爲人。下面就依據我個人所知道的，分爲三點來講。第一是唐先生的家世、生平與師友，第二是唐先生著作的三個階段，第三是唐先生在文化學術上特出的表現和貢獻。

一、唐先生的家世、生平、與師友

唐先生是四川宜賓人，祖籍則是廣東五華的客家，自六世祖遷入四川，到唐先生父親這一代開始正式讀書。他父親廸風老先生，是清代最後一科的秀才，但從他的性情看，他是一位聖門狂者型的人物。廸風老先生是唯識學大師歐陽竟無的學生。但他初見歐陽大師第一句話便說：弟子不願學佛，願學儒。對一位佛學大師說這樣的話，便正是狂者性情的當下流露。廸風老先生曾在四川各中學、大學敎書，留存的著作有「孟子大義」。唐先生的母親陳太夫人是一位賢母，也是一位女詩人，有「思復堂遺詩」五卷。這兩部書，在前幾年都由唐先生印出來了。唐先生有一個弟弟，三個妹妹，都留在大陸。唐夫人謝方回女士，擅長琴書，學養也很深純。女公子安仁，在美國修習文學博士。唐先生的女婿王清瑞博士，是本省臺南人。

唐先生民國前四年戊申臘月生，換算陽曆則是西元一九〇九年春天。他在成都重慶讀小學中學。十七歲到北平讀大學，一度入中俄大學，後入北京大學，因而認識了梁漱溟先生，以後便對梁先生執弟子禮。唐先生在北平的時間不長，第二年便休學，又過了一年，十九歲，入南京中央大學哲學系。方東美先生，還有宗白華先生，都是唐先生在中大讀書時的老師。那時候，北京大學有二位先生也在中大作過短期講學，一位是佛教史專家湯用彤先生，一位就是熊十力先生。唐先生對熊先生也執弟子之禮。中大畢業之後，曾留校做過助教。後來回四川，在四川大學、華西大學教書。抗戰時期，一度在重慶教育部擔任編審。同時和周輔成先生創辦「理想與文化」雜誌。

那個時候，唐先生父親的老師歐陽竟無先生七十歲了。他忽然要唐先生進內學院，長期做他的弟子。唐先生不肯，歐陽大師大怒，怒稍息，又以悲惻蒼涼的聲音說道：七十年來，我在黃泉道上獨來獨往，只是想多有幾個路上同行的人。唐先生聽了這幾句話，大爲感動，而俯身下拜，歐陽大師也下拜。但唐先生仍然沒有做歐陽大師的弟子。這是表示，接受一個生命上的老師是一件極其鄭重的事情。敬他的爲人而不能契接他的學問和慧命，就不能輕易居弟子列。這是自重自尊，也是對於對方的一種尊重。從這件事我們可以看出唐先生那強毅眞摯的性情。

後來，唐先生回到中央大學敎書，抗戰勝利，又隨中大遷回南京。這段時間，他和牟先生同在中大哲學系。唐先生同輩的朋友當然很多，但在性情、學問、思想上能相知相契，而且能相資相益的，就是牟先生。當時，中大哲學系的系主任採取一年輪任的辦法，唐先生一年期滿，三十五年度就輪到牟先生擔任，因爲顧及學生的課業，在課程上作了一個權宜性的調配，竟招致某資深敎授的誤解，並因此而受到排擠。唐先生挺身而出爲牟先生仗義抱不平，但沒有結果。於是唐先生決定與牟先生共進退，在三十六年秋天離開中大到無錫新創的江南大學做敎務長，牟先生則同時接到金陵大學和江南大學兩校的聘書。在這件事上，唐先生爲了「正是非」，爲了對朋友作道義上的支持，不惜離開母校，實充分地表現了一種情義深重的古風。他以「性情」對「意氣」，爲師友風義作了一次莊嚴的見證。在這裏，我再說一件事，四年前唐先生來臺大講學，臺北某大學一位研究生，想就熊先生的新唯識論做博士論文，唐先生和他談了幾句之後，就勸他不要寫這個題目。有一天我去看唐先生，唐先生提起這件事，他說：如果對儒家的學問和大乘佛學沒有眞切的了解，就不能把握到新唯識論的理路；如果對熊先生的生命人格和哲學思想沒有相應的契會和敬意，就更無法了解新唯識論的地位和價値。如今只想用熊先生的書作材料，拿來隨意排比，做成自已的論文，唐先生加重語氣地說，這怎麽可以？唐先生這種尊師、尊學、尊道的眞誠，正是今天學術界最欠缺的。現在一般知識分子，大體只停在「知識」的層次，還沒有進入「學問」的領域，所以不懂這個道理。雖然也都會說「尊師重道」，那只是人云亦云，口頭上說說而已。

三十八年，大陸淪陷，唐先生流亡到香港。爲了延續民族文化的生命，弘揚文化理想，他和錢穆先生、張丕介先生等創辦了新亞書院。沒有錢，沒有校舍，借別人的敎室晚上上課。他們動心忍性，表現了堅苦卓絕的精神，終於獲得國內外人士的欽佩，而且得到美國耶魯大學教育基金的捐助合作，才有了現在九龍農圃道的新亞校舍。在和耶魯大學合作前一年招進來的學生畢業之時，唐先生正在國外，特別寫了一封信給他們，大意是說，大家要記住耶魯大學給我們的捐助，我們也要立志，將來對耶魯乃至對美國作經濟上和文化學術上的還報。這封信當時發表在人生雜誌上，我和幾位朋友看了，非常感動。近百年來，中國一直受西方的侵略，使我們滿身是傷。但我們也一直受到西方文化學術上的好處，所以也滿身是債。滿身是傷，我們可以咬緊牙關撐下去；但滿身是債，是會使我們挺不起腰抬不起頭的。我們豈能永遠滿身是債？目前，我們也許沒有能力還報西方，可是，如果連還債的心願志氣都沒有，我們將有什麽臉面說自己是黃帝子孫，是有光榮悠久的文化傳統的中國人？所以，唐先生囑咐新亞學生的話，是每一個中國知識分子都應該永銘在心，不可忘懷的。

到了五十二年，香港成立中文大學，這是由新亞書院、崇基書院、聯合書院合起來的。在當時，新亞是否要參加中文大學，曾經引起內部的爭論。一般的教授希望參加以提高待遇，學生也希望參加，因爲官立大學畢業，在香港易於找到工作。但參加進去，就要受到香港政府的控制，文化理想就不容易維持。唐先生爲這件事非常痛苦。最後爲了替學生現實的出路着想，終於忍痛參加。參加之後，唐先生又力爭中文大學要採聯合制，使三個書院的教學與行政能够獨立，以維護各個書院特有的精神和風格。香港政府雖勉强答應了，但併吞統一三個書院的陰謀陽謀，一直在進行着。尤其對新亞，更是極盡挑剔刁難之能事。因爲聯合書院的董事，多半是香港紳士，所謂高等華人，他們都聽香港政府的。崇基是教會學校，只要方便傳教，香港政府對於教學與行政上的措施主張，他們無所謂。只有新亞代表中國文化的理想和立場，所以處境最艱苦。而最可悲可歎的是，那些二毛子之流，居然在「中文」大學的校政會議上，不說中國話，不用中國文，而一律說英語、用英文，終於氣走了新亞校長錢穆先生。後來張丕介先生也爲新亞的理想而憂傷成疾，而退休、而去世了。當時，徐復觀先生有一篇文章，他說新亞是靠錢穆先生的名望，唐君毅先生的理想，張丕介先生的頑强精神，而支持的。如今錢先生撤走了，張先生去世了，唐先生陷於孤軍奮鬪，更爲吃力了。

後來牟先生由港大轉到新亞與唐先生共事，但也只能在精神上和唐先生合力，來支撑這一個文化理想。等到六十三年兩位先生同時退休以後，香港政府便露出了它那老帝國主義的面目，併吞統一了三個書院。新亞的董事們憤而辭職，但已經於事無補了。唐先生爲了維持中國文化的理想，又和牟先生、徐先生等在新亞書院的老校舍重新恢復私立的新亞研究所，後來又得到我們教育部經費的資助，才能够維持下來。六十四年唐先生來臺大講學，臺灣許多後進、學生圍繞著他，這恐怕是唐先生歷來講學最歡暢的一段時間。說到這裏，我們可以清清楚楚的了解一個事實，那就是：要講文化，必須要有自己的國土。離開國土是無法使文化的種子長成大樹、開花結果的。但也正因爲這樣，對於唐先生在英國殖民地的香港，爲中國文化理想所作的艱苦奮鬪，我們應該致以最崇高的敬意。

二、唐先生著作的三個階段

要談唐先生的學術，不能離開他的著作。我個人認爲唐先生的著作可以分爲三個階段。在階段之前，以及一二階段、二三階段之間，又各有一部過渡性的著作——我這裏所謂過渡，是表示學問思想的轉進發展，而絕不意謂它不重要。最後，還有一部總結性的書。

唐先生的第一部著作是「中西哲學思想比較論文集」。在這部書印行出版的時候，正是唐先生的思想有一進境之際。這部書雖然內容豐富，但唐先生覺得其中所論有不少是似是而非的，所以不願意把這部書當做自己出版的第一部書。因此，我們也將此書看做是階段前的著作。

第一階段有三部書，那就是「人生之體驗」、「道德自我之建立」、「心物與人生」。這三書也本來有一個總名，叫做「人生之路」。後來分成三册出版。前二部書，是唐先生順着他自己的性情，根據他向內而向上的要求，以開發人生的智慧，建立道德的自我，決定人生的方向。所以裏面講的話，都是肫懇眞摯，而很能感動人、啓發人的。尤其「道德自我之建立」，這部書所表現的那種超拔向上的道德的勁力，以及所流露的眞誠惻怛的襟懷，更可以使我們接觸到唐先生純厚的道德心靈。第三部「心物與人生」，是以對話的論辯方式，從物質到生命，從生命到心靈，再到心之求眞理，一層層，一步步，引導人透顯出人生文化的理想。但唐先生表示，這部書，只是一個橋梁，一個通道，而不是一個依止之所。因爲唐先生的思想，還有更進一步的開擴和升進。

由第一階段這種主觀的道德生活的反省，進而注意到社會文化的重要，於是便看出各種社會文化的活動——如像家庭、教育、經濟、政治、科學、哲學、文學藝術、宗教信仰，乃至於軍事體育的活動，都有道德理性貫注運行於其中。換句話說，道德理性乃是一切社會文化的基礎。而現實中的各種社會文化活動，也都不自覺或超自覺地表現了一種道德的價值。所以整個人文世界都可以統攝於道德理性的主宰之下。這就是唐先生另一部書「文化意識與道德理性」的一個中心的觀念。這部書已經提出了一個文化哲學的系統。由這部理論的書作一個過渡的橋梁，再向前開擴發展，這就進入了第二階段的著作。

第二階段有四部書。第一部是「中國文化之精神價值」。書中引申中國哲學的智慧，來論述中國文化之「精神的價值」。一方面縱論中國文化的歷史發展，一方面橫論中國文化中的自然宇宙觀、心性觀、人生道德理想、宗教精神與形上信仰、文學藝術的精神、以及人間世界、人格世界、形上信仰的悠久世界，最後還討論中西文化融攝會通的問題。這是民國以來，通論中國文化的最佳著作。第二部是「人文精神之重建」，第三部是「中國人文精神之發展」。這二部書是從客觀的社會文化的觀點，來討論我們當前所遭遇的，有關民主、自由、科學、社會生活、社會道德，以及宗教精神、人類和平、世界悠久等等的問題。在這裏，唐先生顯示了他的通識，流露了他的仁心悲願，也貫注了他的人格精神。這幾部書都不是哲學專著，但它的價值和影響却超過了哲學專著，而且也不是哲學專著所能代替的。它代表唐先生全幅生命性情的發皇，和思想領域的擴大升進，眞已達於「沛然而發，莫之能禦」的境地。牟先生曾引莊子天下篇的話：「彼其充實不可以已……其於本也，弘大而闢，深閎而肆；其於宗也，可謂調適而上遂矣。」認爲這幾句話，正可以作爲「文化意識與道德理性」和這幾部書的寫照。同時還告訴青年朋友要細讀這幾部不朽的著作，以敦篤自己的性情，恢弘自己的志氣，提高自己的理想。另外，還有第四部「中華人文與當今世界」，這部書雖然三年前才印出來，但同樣也是闡揚中國人文精神，進而討論世界文化問題，所以在性質上可以看做是以上幾部書的引申和衍展。（在此階段還有一書，後面再說。）

由重建人文精神，以挽救中國乃至人類文化的命運，當然還是要重視文化的核心：哲學思想。唐先生那二大册的「哲學概論」，就是兼顧中國、印度、西方三大系的哲學思想而寫成的書。由這一部書作一個過渡，再回頭重新疏導中國哲學思想發展的脈絡，這就進到第三階段的著作。

第三階段的著作，就是「中國哲學原論」中的導論篇、原性篇、原道篇、原教篇。唐先生指出，中國哲學自有它各方面的義理，也有它一套內在的問題，一方面它自己形成一個獨立自足的義理世界，一方面也可以旁通於世界的哲學。在這幾本大書裏，唐先生是通貫中國哲學演進發展的全部過程，來論(1)中國人性思想的發展。(2)中國「道」這個觀念的建立和發展，以及，(3)宋明儒學思想的發展。這種大規模的學術思想的疏導工作，只有二個人做出來了，一位是牟先生，一位就是唐先生。兩位先生的寫作方式和着重點，自然不盡相同。照我個人的了解，牟先生的書，以透顯義理的骨幹和思想的間架爲主，比較着重於同中見其異，以使中國學問的義理綱維和思想系統，得以釐清而確定。這是一種講哲學系統和講哲學史的立場和態度。因爲要弄清楚各個時代和各家各派思想的分合異同，以及其演變發展的關節，同中觀異是必要的。牟先生的「才性與玄理」、「佛性與般若」、「心體與性體」這三部書，就是以同中見其異的態度，來講明魏晉玄學、南北朝隋唐佛學、宋明儒學這三個階段的學術之眞義。唐先生的書，則以通觀思想的承接與流衍爲主，重在異中見其同，藉此以通暢文化慧命之相續，以顯示承先啓後的文化生命之大流。這是一種重視哲學思想之交光互映和相續流衍的立場。因爲要昭顯幾千年來思想的交會融貫和文化慧命之相續不斷，就必須異中觀同。唐先生的中國哲學原論各篇，就是採取異中見其同的態度，來通貫地講述從先秦到清代的學術思想。這幾大册書，是在唐先生最艱困的時期撰寫的。一方面在新亞爲文化理想作苦鬬，一方面遭逢高堂陳太夫人之喪，接着又患眼疾而一目失明，在這樣「心力瘁傷」的情形之下，其心情或不免涉於惶急，所以這幾部大書寫得比較匆忙。但就唐先生自己而言，他是順着文化意識的張大而心不容已地寫下去。唐先生已經盡了他對文化對時代的使命，他可以無所憾了。

去年，唐先生出版了他最後的一部書「生命存在與心靈九境」。這是一部總結性的書，唐先生的思想立場，在書中已有了一個交代。這部書一方面在於解答形上學與知識論所引生的種種問題，一方面則依生命三向開出心靈九境：⑴初三境爲萬物散殊境、依類成化境、功能序運境，三者重在客體，都是覺他境；⑵中三境爲感覺互攝境、觀照凌虛境、道德實踐境，三者以主攝客，都是自覺境；⑶後三境爲歸向一神的神教境、我法二空的佛教境、天德流行的儒教境，三者皆爲超自覺境，超越主客之相對，是「以主爲主」的絕對主體境。唐先生這種講法，事實上就是一種判教的工作。判教是最高的學問。當印度佛教傳到中國而大爲興盛的時候，爲了使大乘、小乘、各宗各派的教義和經論文獻有一個妥當的分判和安排，於是就有了判教。首先是隋代智者大師所作的天臺判教，判爲藏、通、別、圓四教。到唐高宗時，又有賢首大師的華嚴判教，判爲小、始、終、頓、圓五教。但這只是佛教內部的判教。而今天我們所面對的，則是古今中外各種形態的文化、宗教和哲學思想交會激盪的局面，正需要一個新的判教，來別同異、定位序，以建立綜攝融通的基準和軌轍。

在當代中國哲學界，也有二位先生不約而同地做了比天臺華嚴更深廣的判教工作。這就是唐先生和牟先生。在西方，沒有人有能力做這種事，因爲他們不了解東方。中國人能做，這是很值得我們感奮而激勵的。唐先生是通觀文化心靈活動的全部內容而開列上面所說的九境，以分判文化中各種學說思想以及幾個大教的境界。這是一種廣度式的判教。而牟先生所作的，則採取較爲精約而集中的方式。是就人類文化心靈最高表現的幾個大教來說話。牟先生常說，以前是儒釋道三教相摩盪，在今天，則要通過儒、佛、耶的摩盪，以開出人類文化的新途徑，才能够消解馬列魔道，重開世界之光明。在「佛性與般若」書中，牟先生曾對天臺華嚴的判教略作調整，以天臺爲準而兼採華嚴始教終教之意，列爲藏教、通教、始別教、終別教、圓教。在「現象與物自身」書中，又開出一個「判教與融通」的路道，指出中國儒釋道三教都能顯發自由無限心，以消除主客、能所的對立，所以都是圓盈之教。儒爲正盈，佛老爲偏盈。而西方宗教則是離教。因爲主體與客體相隔離，所以是「證所不證能、泯能而歸所」的離教。牟先生依於正盈圓教的智慧，以融攝康德，並會通偏盈，以建立各大系統綜攝統一的軌轍。關此，不擬多說。我有一篇文章介述牟先生近十年來的學思與著作，將在我們哲學系的系刊「華岡哲聲」發表。

以上我們概略地介紹了唐先生三個階段的著作，下面再講一講唐先生在文化學術上特出的表現和貢獻。

三、唐先生在文化學術上特出的表現和貢獻

唐先生在文化學術上的貢獻是多方面的。我們不準備具體的列擧地講，而是歸約爲三點，作一個概括的說明。

第一、眞切深微的人生體驗：對於人生的體驗，同時也就包含了對道德宗教的體驗。這

是道德自我透顯出來以後，一方面反觀自己，一方面又照察人生全幅的內容和整個的過程，所以它是一種向內的反省和向上的提升。這裏所顯示的，不只是理想主義的情調，而是充分表現出理想主義的精神。由於有人生正面理想的嚮往，所以也就必然地要轉過來照察出那些妨礙理想實現的、人生負面的各種艱難、痛苦、罪惡與悲劇，而要求自己隨時隨地警惕自覺，動心忍性，以斬斷那些人生途程上的葛藤，使人從這煩惱、痛苦、罪惡的深淵中超拔出來，以歸於人生的正道。這就是上面還沒有提到的「人生之體驗續篇」這部書的中心義旨。對於人生和道德宗教體驗之深微眞切，在當前這個世界上，恐怕很少有人能和唐先生相比。唐先生所開發的人生的智慧、人生的理想、人生的方向，就好比一面人生的大鏡子，我們應該藉這面鏡子來時時照察自己，惕勵向上，以創造人生的意義和價值。

第二、深厚强烈的文化意識：這方面主要表現在第二階段的著作裏，也同時在他後半期的生命過程中，在他爲中國文化理想所作的艱苦奮鬭中，有了具體而感人的證現。唐先生的立身處世、爲學做人，以及他的道德意識、價值意識、民族意識、歷史意識，還有文化事業的意識，全部融會凝結在他深厚的文化意識中而昭顯出來。牟先生在哀悼唐先生的文章裏，以他和唐先生交往相處四十年的資格，表彰了唐先生的生命格範，說唐先生是「文化意識宇宙中的巨人」。文化意識宇宙，是由中國文化傳統而開出的宇宙，是由夏商周三代文質損益，再通過孔孟內聖外王成德之教而開闢出來的。像宋明理學大家以及晚明顧、黃、王三大儒，都是這文化意識宇宙中的巨人。而唐先生則是現時代這文化意識宇宙中的巨人。牟先生的話，非常恰當中肯，而且是極具「知人論世」之卓識的。唐先生的生命格範，由他相知最深的老友牟先生表彰出來，我想唐先生在天之靈，也可以得到深切的安慰了。

第三、周流融貫的會通精神：這種精神同時表現在第二第三兩個階段的著作裏。唐先生對於黑格爾的精神哲學，有特爲精深而相應的了解和體會。但他對黑格爾並不作專家式的研究和講論，而是取其長而去其短，吸收黑氏講「精神發展」的智慧和理路。所以唐先生的著作，也顯示出層層推演，連環相生，而又瀰淪開合，交光互映的特色。抗戰時期，唐先生曾對牟先生說：你的思想是架構型的，我的思想是音樂型的。所謂架構型，其特徵在於建立思想觀念的骨幹，和義理系統的間架。音樂型的特徵，則在於思想觀念層層的發展，有如交響樂的旋律層層引出而齊奏和鳴。這也等於是說，牟先生的思想方式是康德式的，唐先生的思想方式則是黑格爾式的。由精神之層層發展，而引生縱橫交錯、周流融貫的思想之路道，這就是會通精神的顯示。唐先生又曾說到，他願意使自己的哲學思想，成爲一條人人可以往來行走的橋梁或通路。有了唐先生這種寬平坦蕩的胸懷，而後乃能善視各種學術思想，而一一安排其位次序列，使之交融會通而相輔相成。在世界文化思想交流激盪的今天，這更是一種彌足珍貴的精神。

以上所說，只是略舉大端，要想進一步了解唐先生學術思想的具體內容，就必須去讀他的書，尤其是第二階段的著作。同時，我們也相信，唐先生的朋友、門人、後學，以及所有對文化學術有責任感的中國人，都會互勉共勵，分工合作，來維護光大民族文化的傳統，開發民族文化的新生命，以告慰唐先生在天之靈。

六十七年四月「鵝湖」三十四期

牟宗三先生近十年來的學思與著作

作者謹識：本文係「牟宗三先生的哲學與著作」書中「牟先生的學思歷程與著作」一長文之第五段。出書之前，曾刊於「華岡哲聲」第五期。玆蒙學生書局惠允編入本書，謹特說明，並致謝意。

魏晉玄學、南北朝隋唐佛學、宋明儒學，這三個階段的學術，現在說來都是古學或舊學。古與舊，是由於時間因素而加上去的顏色，而學術眞理（尤其內容眞理）本身，則是萬古常新的，實無所謂古今之異，亦無所謂新舊之分。「商量舊學」即所以「培養新知」。尤其在古學舊學沉埋泯失的時代，更是如此。所以，上文所述的魏晉玄學與宋明儒學，是舊學，同時亦是新知；玄學、儒學如此，佛學亦然。另如康德之學，就中國此時對它的了解吸取而言，是新知，但康德亦是十八世紀的人，在西方亦已是一二百年以前的古學舊學了。因此，講述康德，亦仍然是「商量舊學以培養新知」。至於長文中將「舊學商量」、「新知培養」二句分別用爲第四、第五兩個階段的標題，雖亦可以略示先生六十以前與六十以後學思工夫之所重、與學問境域之開拓升進，但這二個階段，實際上是在綿綿穆穆的學術意識中相續進行，而並不是截然可分的。

一 「佛性與般若」：詮表南北朝隋唐之佛學

民國五十七年夏，先生來臺校對「心體與性體」第二、三册；秋天返港，卽着手撰寫「智的直覺與中國哲學」一書；完稿之後，又在周甲還曆之歲(民國五十八年)，開始撰著「佛性與般若」以詮表南北朝隋唐一階段之佛學。全書於六十四年完稿，六十六年六月由臺北學生書局出版，共一千二百餘頁。書分三部，第一部綜述綱領，共四章。第二部，分六章以論述前後期之唯識學，以及起信論與華嚴宗。第三部列爲下册，專講天台宗，分爲二分，第一分爲天台圓敎義理系統之陳述，共四章。第二分爲天台宗之故事，共五章。

先生以中國哲學史的立場，疏導佛敎傳入中國以後的發展，並從義理上審識比對，認爲天台圓敎可以代表最後的消化。依着天台的判敎，再回頭看看那些有關的經論，先生乃確然見出其中實有不同的分際與關節。順其判釋的眉目，而了解傳入中國以後的義理之發展，將其中既不相同而又互相關聯的關節展示出來，這就是先生撰著此書的旨趣。

「般若」與「佛性」兩個觀念，是全書的綱領。般若是共法，行於一切大小乘，但他本身却不是小乘，亦不是大乘，亦不足決定大小乘之所以爲大小乘。雖然般若是在不捨不着的方式下具足一切法，但只是水平的具足，而不是竪立的具足，所以這並不表示一切法皆以般若爲根源、由般若而生起。般若只是一「融通淘汰」之精神，依此而言，般若只是一「蕩相遣執」之妙用，以使一切法皆歸實相。而事實上它並沒有積極的建立，所以沒有系統相。凡成系統，必須對一切法之來源有說明，而般若根本不負這個責任。

系統之不同，繫於佛性與悲願。「佛性」觀念之提出，是在於說明：成佛之所以可能、與依何形態而成佛方爲究竟？佛性，可由佛格（佛之性格、體段）與因性（正因、緣因、了因）而了解。⑴小乘想通過解脫而成佛，既成佛，自有佛格之佛性，但無因性之佛性觀念。加上只自度而未能度他，悲願不足，故爲小乘。⑵有悲願而不捨衆生，但若只是功齊界內，智不窮源，則並不眞能達於無限之境，而佛格佛性亦未能至於遍滿常之境。於此說大乘，只是具有相對大的悲願而已。⑶徹法之源而至於無限之境，由此以言三因佛性之遍、滿、常，此卽所謂「如來藏恆沙佛法佛性」一觀念。必須進到「恆沙佛法佛性」，纔能卽九法界而成佛，這纔是成佛的圓滿形態。（唯此中又有第一序上說的別敎、與第二序上說的圓敎之不同。）

中國吸收佛敎是從般若學開始，般若學的眞精神，自鳩摩羅什來華而大白於世。但般若是共法，中觀論之觀法亦是共法，乃大小乘所共同者。就是緣起性空，亦是通則、通義，大小乘皆承認。故般若學之思想，並不決定義理之系統。另外一面是唯識學。中國方面對於唯識學的吸收，是始於地論師。地論師以講世親早年作品十地經論而得名。就世親本人而言，其晚年成熟之思想（卽玄奘所傳之唯識學），不但不以阿賴耶識爲眞淨，而且根本不說如來藏自性清淨心。他的佛性論雖講如來藏，但偏於理言，不偏於心言（故說眞如理，不說眞如心）。然而他早年的地論，則明說「自性清淨心」。這如來藏自性清淨心是否可以說爲阿賴耶識？地論中並無明文表示。於是，阿賴耶識是否爲眞淨的爭論，乃使地論師分裂而爲北道與南道兩派。先生認爲，地論思想的成熟歸宿，應該是向北道派走，卽阿賴耶識爲妄，不是自性清淨心。而北道派之地論師以及後來之攝論師（以講無著之攝大乘論而得名）的最後成熟之歸宿，則是大乘起信論。在這演進發展的過程中，有一個關鍵性的人物，他就是攝論師眞諦三藏。眞諦翻譯無著造、世親釋之攝大乘論，參入自己的思想而多有增益。就翻譯而言，自不够忠實。攝論是「賴耶依持」之妄心系的基本論典，眞諦假譯事之便，而注入「眞如依持」之眞心系的思想，轉八識爲九識，而立阿摩羅識（淨識）爲第九識。但講阿摩羅識又不如直接講「自性清淨心」。所以眞諦之九識義，只是過渡到起信論的方便之言。起信論標爲馬鳴造、眞諦譯，實際上卽是眞諦之思想，由攝論師與北道之地論師合作而成。（印度無此論，後由玄奘倒譯為梵文。但如來藏眞心之思想，則已見於勝鬘夫人經、楞伽經、密嚴經。）

地論師與攝論師，可統名曰：前期唯識論。後來玄奘重譯攝論，力復原來之舊，是卽一般所稱之唯識宗，可名之曰：後期唯識學。（前後期之分，以其傳入中國之先後為準。）後期唯識學是阿賴耶系統，前期唯識學則爲如來藏系統。阿賴耶緣起是經驗的分解或心理學意義的分解，如來藏緣起是超越的分解；順分解之路往前進，至華嚴宗已到了盡頭，成爲順唯識系而發展的最高峯。華嚴宗判敎，以「別敎一乘圓敎」自居，同時又承認天台宗爲「同敎一乘圓敎」。結果圓敎中出現二個形態，而各圓其圓。這表示華嚴的判敎有不盡。因爲眞正的圓敎只有一，而無二三。而且圓敎必不能走分解的路。分解是第一序上的分別說，有系統相，凡系統皆是可諍法，可諍則不得爲圓。所以眞正的圓敎，仍當以天台圓敎爲標準。

關於天台之判敎，先生曾詳加疏通而有若干調整。其中的原委，須看原書，玆不及詳。天台宗宗法華經，但法華經並沒有第一序上分別說的敎義與法數，它的問題只是第二序上的開權顯實，發迹顯本。開，是決了義。它決了一切權敎而暢通之，使之皆歸於實。天台圓敎便是相應法華之「開權顯實，皆歸佛乘」而建立。爲了要表達這個佛乘圓敎，它必須依法華經所謂「決了聲聞法」而決了一切分別說的權敎。

(1)它決了藏教與通教而暢通之，使之不滯於六識與界內。

(2)它決了始別教阿賴耶而暢通之，而不分解地說阿賴耶緣起（妄心系統）。

(3)它決了終別教如來藏自性清淨心而暢通之，而不分解地說如來藏緣起（真心系統）。

它經過這一切決了，而說出「一念無明法性心」，卽具十法界。此「一念無明法性心」，從「無明」方面說，它是煩惱心、陰識心，它當然是妄心；但天台圓教却不分解地「唯阿賴耶」。從「法性」方面說，它就是眞心，但天台圓教却不分解地「唯眞心」。此卽所謂決了一切分別說的權教，而成圓教。

華嚴宗是承廣義的唯識學中之眞常心系、而建立的「性起」系統。（性起之性，指「如來藏自性清淨心」而說，此卽所謂「偏指清淨真如」或「唯真心」。）天台宗是承般若實相學而進一步，通過「如來藏恆沙佛法佛性」一觀念，依據法華開權顯實、而建立的「性具」系統。（性具之性，是就「一念無明法性心」而說。通過詭譎的方式，(1)念具卽是智具，念具可以說緣起，而智具不可說緣起，以智非生滅法、非緣起法故。(2)無明具卽是法性具，無明具可以說緣起，以無明卽是一念心故；法性具則不可說緣起，以法性是空如理或中道實相理、而非心法，無所謂起與不起故。以是，只說「性具」而不說「性起」。）兩者同是系統，而建立之方式則不同：華嚴宗是分解的方式，天台宗是詭譎的方式。凡依分解的方式說，便是權教，因而亦是可諍者。故天台判華嚴爲別教而非圓教。所謂「別教一乘圓教」，仍非眞圓教。天台圓教依詭譎的方式說，雖亦是一系統，而並無系統相。因此爲圓實、爲無諍。以圓實無諍爲經，般若無諍爲緯，交織相融而爲一，此卽天台圓實之教。

除了天台之「性具」，華嚴之「性起」，還有禪宗之「性生」。六祖惠能說「何期自性能生萬法」，此「自性生萬法」亦云「含具萬法」，故「生」是含具義、成就義，不能直解爲生起義。天台、華嚴、禪，皆不得說爲「本體論的生起論」。先生認爲，六祖這種不甚嚴格的漫畫式的說法，類於「性具」圓敎，而不類於「性起」別敎。而六祖弟子神會講「靈知眞性」，倒是相應性起別敎之禪，故圭峰宗密得以與華嚴宗相會而言禪敎合一。禪宗敎相不明（只重禪定之修行），若欲判攝禪宗，則「惠能禪」屬天台圓敎（法登述圓頓宗眼，卽旨在籠絡禪宗）；而「神會禪」屬華嚴宗之別敎圓敎。

二　「智的直覺與中國哲學」：

疏導基本存有論的建立問題

民國五十七年，先生偶讀海德格的「康德與形上學的問題」、「形上學引論」二書，發現海德格建立存有論的路並不通透，對形上學的層面亦有誤置，因而引發了撰著「智的直覺與中國哲學」之動機。此書不一年而完稿，六十年三月，由臺北商務印書館出版，全書分二十二章，共三百八十餘頁。

先生寫此書的動機，雖由讀海德格之書而引起，而關聯先生自己的著作而言，則一方面是上接「認識心之批判」而進一步疏解康德的原義；另一方面是作爲「心體與性體」綜論部討論康德的道德哲學之補充。

「認識心之批判」一書的重點有二方面：(1)是着重於數學的討論，把數學從康德的「超越的感性論」中提出來，依據近代邏輯與數學的成就，而給予先驗主義的解釋；(2)是就知性的自發性說，單以知性所自具的邏輯概念爲知性的涉指格，並指述這些涉指格所有的一切函攝，以代替康德的範疇論。如今，先生對於範疇論這一方面謙退一步，承認知性的概念可以分兩層論，一是「認識心之批判」書中所論的邏輯的涉指格，一是康德所論的存有論的概念（體性學的概念、即範疇）。先生認為，假如單就邏輯的判斷表，實不能直接發見出知性自具的存有論的概念；但我們的知性活動，却可以順這些判斷表以為線索，再依據一個原則，先驗地（但却是跳躍地）對存在方面有所要求、提供、或設擬。就在這要求提供設擬上，我們可以承認存有論的概念之建立是合法的。康德把這要求、提供、設擬，說成知性所自具或自給；說得太緊煞了，遂使人生厭生誤解。如今鬆動一下，分開來說，(1)知性之主動自發性所自具的，只是邏輯概念；(2)而存有論的概念，只是知性之自發性對於存在方面之先驗的「要求、提供、或設擬」。（康德所謂的自給，實即這要求、提供、設擬的自給，但他却說成自具的自給。）先生依於此意，重新疏解康德之原義，改換辭語予「先驗的綜和判斷」以更明確之規定，並剝開因措辭不善巧而形成的煙幕，而使之更順適妥貼，較能浹洽人心。如此，則康德純理批判「超越的分解」部中之「超越的推述」與「原則底分析」，皆可以全部不成問題。這就是先生繼「認識心之批判」之後，對康德所作的進一步的疏解。

再進一步，先生又着重於「超越的統覺」、「超越的對象X」、「物自身」、「作為超越理念的自我」、「智的直覺與感觸直覺之對比」等之疏導。這是向形上學方面伸展的純粹哲學的工作。而「認識心之批判」是向邏輯數學方面伸展，那時，先生對於康德哲學向形上學方面伸展的一套，尚未眞切的注意，這亦是由於康德自己不承認人可有智的直覺，把「物自身」只看做消極意義的限制概念，故別人亦多加忽視。近年來，先生覺得這裏不容輕忽。康德雖不承認人可有智的直覺，但他的書中却處處以智的直覺與感觸直覺對比而言，則其意義與作用之重大可知。只因西方傳統的限制，所以雖以康德的智思亦無法覺其可能。但如果人眞的不能有智的直覺，不但全部中國哲學發生動搖，就是康德本人所講的全部道德哲學亦將成爲空話。這個影響太大，非人心所能安。然則如何可能呢？先生以爲，必須依中國的哲學傳統來建立。亦以此故，先生特名其書爲「智的直覺與中國哲學」。在「心體與性體」綜論部，是就康德「道德底形上學之基本原則」一書而作討論，康德在該書中未用「智的直覺」一詞，故先生亦未提及。今於此書眞切地加以講論，正可作爲「心體與性體」綜論部討論康德的道德哲學之補充。

先生此書，涉及康德的地方，是就自己所譯的原文（據士密斯英譯本）加以疏導。而關於抉發中國哲學所含的智的直覺之意義，則徵引儒、釋、道三家之文獻，就⑴儒家之「本心仁體之靈明、明覺、良知、或虛明照鑑」（德性之知），⑵道家之「道心之虛寂圓照」（玄智），⑶佛家之「觀照卽空卽假卽中之實相的般若智」、及其展示一圓敎之典型，以詮表中國三大敎的「智的直覺」義。先生認爲，智的直覺不但在理論上必須肯定，而且是實際地必能呈現。如此，則中國哲學可以「哲學地」建立起來，而且康德自己所未能眞實建立的、亦因此而可以客觀地眞實地建立起來。

先生由康德的批判工作接上中國哲學，進而開出「基本存有論」的建立之門路：從本心、道心、或眞常心處建立。⑴本心、道心、眞常心，是「實有體」；⑵實踐而證現這實有體，是「實有用」（本實有體而起用）；⑶成聖、成眞人、成佛以取得實有性（卽無限性）；這便是「實有果」（本實有體起實有用而成的果）。這「體、用、果」便是「基本存有論」的全部內容。先生又謂，不講形上學則已，如要講，便只能就康德所說的「超絕形上學」之層面，順其所設擬的（物自身、自由意志、道德界與自然界之溝通）而規畫出一個道德的形上學，以智的直覺之可能來充分實現它。所以，「基本的存有論」只能就道德的形上學而建立。（若擴大概括佛道二家，則可說就實踐的形上學來建立。）而海德格却從康德所說的「內在形上學」（域內形上學）之領域以建立他的存有論，把存有論置於時間所籠罩的範圍內（故有「實有與時間」一書之作），他要拆毀柏拉圖以來的西方傳統之存有論史，而恢復柏拉圖以前的古義，而事實上，這是形上學層面之誤置。他的入路是「存在的入路」，他的方法是「現象學的方法」。存在的入路有可取，但現象學的方法則不相應。所以先生認爲他建立存有論的路是不通透的。康德曾作「形上學序論」，海德格改作「形上學引論」，先生此書則仍歸於康德，並順其「超絕形上學」之領域，而開出康德所嚮往而却未能建立的「道德的形上學」。所以，此書所代表的方向，是值得當代（西方）哲學界借鏡、審識而愼取的。

三 「現象與物自身」：判教與融通，哲學原型之朗現

在「佛性與般若」撰著期中，先生因着講授知識論一課的機緣，想將平素所思作一系統的陳述，於是一面口講，一面筆寫，時閱八月而完成「現象與物自身」一書（時為民國六十二年）。這是先生寫得最快的一部書，但却是四十餘年學思工夫蘊積而成。這部書，可以說是先生思想的綜結。全書分七章：(1)問題的提出；(2)德行的優先性；(3)展露「本體界的實體」之道路；(4)由「知體明覺」開「知性」；(5)對於「識心之執」之超越的分解：知性底形式簇

聚之「邏輯的概念」之超越的分解；(6)知性的形式簇聚之「存有論的概念」之超越的分解（此章並附錄：經驗的實在論與超越的觀念論釋義）；(7)「執相」與「無執相」之對照。共計四百七十頁，六十四年八月，由臺北學生書局出版。

此書的內容，是以康德的「現象」與「物自身」之分爲中心，而以中國的傳統哲學爲說明這個問題的標準。康德說我們所知的只是現象，而不是物自身；現象是感觸直覺的對象，物自身則是智的直覺之對象，而智的直覺又屬於上帝所有。又說上帝只創造物自身，而不創造現象。這樣的點示，當然有一種洞見在內。但我們不能由這輕描淡寫的點示而了澈物自身的確義，因而現象與物自身之分永遠不能明確穩定，而康德系統內部的各種主張亦永遠在爭辯中而不易使人信服。近十多年來，先生重讀康德，而且翻譯了「純粹理性批判」與「實踐理性批判」；在譯述的過程中，正視了康德的洞見之重大意義，亦見到知性之存有論的性格之不可廢，並依據中國的傳統，肯定「人雖有限而可無限」，「人可有智的直覺」。由中國哲學傳統與康德哲學之會合而激出一個浪花，乃更能見出中國哲學傳統之意義與價值、以及其時代的使命與新生，並由此而看出康德哲學之不足。於是而有此書之完整通透的系統的陳述。至於「智的直覺與中國哲學」，則是此書之前奏。先生自謂，「步步學思，步步糾正，步步比對，步步參透」，參透到此書寫成，而後覺得灑然。

一般講康德的人不能正視他的洞見，而康德限於西方的傳統，亦未能把自己的洞見予以充分的說明與證成。先生以爲，在西方傳統的限制中，康德能有此洞見，已經很卓越了。洞見之發，是他個人靈光之閃爍；一旦發出，它就是一個客觀的義理問題，亦可以說是聖哲生命之所共契。先生依於中國之哲學傳統，先由人的道德意識顯露一「自由無限心」，由此而說「智的直覺」。自由無限心，是道德的實體，由此開「道德界」；它又是形上的實體，由此開「存在界」。這存在界的存在，即是「物之在其自己」(物自身)之存在。「物之在其自己」這個概念是一個有價值意味的概念，而不是事實的概念；它就是物之本來面目，物之實相。我們由這「自由無限心」之開存在界，而成立一個「本體界的存有論」(亦曰：無執的存有論)。對於「自由無限心」的意義與作用，有了清楚而明確的表象，則對於「物之在其自己」的眞實意義，亦可有清楚而明確的表象：它是一個「朗現」，不是隱晦的彼岸。先生這一部工作，是依儒家孟子學的傳統之「了義」，來融攝康德的道德哲學。(因爲康德對道德概念之分析不盡、不穩，所以必須依「了義」，而不可依「不了義」。)

進一步，再由「自由無限心」開「知性」，這步開顯，先生名之曰「知性之辯證的開顯」。知性、認知主體，是由「自由無限心」「知體明覺」之「自我坎陷」而成。知性本質上就是一種「執」，它執持自己而靜處一邊，成爲認知主體；同時亦把「物之在其自己」的物，推出去而視它爲對象，因而亦成爲現象。所以，「現象」根本是由「知性之執」而執成的；即，就「物之在其自己」而縐起或挑起的。知性之執，依隨佛家亦可名曰「識心之執」。識心是通名，知性、想像、以及由感性所發的感觸直覺，則是識心之不同的形態。識心之執，從其知性形態之執執起，直執到感性而後止。由此而成立一個「現象界的存有論」(亦曰：執的存有論)。現象之所以爲現象，在此得到確定的規定：對無限心(智心)而言，爲物自身；對認知心(識心、有限心)而言，爲現象。「現象」與「物之在其自己」的殊特義，皆已確定而不搖動，則兩者之間的超越區分，亦充分證成而不搖動。物之在其自己(物自身)永遠不能爲識心之執的對象，識心之執永遠不能及於它，所以它是「超絕的」。先生這一部工作，是以佛家之「執」的觀念，來融攝康德所說的「現象界」，並以康德純理批判一書之分解部來充實這個「執」。（因爲佛家言識心之執是泛心理主義的，重在說煩惱，認知主體不凸顯，故須假康德以充實之。）

對「自由無限心」而言，而有「無執的存有論」；對識心之執而言，而有「執的存有論」。後者以康德爲主，前者以中國的哲學傳統爲主。儒釋道三家同顯無限心，而無限心不能有衝突。因此，良知明覺、如來藏心、以及道家的道心，皆不容相礙；而教之入路不同所顯示的種種差別，亦可互相融和，相容而不相礙；這是這個時代所應有的「判教與融通」。（判、分判義，卽安排之意。）先生這部工作，是「依法不依人，依義不依語」，以作「稱理而談」的融攝。這必須對中國的哲學傳統有確定的了解。而先生此書的綜述，則是以「才性與玄理」、「佛性與般若」、「心體與性體」三書爲根據。

凡是一個大教，都是一個客觀的義理系統，都是聖哲智慧的結晶。道家以「玄理、玄智」爲主，佛家以「空理、空智」爲主，儒家以「性理、性智」爲主。先生認爲，無論玄智、空智、性智，都是自由無限心的作用。人人皆可體現自由無限心以上達天德，這是儒、釋、道三教之所同。但在耶教則較特別。他們不承認人能上達天德，認爲這裏不是人的事，而是上帝差遣的事。但這只是耶教後來的講法，耶穌本人並不如此着實。卽使耶穌亦如此着實，我們仍可把耶穌的生命看成「卽有限而成爲無限」者。如是，則人人皆可以成爲耶穌（猶如人人皆可成聖、成佛、成眞人）。須知上十字架只是一個特殊的遭遇，那個特徵並沒有必然性。所以從理上究竟地言之，看做是「人的事」實較順適。如此，便是基督教的開放，開放爲人人皆可以上達天德，可以「卽有限而成爲無限」者。上帝內在化卽是無限心，外在化卽是人格神，這裏並無不可相通的阻隔。如果一定要看作人格神，則亦莫逆於心，無庸非議。（蓋衆生機宜不一，聖人設教，亦本有多途。）但自由無限心只表現爲人格神，而不能內在化而爲吾人之體，這裏便顯出主體與客體之隔離，此便是「證所不證能，泯能而歸所」之離教。離則不相盈，所以不是圓盈的究竟。無限心必須內在化而爲吾人之體，纔能契接「愼獨」這一樞紐，而使人人有分，這纔可以達到圓盈之教。

「愼獨」是儒家的說法，佛家則說修止觀，道家則說致虛守靜。這種種說法，皆表示通過自己的實踐，可以朗現無限心。所以皆是圓盈之教：(1)「盈」有正盈與偏盈：儒爲正盈，能獨顯道德意識以成己成物。佛老是偏盈，只遮顯空無以求滅度或求自得。正可備偏，偏不備正，所以偏盈還不能達到究極之圓。(2)「正盈」中亦有圓與不圓：就宋明儒言，周、張、明道、五峰、蕺山以及陸、王，皆爲圓盈；伊川與朱子則爲不圓之正盈。(3)「偏盈」中亦有圓與不圓：佛教之空宗是通教，唯識宗是始別教，起信論是終別教，華嚴宗是別教之圓教，唯天台是眞圓教。道家之老莊，大端皆可至於圓，無甚差別，但在言詮上，莊子之「調適而上遂」則顯得更圓。(4)相應離教而言，康德近乎正盈而未至。（一因未能依自由意志透顯無限心，二因不承認人有智的直覺，三因意志自由、靈魂不滅、上帝存在，皆爲設準，而又不能通而爲一。）

先生此書，依正盈之智慧方向，融攝康德，會通偏盈，以建立各系統統一之軌轍。(1)融攝康德，是吸收其分解部以成俗諦（開立知性，以成就科學知識）；就此而言執的（現象界的）存有論，這是相應識心之執而言。(2)會通偏盈，以知體明覺之感應無外爲準，會通般若與玄智以成眞諦（建立上達天德之路以成聖成佛成眞人）；就此而言無執的（本體界的）存有論，這是相應知體明覺之感應無外而言。哲學家依據各聖哲之智慧方向，疏通而爲一，以成就兩層存有論、並通而爲一個整一的系統（哲學原型）。這是「哲學家」最積極、亦是最高的使命。爲明此義，先生在此書最後一節，引述了康德純理批判一段話，而又比康德更積極地舉述了「去決定哲學之所規定者」的路數。共有七端，大旨如此：

1.康德在理想中所思議的教師，唯一堪被稱爲哲學家者，我們可以舉孔子作代表。在此，上帝已轉化爲無限心，開出了「人人可以爲聖人」的通路。

2.哲學之原型（哲學之宇宙性的概念）不能永遠停在哲學思考者的籌畫卜度中，必須在一聖人的生命中朗現。能體現而「人化」這個原型的，就是我們所依以決定這哲學原型的那個聖人。

3.依聖人之盈教所決定的哲學原型，不過就是兩層存有論（這是「人類理性底兩層立法」之展露）；將兩層通而爲一，即是決定哲學原型唯一的眞正途徑。

4.這唯一的眞正途徑，以儒家的正盈教爲主，旁通偏盈的道家佛家以及離教的耶教，而爲一。耶教雖然有宗（以上帝爲宗）而無教（無實踐的道德進路以通之），但它不能自外於盈教，盈教亦不必外之。

5.如果哲學原型可以由聖人的生命而朗現，而我們亦依聖人之朗現而規定此原型，則此原型乃是具體地存在的，因此亦是可學的。「學者，覺也」。所謂「覺」，即是以自家的眞誠心，與聖人的生命以及那個哲學原型，存在地相呼應相契入之謂。

6.如是，我們只有一個哲學原型，並無主觀的哲學可言。但一切不同的哲學亦不礙於哲學原型之爲定然而不可移，亦皆可融攝於哲學原型中而通化之。因爲「哲學就是一切哲學知識之系統」，不同之系統雖可被消化，但各種哲學却亦被容許而可不相礙。

7.哲學原型雖就盈敎而立，然而一旦付諸「實踐」，則不僅無主觀哲學可言，亦無哲學原型可言。此時，哲學無哲學相，而只是在與聖者生命智慧相呼應中、表現而爲上達天德之踐履；並在此踐履中，如如證悟與如如朗現無限心。然而，就人生覺悟之事而言，「創造卽重複，重複卽創造」，每個人都要從頭來。以是，「學不厭，敎不倦」，各種專題哲學必須有，千差萬變的主觀哲學亦不可免，而哲學家亦必須不斷地予以昭明、而不容使之沉晦：此之謂「法輪常轉」。

在「學思」的領域中，到此已通達究竟，更無剩義。本文的介述，亦暫止於此。

附：「牟宗三先生的哲學與著作」編印前序

自滿淸入主，學絕道喪者垂三百年。大漢之聲旣歇，文化之慧命亦隨之而斬。民國以來，上承淸代之餘勢，學風卑陋，士品猥雜。抱殘守闕者，固學無義法，言失宗趣；而醉心西化者，尤淺慧小識，浮囂歧離。數十年中，雖賴三五賢哲孤明獨照，抉隱發微，使中國學問之眞義漸次朗現。無奈時代心靈旣已無體、無理、無力，則雖聰明才智之士，亦未免心志散塌，趨時流走，而不能植根立本，以識大理。國之不競，學之不立，豈偶然哉？

棲霞　牟先生，早歲就學北大，從游於黃岡熊先生之門。繼而宣敎於國內各大學，聲光四溢。四十年來講學論道，著書抒義，莫不時時念念，以光暢中國哲學之傳統、昭蘇民族文化之生命爲職志。其學思之精敏，慧識之弘卓，與夫文化意識之緜穆强烈，較之時流之內失宗主而博雜歧出者，夐乎尚已！敬維

先生之學，規模宏遠，思理精嚴，其所造而大有功於玆世者，可擧要而約爲三端：

其一：中國文化以儒聖之學爲主流，以諸子之學爲旁枝，而秦漢以降，復有其大開大合之發展，是卽魏晉玄學、南北朝隋唐佛學、宋明儒學三階段。唯三百年來學失其統，世人於三教大義，鮮能總其要歸，而求能表述其義理衍展之關節者，更絕無而僅有。先生費極大之心力，先後撰著「才性與玄理」、「佛性與般若」、「心體與性體」三書，以釐清其演進發展之義理脈絡，分判其異同分合之思想系統，使三教之義理價值，煥然復明於世。而今後講述中國哲學史者，亦遂可得其上下通貫之綱領條脈矣。

其二：儒釋道三教之義理，皆屬內聖心性之學。依孔孟之敎，內聖必通外王，而如何開出外王，實乃中國文化生命之癥結所在。先生於大陸淪陷、國遭鉅變之際，發憤撰成「道德的理想主義」、「歷史哲學」、「政道與治道」三書，其主旨卽在：本於內聖之學以解決外王事功之問題。國族自立之鋼骨，開物成務之大用，以及當前文化生命之途徑，皆繫於此。先生力振孔孟之學脈，以挺顯內聖外王之弘規，並承晚明諸儒之豁醒外王大義，而推進一步以解答中國文化中政道、事功、科學之問題，此誠船山所謂「以至仁大義立千年之人極」者也。

其三：自西學東漸，國人競起慕外，紛馳旣久，終致進退失據。而侈言會通中西者，又復不知所以會通之道。唯先生天梯石棧，獨來獨往，自早年治西哲之學，卽已見出羅素之

「數學原理」與康德之「純理批判」，乃西方近世學問之兩大骨幹。此皆中國學術傳統之所缺。故以十餘年之奮勉，出入其中，並先後撰著「邏輯典範」與「認識心之批判」二書，以扭轉羅素之歧出，照察康德之不足。二十年後，仍然鍥而不舍，撰成「智的直覺與中國哲學」、「現象與物自身」二書。其主旨乃在抉發中國哲學傳統之奧義，以融攝康德、升進康德，並藉資康德哲學以充實中國之文化生命：轉出知性，凸顯認識主體，以開出科學知識。先生以爲，通中西文化之郵，以使雙方相資相益，康德實爲最佳之橋梁；故雖老年，而猶絡續翻譯康德之書，以望有助於華族文化生命之含弘光大。

今年孟夏吉辰，爲
先生七十哲誕之慶。客歲某月，在臺同門有編印祝壽論集之倡議，唯散篇論文，義難相屬，意亦浮泛，今所不取。爲使吾人主觀之誠敬，而能表現客觀之意義，則論集諸文，當以介述
先生之學爲主旨。凡先生所著各書，皆針對某一時代或某一方面之學術問題，而提供一解決之道。唯各書之旨趣及其義理之綱脈、思想之根據，與夫解決某一問題之理路，一般讀者或未易眞切把握，學界中人恐亦不免隔閡而鮮有相應之了解。從游諸友苟能各本一己之所得，就某一書或某一論題作一相應而中肯之介述與討論，則不僅嘉惠初學，對當前之學術而言，亦將可有摩盪啓廸之效。爰於去年夏秋之間，邀約海內外諸友分頭撰文，輯爲此書。既以略表同爲
先生祝嘏之微忱，而尤在本乎公誠之心爲先生之學親作見證。書中「先生之學思歷程與著作」一文，乃就先生各階段之學思作一通貫之敍述，其餘各篇則分別介述先生之學：或就一書而綜述其義理大旨，或就一論題以申述其思想理路。讀者苟能大其心，虛其懷，循此而進

窺先生所著各書，開廣其悟以求實得，繼而堅挺其中心之信念，以承續華族之慧命，恢復文化之創造力，使我中華之學術文化，得以返本而開新，光暢而發皇，則本書之編印，亦庶可略盡其援引之忱而功不唐捐矣。

六十七年五月「鵝湖」三十五期

附錄

羅田岩之憶

想到羅田岩，就不免想起故鄉風物，更不免想起田園家人。

我家在江西雩都。雩都因雩山而得名。雩山是縱亙江西中部的大山脈，其主峯在雩都北境。雩山的山勢磅礴，積鬱而起，高可摩雲。明代袁淳有一首「仰雩山」之歌：

我所仰兮在雩山　曾扶瘦竹相躋攀
石壁崔嵬凌霄漢　三十六峯相廻環
有神云在縹緲間　逢旱能雨答黎頑
我欲追蹤與往還　山悠悠兮水潺潺

雩，是古時求雨的祭祀名。雩山山腰有泉，上世在此禱雨而有靈驗，因名之曰雩山。後來在此建縣，也就命縣名爲雩都了。（雩都故城在今治東北五里，有灌嬰壘，漢初名將灌嬰嘗屯兵於此。唐初，徙治於今城東二十里貢水南岸潭頭墟近側，現城址已廢，只有一座城隍廟巍然獨存。（城隍廟南三里處，便是我的老家：高陂上蔡屋。）後再徙今治，在貢水北岸。城郊有神農祠、社稷壇、山川壇、水口閣、書院、養濟院、紫陽觀、仙霞觀、福田寺、智明寺、重光塔、上諭亭、防守營等。東門外有牛皐井，乃牛將軍隨岳武穆用兵時所留下之遺跡。又，文天祥起義師抗元，曾大敗元兵於雩都城郊。抗日戰爭勝利後，有一影片「國魂」，卽有文信國公領軍進入雩都城門的鏡頭。」

我族始祖於唐憲宗時自浙來縣爲令，深愛此鄉風土，遂落籍爲家，不復返浙。千餘年來宗支緜衍，遍佈南贛。但在雩都，我姓並非大族。照老人的說法，樹大枝分，爲的是枝榮葉茂。老樹根的職分，只是「守先祖之令德」，以爲宗支造福而已。現在我纔知道，這話是說得多麼美善！此番性情又表現得多麼惇厚！我是在此千年老樹的餘蔭下根生土長的人，我深深領會了我們祖先這一種「地久天長」的情意和心願。先祖之賢孫，是卽天地之肖子；天地之肖子，又不正是一代代一個個堂堂正正磊磊落落的人嗎！

我的家世是耕讀相續的。高祖奇寶公持家有度，生二子，長伯順公，次卽曾祖學明公。伯順公熱心公益，爲鄉里排難解紛，有直聲。學明公則學書劍未能有成，一生困頓，家產蕩然。祖父輔卿公兄弟四人，祖父居長。學明公去世以後，叔祖輩各自分居。祖父一面養育兒女，一面還要獨力償還曾祖父生前的債務。及父親稍長，祖父有了得力的幫手，家道才漸形好轉。像我祖父和父親那樣的人，眞是中國農村文化陶養出來的典型人物。愷悌慈祥，健朗樸厚，正表徵了農村家庭上中兩代的性格。我家就是靠祖父和父親克善克繼而日漸興盛的。

父親只讀私塾二年，而家鄉各種禮俗文字之應酬，皆能非常得體。我求學的時間多過父親七八倍，但我對任事處世的識見才幹，與待人接物的規矩法度，比起父親來，那是差得太遠了。父親二十左右便代替祖父挑起當家的擔子。到我出生時，曾祖手上典出的田產已經陸續贖回，祖傳的老屋也漸次翻新。後來三叔也漸漸成爲父親出色的助手，（而二叔則於弱冠之年，隨父親遠行經商，因時疫而客死異地。父親愴痛自責，自此之後，便不出遠門了。）靠父叔的經營，又起造了一棟後廳，加置了一些田產。某年除夕，祖父看到兒孫繞膝，非常歡愉。對父親說：常言道，只有子孫屋，沒有子孫田。將來你們兒孫長成了，有一天樹大枝分，總要準備人人都能分得一個停停當當的居處，這纔是當家的正理。至於衣食之事，兒孫自有兒孫福的。這話打動了父親的心。幾年之後，又在祖居左側新建了一座廳堂，正棟四間，另加長廳一棟，橫屋五間，都是樓房。祖父八十大慶時，除了上壽匾外，同時還上堂匾（顏曰：輔卿堂）。祖父眞是有福的人，他在他自己的祠堂裏接受親族兒孫的祝禱和跪拜。晚年風光，該是上蒼對他一生勤勞的酬謝吧。過了幾年，祖父母相繼謝世，也可謂「福壽全歸」了。

我七歲開始上學。我家離學校一里多路，沿途都是農田，並疏疏落落雜有幾處樹林。一年四季，只見菜花黃了，秧苗綠了，新穀熟了，楓葉紅了。那景緻，那風光，直是陶人欲醉。最有趣的是揷秧時節，揷秧是農村最忙的時候，也是兒童最盼望的日子。田野間婦女們拔秧，大孩子們送秧，男人們揷秧，小孩子們則東跑西轉，手脚亂來。有時他們還沒捲起褲脚管便跳下秧田，擠到母嬸姑嫂身旁去亂抓一把秧苗，回頭這揷一根那揷一株。一會兒又跑到田間去看大人揷秧，站在田埂上你說這一株揷得不好，他說那一行揷得不直，有時還要充內行跑下田去修正那幾株沒有揷直的秧苗子。直到人人搞得一身水一身泥，這纔盡興而歸。那身衣服，便只有麻煩老祖母來替他們換洗了。揷秧時節，大人是不太管小孩的。一方面是他們太忙，一方面也因揷秧是喜事：女人拔秧，乃是把生命的根苗分送到更廣濶的田野；男人挿上一株秧苗，則是培育一個可愛的小生命。這時候，他們心裏充滿了喜悅，那還分心去管束小孩子呢？何況孩子的嬉戲搗亂，不也就是更好更可貴的小生命之活躍嗎！我家耕田不少，每逢挿秧，總要邀請附近挿秧的高手來家幫忙。被邀請的挿秧人是不取工資的。他只是要到各家各戶去嚐嚐一年中最好的酒菜。這天的酒，都是頭年冬天釀造的（在農村每家都會自己釀酒）。我在挿秧時最派不上正式用場。我既不喜到田裏去調泥弄水，便只好在家幫祖母擺碗筷杯盤打打雜，或替祖父看看酒缸。我好幾回都因爲看酒缸喝多了，醉醺醺地跑到屋後稻草堆裏去睡覺。中午吃飯時家人遍尋不着，直到太陽西下，才被小姑姑拖了起來。但東倒西歪，仍然渾身酥軟。那酒啊，眞是太美妙了！離家後雖也喝醉過幾次，但醉得並不美妙，酒是故鄉好，這或者不是偏見吧。

我小學沒畢業，便爲一位老師鼓勵去考中學。那時雩都中學已建造了一座規模宏大的校舍，但我們新生還是住在老校舍。這校舍原是昌村中學的舊址。民國初年，雩都有「昌村」「雩水」兩個中學。昌村的師生都是農村來的，雩水則大部分是城裏人。農村人與城市人往往話不投機，聽說兩校師生常常鬧糾紛，甚至大打出手。後來兩校停辦，才成立雩都中學。到我讀書時，老昌村和老雩水都已成了縣紳，但仍然積不相能，常起爭端。而結果總是昌村人佔上風。老雩水們氣不過，便另外創辦了一所中學，但辦得不見起色，連老雩水們自己的子弟，也仍然送到雩都中學來讀書。中國歷來都是農村出人才，因爲人間社會畢竟需要誠直樸厚的人物。到今天，中國弄得不成樣子，不正是缺乏一種誠直樸厚的精神嗎？

我是一個生長在農村的人，農村的人對天地神祇和祖先聖賢，特別有一種尊崇敬仰的情意。我開始讀書時，家鄉已經沒有私塾了，但是在小學裏仍掛着孔子的畫像，以供師生們行禮瞻仰。記得我入學那天，起得特別早，父親把我送到學校時，天還沒大亮，但老師早已起來，在禮堂裏等着。父親要我洗手整衣，走到孔子像前，恭恭敬敬行了禮，隨卽更向站在旁邊的老師也行了禮。於是父親對老師說了些話，便把我正式的交給了老師。其他的學童也和我一樣做完了一套入學的規矩儀式，在當時我心裏究竟有些什麼想法，現在也已不復能一一記憶。但在我向孔子行禮時，我頓然有了一個異樣的感覺，這感覺與我跟着老祖母到各寺廟去燒香拜佛時大不相同，與我向祖先神位祭拜行禮時也不一樣。當時我似乎有了一種莊嚴之感，我只覺得我現在不同了，我彷彿意識到已經跳進了一個新的生命之途程。這感覺，這印象，一直縈廻在我心中，到今天仍然如在目前。

後來到縣城讀中學，知道那裏有孔子廟，便急於約了同學去看看。發現有一部分屋宇牆垣，已被日本鬼子的飛機炸塌了。我先默默地瞻仰着那些仍然矗立的石柱，和那未被炸塌的「禮門」「義路」的門坊；然後坐在泮池的拱橋上注視池水，以及池水裏映現的雲天。我靜靜的，我的同學也靜靜的。許久，許久，我們又走進東西兩廡看看先賢先儒的牌位，之後再走上大成殿，去瞻仰至聖先師孔子的神位。我們沒有說話，更沒有議論，這默默無言，這靜靜無語，我現在回想起來，並不只是由於我們不善於說話，或不懂得議論，而是我們覺得在那裏無須再說什麼。我當時想，那裏比起學校來是好得多了，人爲什麼不能在那裏面做個學生呢？

在昌村校舍住了一年，便搬到西郊新校舍去。那裏原是一片荒涼的山崗，經過幾年的培植，也漸漸綠樹成蔭了。有時從城裏回校途中，看看學校的景色，確屬不錯。後來一家照相館把校舍攝成風景照，寫上「雩陽學府」幾個字，結果銷售很廣。我身邊原有一張的。後來在南昌被一位當初考不取雩中的人搶去懸掛了。我猜想，當別人看到那張照片時，他一定會在旁邊說道：這就是我們的學校。因此當我想到那張照片已成了另一個人的嚮往和懷想時，也就沒有失落東西的感覺了。

學校崗下是農田，課餘之暇，阡陌間盡是師生們在散步。春天油菜花開的時候，一片金黃色，煞是美麗。走過這片田野就是福田寺。那是很有名的寺廟，但那時裏面已無僧尼，只有一些「齋公」(家鄉對居士的稱呼)在寺內敲敲木魚唸唸經。我有時會在那裏坐下來，一心聽他們敲木魚，我覺得那聲音比一些人拉起胡琴來是中聽多了。福田寺再過去是重光寶塔。但那裏很少有人去，因爲塔身封閉，無法攀登。既不能更上一層以一覽全城風景，便不如在遠處眺望，反而更好。有一回我在南門對岸過渡，那時太陽已快下山了，舉頭一望，但見遠方山色，近處叢林，襯托出一座巍巍寶塔，那景緻直是佳絕！

學校後面是一片茶子樹，那是我們課餘讀書的地方。有時候，可以在那裏聽到牧童的短笛，和村姑的山歌聲。大概是高二的時候，我曾作過一首「陽春野曲」，就是有一次到學校後山散步，忽然觸動情思而寫下來的。辭曰：

久雨初霽，羣兒相逐嬉戲；
村外飄酒帘，野老興來竹杖隨。
何處吹起歌聲？
情韻絶妙，勝似竹枝詞。
一望芳草綠，原是熏風乍到時。

我是喜歡村童野老的。他們平日生活很勤苦，當然說不上什麼「生活條件」。可是有誰能告訴我，席履豐厚酒醉金迷的生活，會比他們過得更心安更自在呢？

在雩都中學時，我常常喜歡在心裏默唱雩中的校歌。那歌詞是這樣的：

雩山鍾靈，貢水揚清，問何黃從何處登程？
宜修養德智，振作精神，在學校好造就羣英。
懷往哲，爭光榮，有志竟成。
懷往哲，爭光榮，有志竟成。

記得剛上初一，音樂老師敎唱這首歌時，曾在黑板上註明：鄉賢何廷仁（善山）黃弘綱（洛村），並爲王守仁高足弟子。我當時並不甚明白誰是王守仁，怎樣才算是「高足」弟子。但我對「登程」二字常生遐想。小時候我在大河（家鄉人稱貢水為大河）裏坐船，船到河水中流時，看看兩岸濶遠，水天茫茫。頓然有一種「離家欲歸」的感覺。因此，當我唱到「問何黃從何處登程」一句時，彷彿想見兩個人從船上奮然登岸的樣子。現在說起來似乎有點好笑，但我那時候確常如此想像；而這想像對一個十多歲的少年來說，還是很可貴的。

何、黃二先生於陽明沒後，在南都（即南京）邀約同門爲講會，一時稱盛。時人語曰：「浙有錢王，江有何黃。」（錢謂錢緒山，王謂王龍溪。江謂江西。）在中學時，我還沒有讀過明儒學案（補註），只在城南羅田岩的濂溪祠裏，見過何、黃二先生的牌位。

羅田岩在貢水南岸，是家鄉最著名的勝地。我十歲左右，便曾隨着小學的遠足隊，一天來回走五十里路去過那裏，以後在縣城讀中學時，更是常常去了。那裏有奇岩深池，有佛殿寺宇，有仙佛的故事，有先賢的詩墨，還有那幽深寧遠的林泉竹石，和蕩滌心胸的山色松風。尤其令人低回嚮往的，則是理學人物在羅岩留下的流風餘韻。

到過羅岩的人，都知道那大岩壁上刻有岳飛寫的「天子萬年」四個大字。據宋史的記載，宋高宗建炎三年，金兀朮連結盜匪李成，合兵渡江，擄掠江西。金兵退走之後，李成一股盜寇仍盤踞在江西吉州（廬陵）虔州（贛州）一帶。之後，又有饑民爲盜的各股流賊，繼續竄擾江西福建廣東各地。加上當時的官兵紀律不佳，不免誣良爲盜，殺戮亦多。盜匪官兵交相爲虐的結果，使得這些地區到處都有「有屋無人」「人屋俱毀」的慘狀。到了紹興之初，岳飛奉命剿滅土寇，他用智擒，少用力取，而且通令將士，不得妄殺一人。百姓見到岳家軍確是一支救民愛民的軍隊，皆大喜歡。虔吉二州的百姓甚至紛紛建立岳飛的生祠。岳飛便是在這種情形之下，來到虔州的雩都。他看到民間的殘破，也看到百姓的善良，心裏一定很感動，很安慰。亂事既平，便乘閒暇之便，涉足山水。他來到羅岩，原是要訪候一位方外朋友黃龍老和尚的。但他來到時，老和尚已經去之杳杳了。這當然使岳飛悵然若失。於是他題了字，也詠了一首詩：

手持竹杖訪黃龍　舊穴只遺虎子踪
深鎖白雲無覓處　半山松竹撼西風

這首詩如今還刻在石壁上。書寫這詩的，是王陽明的私淑大弟子羅洪先（念菴）。

羅岩地方並不大，建築也很簡樸。它的周圍有羅石寨、需岩、北斗岩、青釣山、水涇浦等，只是年代久遠，大都已經風煙荒寂了。但大家還是非常喜歡那個地方。那佛殿的岩壁上，刻有「居然仙境」四個字，傳說出於朱熹夫子的手筆。由此也可想見羅岩的山水之靈與風景之美。比朱子更早而且是有宋第一位理學大師的周濂溪，更是喜愛羅岩的人物。他在那裏講過學，現在濂溪祠前還有他手植的一株老柏樹。不過經過將近千年的風吹雨打，其枝葉已是相當稀疏，樹的根幹也少了半片，靠磚頭砌補，才支持住了這株象徵學脈緜流的古柏。

濂溪祠的右側是羅田精舍。這是所有到過羅岩的先儒，講學論道的地方。到我鄉何、黃二先生從陽明學成之後，羅岩的講學風氣，更是極一時之盛。在縣志上還載有他們招遊記事的詩文，其中有王陽明的觀善岩小序，羅近溪的羅岩登濂溪閣詩。另外，還有八大山人的羅岩夜坐詩。只是時代變了，今天的羅田精舍，只是一棟沉寂的瓦房而已。記得精舍的講堂上有一塊橫匾，顏曰：「我思古人」。眞是先獲我心了。

羅岩確是令人懷念的地方。那裏的人物，有大儒，也有名將，有仙，也有佛。照中國人看來，文與武永遠不抵觸，仙與佛也是好朋友。記得羅岩就有這樣一副對聯：

是仙是佛無二致
名將名儒自千秋

羅岩的故事也是神奇的。除了岳飛訪問未遇的那位黃龍老和尚有許多異聞之外，最有名的還是那個白米岩的故事。在大士殿右側一塊懸岩上有一個小洞，其深不可測。傳說從前每天有米漏出，其量恰够寺僧和遊客一日之需。後來寺僧貪心，把洞口開大了些，結果漏了三天三夜穀糠之後，白米岩就只是一個神奇的遺跡了。後來不知是誰在那裏題了一副聯語：

黃龍仙跡今何在
白米靈岩空自傳

這或者是發問，但更其是感慨和懷想啊！

說到羅岩的風景，尤其令人流連忘返。所謂：

翠壁有泉山應響
丹崖無暑日來遲

是詩情？是畫意？不知桃源仙境也能勝此些許否？

在我的記憶裏，羅岩的一切都是美好的。故國山河，本無處不可愛；何況江南嶺北、那雩山之麓貢水之畔我生長的家鄉呢？那裏的池塘，那裏的溪水，那裏的村莊，那裏的田園，那樸實的人情，那淳厚的風俗啊！離開羅岩已是六七年了。羅岩是否仍然那樣幽深寧遠？濂溪祠前的那株神柏，是否依然無恙？岳武穆寫的「天子萬年」四字，是否會被指爲有封建意識而遭受破壞？羅岩的一切，如今會是如何的一番景象呢？時代的風暴是如此勁厲，世界的變化又是如此無常，人類的心靈、性情、智慧，和一種開朗舒坦的心境，都好像遠離了這個時代。然而，羅岩會是清醒的。羅岩的人物，原就是各個時代中頂頂清醒的人。有人說，時代像一陣風，吹來了又會吹去的。我眞願乘風歸去，以掀動羅岩的清醒之風，來吹開時代心靈的陰霾，好讓世間所有的人，都能清清楚楚的過生活啊！

四十四年二月初稿

〔補註〕民國四十三年秋天，我積存了兩三個月的薪水，到臺北桂林街估衣市場買了一件皮夾克（那時候的薪水眞少，物價眞貴）。回頭經過重慶南路，在文光圖書公司看到一部「四朝學案」（宋元學案、明儒學案、清學案小識等），是抗戰前一年上海世界書局版，這是當時臺北書肆唯一的一部，標價五百元。這奇高的價錢倒沒有嚇倒我，我只是好生懊惱，恨自己為什麼不先逛書店。如果我先發現這部書，便不必去買什麼皮夾克了（從那時候起，我就討厭皮夾克）。返回基隆途中，心裏一直怏怏不樂。回到學校，忽然想起有個學生的家長，好像就是這家書店的經理，於是心裏又興奮起來。次日一早，在升旗場找到這個學生，我說，昨天在臺北花了六百五十元買了一件皮夾克，回頭又看見你們書店有一部書標價五百元，我沒有錢了，我願意用這件皮夾克交換那部書。就這樣，我以兩個多月的薪水，換到一部半舊的四朝學案。十六年之後（五十九年），我在中國文化學院哲學系教「宋明理學」，頭一堂課，就講了這個故事。並且告訴他們，現在我只要花半個星期的薪水，就可以在臺北買到這部書了。

寫給「鵝湖」諸友

一

「鵝湖」是有文化理想的，但「鵝湖」也是在現實中奮鬪而成長的。理想可以具有絕對的圓滿性，而現實則永遠在限制中，現實中的事物也永遠是以「理想之未實現」的身分與人見面的。因此，在現實上，不可能有一份絕對圓滿的「鵝湖」雜誌。

然而，人總是要追求理想的，人也總希望能一步步突破現實的限制，以求理想之充分實現。人對理想的嚮往愈眞切，對現實的成績就愈不滿意，因而實現理想的要求也就愈強烈、愈迫切。當實現理想的願望無法圓滿達成，而審視廻顧之餘，又發覺自己的能力還不足以充分實現這個理想時，人便陷於自苦之中。然而，這種「自苦」却是可敬的，更是可感的。

六月七日，文化學院哲學系畢業同學舉辦謝師宴，我和王邦雄先生、袁保新先生都參加了。酒宴散後，我們一同走下樓來，我問邦雄兄，保新是不是醉了？保新搶着說：沒醉，我沒有醉，今天我有好多話要和蔡老師談（保新客氣多禮，他總叫我蔡老師）。一邊說着，一邊便去路邊攔計程車。他先安排邦雄兄回家，然後拉着我坐上車子，便開始談「鵝湖」。關於「鵝湖」可能停刊的事，邦雄兄曾和我提起，我也表示過一些意見。但我與「鵝湖」的關係雖然相當內在，却一直沒有直接參與工作，所以我又實在不能表示什麼決定性的態度。因此，保新在車上說話時，我只靜靜地聽着。忽然，保新叫停車，說路邊有冰果店，要坐下來談。下了車，他領我走進一家小店，結果是賣牛肉麵的。我看店裏也有汽水，就喝汽水吧。但店主東的汽水似乎是配牛肉麵的，不肯單賣，保新說好說歹，總算破例賣給我們兩瓶汽水。但既無杯子，也無吸管，保新又去討了二支吸管。剛坐定，掏出香煙來，最後一根火柴沒點着，我也沒帶打火機，於是他又一脚高一脚低地走去借火柴。人家店主東說得好，我不吸煙，沒準備火柴，你先生就着爐火點上吧。我說算了，別抽煙了。保新不肯，踉踉蹌蹌地東轉西尋，結果，還是店小二給了一盒火柴，這才使保新能够坐下來說話。

二

保新說：四年前我們辦「鵝湖」，主要是唐君毅先生、牟宗三先生先後由港來臺講學，啓發了大家對學問的嚮往，開顯了一個文化理想，使朋友們都有了文化學術的使命感，覺得我們這一代青年必須對自己的民族、自己的文化負起一種責任，於是決定辦個刊物。雖然我們什麽都沒有，但憑着一股熱忱，「鵝湖」終於在艱苦和興奮中創刊了。可是除了王（邦雄）老師，我們全都是在學的學生（曾昭旭先生當時也還在讀學位），年年有畢業的、服兵役的、出國的、回香港的。人散了，精神心靈的團聚力不免大打折扣。我們當然也不斷吸收新力軍，但仍然都是在學的學生。他們對文化理想的嚮往和參加工作的熱忱，都是極爲感人的。但看到他們放下課業，爲印刷、校對、搬運、裝封、寄發、收款、登帳……等等雜務而忙碌時，我們不僅感到深深的歉疚，而且有一種說不出來的痛惜之情。說到這裏，保新明顯地露出一種無奈的激動。

他繼續說：更嚴重的還不是這些，而是我們對「鵝湖」愈來愈覺得不能使自己滿意了。為什麼不能辦得一期比一期好？有些文章我們不滿意，為什麼我們自己不寫幾篇更有水準的作品？他兩眼注視我，說：蔡老師，我們眼高手低，我寫不出來，我發現自己的學問還不夠連續寫出結結實實的好文章！說完，一臉痛苦、茫然的表情。我伸手抓他的臂膀，拍一拍，不知說什麼好。保新繼續說，唐老師、牟老師這樣愛護我們，對「鵝湖」寄予很大的期望，我們却辦不出好成績，而唐老師已離我們而去，我們拿什麼來告慰唐老師在天之靈？牟老師不辭辛勞地連年在臺大講學，我心虛膽怯，不敢去看他老人家。我已結婚，生了兒子，有了家庭負擔，又在服兵役，還要參加辦「鵝湖」，我覺得很苦。可是，廖鍾慶從瑞典寫信來責備我，他說：袁寶，你為什麼不好好唸書？再不努力，你也會像某些人某些人一樣，要辜負前輩師長了。阿慶說得對，他比我努力，有資格責備我。但他的話說得我好傷心！眞的，好傷心！說着說着，聲音哽咽，滿眶淚水直瀉下來。我一向嘴笨，不知如何安慰他，只能再一次抓住他的手。

保新靜了一下，又說：近月來，我好幾次和在臺北的老萬（萬金川）喝酒，還有林鎮國，我們談自己，談鵝湖，邊談邊喝酒，邊喝酒邊流淚。在這種情形之下，我們將如何把「鵝湖」辦下去呢？我桌子上堆滿唐老師牟老師的書，每次翻開一看，立刻覺得自己不行。我從讀大學到研究所，成績一直很好，我並不驕傲，但我覺得自己很優秀。如今，我却眞切地知道，比起前輩大師，我差得很遠，很遠。我想，如果在學問上我們不能夠上接唐老師牟老師而繼續有開發，又如何能弘揚文化理想呢？我們這一代如果擔不起擔子，中華民族幾千年的學術思想，還有沒有希望延續、光大、發揚呢？我們實在要努力，要求充實，鵝湖停辦一段時間吧，至少半年，至少停半年！

他靜一靜，又說：我知道王老師也和蔡老師談過「鵝湖」的事，我也知道蔡老師有耐心聽我訴說，今天仗着喝了酒，有膽子多說幾句。「鵝湖」辦不辦下去，我一個人不能決定。無論暫停或繼續辦下去，我都希望蔡老師要相信我們。雜誌暫停，並不表示理想終止。我們永遠不會放棄理想，永遠不會忘記文化責任。同時，還希望蔡老師在牟老師面前轉陳我們的意思，請牟老師不要對我們失望，我們不會……不會……，保新又激動、哽咽了。

最後，我抓緊他的手，說：我對鵝湖的朋友，一直都相信，對你所說的，也有同情的了解，對於你的想法，我個人甚至也表同意，無論如何，我都相信你們。而且，單就我的感覺來說，「鵝湖」四年的成績，已經是一種很卓越的表現了。我想，牟老師也不會對大家失望。今天就談到這裏，我們該回家了。

他起身，向左手邊走，我問這是什麼路，你沒走錯吧？他說是信義路，沒錯。我左右看看，似乎不像信義路，金華女子國中就在右手邊，這該是新生南路。保新說話雖清楚，酒卻喝多了。我拉着他向右手邊走，到了金華街口，我確定該怎麼走了。我強迫保新上計程車，請司機開向公館轉福和橋到永和。我對司機說，他醉了，拜託一定送他到家門口。保新從車子裏探出頭來，說：我是喝得多一些，但沒有醉，我說的都是眞話。我說，是的，你的話句句是眞，但人是醉了。

三

我用好幾段筆墨來記述保新的話，是因爲他的「醉中眞言」使我很感動，同時他的話也代表好幾個人的心聲。我也聽說，香港的楊祖漢、岑溢成等堅決反對停辦，而且也不同意保新他們「停一段時間，等自己學問充實以後再辦」的想法，認爲停辦雜誌，未必就能做成學問，就算學問方面有進益，那時也未必能順利復刊，復刊也未必比現在辦得更好、更有意義。我想，他們的意思是認爲學問也要在事上磨練，不一定要停下一切來專做學問。何況雜誌的存在，就是理想挺立的象徵。他們不忍心讓它停下來。我一方面很同情保新的心境，一方面也覺得岑、楊二位的決心很可欽佩。近月以來，我曾先後和邦雄兄說到過一些意思，現在願意再說得詳細一點。

第一，當初辦「鵝湖」，不只是辦一個刊物，而是把它當做一個理想的學園來辦，希望藉着「鵝湖」來團聚有文化意識、有文化理想的青年，大夥兒一起讀書，一起討論學問，以期彼此提撕，相互砥礪。這是一個很好的想法，開始一段時間也做得很不錯。但漸漸地人各西東，留下來的又各有工作上、學業上、生活上的壓力要肆應，聚會的時間少了，精神便不容易凝聚，縱是大家見了面，又要分心於社務（雜務）的討論和安排。鵝湖學園中的學問，漸漸地被雜事擠逼得若存若亡了。由於主觀願望和客觀條件一直無法對應配合，而日漸形成一種難以消解而又無法躲閃的內在危機。保新他們正是爲這種情形而難過，而傷心流淚。他們不只是需要同情和了解，而是發覺解決問題的鎖鑰，不在別人之手，而是在自己身上。他們當初的願望，和目前的心境，如果不能有一個轉換或調整，則他們主張「鵝湖」暫停，便是一個必然的結論了。上面說到我對保新的想法表示同情甚至同意，便是基於這一點上的了解。然而「鵝湖」如果停辦，我相信所有的讀者都不願意。保新他們又何嘗願意？他們是出於無奈。邦雄兄最了解他們，他說：辦下去，保新他們會痛苦，停辦，他們更痛苦！這其中的眞摯，我將無法忘懷。（和保新夜談後的第五日，我們又在一次餐會上見面。保新告訴我，「鵝湖」要辦下去。他的神情很平靜，但我知道，對他來說那是一個非常勇敢的決定。不過，那不會是一個痛苦的決定吧？如果做決定時仍帶有痛苦，我希望保新他們能夠很快地消解它。）

第二，辦一個刊物，主觀方面的願望和用心，是直接發出動力的源泉。但另一方面，這個刊物在客觀上發生的作用和影響，也同時賦予了這個刊物存在的價值。「鵝湖」一千四五百份的銷售量雖不算多，但比起同類性質的刊物來，已經很不容易了。當然，我也知道「鵝湖」的訂戶多半是學生和敎師，一般社會的讀者並不很多。不過，文化學術的中堅，本來就是敎師和學生，在文化思想上發酵起作用的，也正是他們。以「鵝湖」作一個中心，輻射出一千多個點，一千多個點又分別伸展他們的觸角，交光互映，情志相通，一幅文化思想互爲流通、性情心靈交相感發的人文精神網，便如此架構起來了。學術的傳承，思想的啓廸，以及文化理想的透顯與弘發，豈不正是這樣而日起有功的？我們實在不必誇張，便可以覺察「鵝湖」在存在的價值上，業已成爲一個客觀的事實了。

第三，如果暫且把主觀的願望和心境擱置下來，而從客觀的存在價值方面着眼，則「鵝湖」應該辦下去，同樣也是一個必然的結論。而且，「鵝湖」存在的價值，又不僅如第二點所說而已。自從大陸淪爲夷狄（馬、恩、列、史，全是夷狄），中國文化遭受亙古未有的大刼難。

三十八年，徐復觀先生及時地在香港創辦「民主評論」，豎起文化思想反共的大纛。徐先生自己寫了許多有力的政論文章，錢穆先生則對中國歷史與社會提出了他獨到的見解，而綜論歷史文化與學術思想、以暢通華族文化生命之大流的文章，則以唐先生和牟先生寫得最多，而且也最弘通而深透。唐先生的「人文精神之重建」、「中國人文精神之發展」，以及牟先生的「道德的理想主義」、「歷史哲學」等書，大部分的章節，都曾發表於「民主評論」。比民主評論晚二年，王道先生也在香港創辦「人生」雜誌。開始二三年，「人生」還不常有思想性和學術性的文章，以後，王道先生積極地邀請「民主評論」的主要作者寫稿，漸漸地後進之士亦開始以「人生」爲論壇而展放他們的筆鋒了。大概有七八上十年的時間，「人生」和「民主評論」配合得很好，再加上「新亞書院」，合成香港文化思想反共的主流。但這二個雜誌已經先後停辦，而新亞也不復是當年的新亞了。四年前，「鵝湖」繼踵而起，正代表年輕一代的覺醒和奮發。依我的觀察和了解，鵝湖諸友都有正而大的信念，純而潔的存心，對於文化理想，都有眞實的嚮往，而且都能直立在中國民族生命和文化生命的立場上，以開發生命的方向和途徑。就思想的線索而言，「鵝湖」與抗戰時期唐先生等人辦的「理想與文化」，以及抗戰勝利後牟先生辦的「歷史與文化」，還有「民主評論」，實在都有着精神氣脈上相承相續的關連。何況這四年之間，唐先生牟先生先後來臺講學，鵝湖諸友也絕大部分都受過二位先生的熏炙與啓沃。因此，「鵝湖」不但在客觀事實上有它存在的價值，同時在文化使命和文化理想上，也早已肩負着一個承續繼述、光大發皇的責任。

四

如果上述三點意思並無不當，則我願意再說幾句話。我知道鵝湖諸友對學問都很認眞，這也是我一向感佩的。但學問之事，不是一朝一夕之功。鬆懈而忘忽，固然不可，心情緊迫而助長，也同樣不行。青年時期是應該强探力索，但强探力索不是作意助長，而是表現爲學的勁力。隨着學問的層序、理路，一步步恒毅而進，不懈怠，不慌張，才可以强力而不緊迫，加工而不助長。我常以這個意思提醒自己，今後更願與鵝湖諸友相共勉。對於學問，我們可以有「大欲」，但要知道學問的艱苦，也要明白學問的分際。學問各有範域，門類甚多，沒有人能够「一口吞盡西江水」。學問的層境，更是無窮無盡，也沒有人能够一下子徹盡而無餘。學問要從累積、發展中看：由累積見深厚，由發展見高明。只要我們一本學問的眞誠，恢弘學術的器識，貞定文化的信念，眞積力久，全盡而粹，我相信鵝湖諸友都會成爲國家文化學術的楨榦。

我在文化學院敎了九年書，每週都要臺中臺北跑一趟，遺憾的是我一直沒有到過鵝湖社。今後轉到東海大學，可能更不容易和鵝湖諸友聚首了。但這只是形迹上的事，在心靈上我和諸位不會有疏隔，已往如此，以後亦然。見過面的朋友，隨時可以再見，還沒見過面的，他日終當相見。爲了苦難中的中華民族，爲了否塞中的中華文化，更爲了我們抱持的文化理想以及那無可旁貸的文化使命，我們要「異地同心，分頭努力」。這次「鵝湖」停辦續辦的爭議，我認爲是一次最「純潔無私」而又最「眞摯動人」的爭議。今後，鵝湖諸友必將更篤實，更精誠。在此，我沒有宣說什麼道理，也沒有提出什麼具體的建議，而只是記述這一段事和寫下一些感懷。因爲「鵝湖」的爭議已經過去，我可以放心了。

附識：六月二十二日下午，主編昭旭兄來信，說「鵝湖」要辦下去，希望我說幾句期勉的話，長短皆可。當日上半夜，我還有一些事要忙，但心中一直念着「鵝湖」。到了下半夜，我對自己說，起個頭吧。但寫些什麼呢？地理上的江西信州的鵝湖，歷史上的朱陸會講的鵝湖，現在又是精神文字所滙注的臺北的「鵝湖」。鵝湖的人，鵝湖的理想，鵝湖現實上的困難，一大串，一大堆，不知從何說起。終於，動筆了！當我寫到保新快要流淚時，窗外榕樹上的鳥兒開始鳴叫，天已亮了！內子已起床，小兒子也從他房間走出來，說：這麼晚了，爸爸還沒睡啊？內子說：不是這麼晚，是這麼早，爸爸該睡上午覺了。我想，那一天保新落淚是在晚上街燈之旁，此時，在我書桌日光燈下，別再讓他的熱淚掉下來。我，趕快去睡一會兒吧。一覺醒來，已是中午吃飯時分。下午、晚上，又繼續寫，一直寫到二十三日下半夜。到最後一句寫完，二十四日的曙光，已經從窗外透射到我的稿紙上了。

六十八年六月「鵝湖」四十八期

韓國紀行

——兼述出席東洋學會議之經過

牟老師的「訪韓觀感」（見鵝湖六二期），寫得簡明懇到，句句中肯。我這篇紀行，雖有意說得詳細一點，卻也沒有想到會寫得如此之長。不過，「下筆不能自休」雖是為文之病，但寓情於物，融理於事，夾敘夾議，使之詳悉些，熱鬧些，也未嘗不算一種優點。因此，也就不惜多佔篇幅，同時，也不怎麼擔心擾瀆讀者的清神了。

一、緣起

漢城檀國大學「東洋學研究所」，十年來每年主辦一次學術會議，隔年並邀請中國和日本的學者擔任主講。臺大的王叔珉教授、屈萬里教授，政大的方豪教授，皆曾先後應邀出席。今年的中心主題，是有關朝鮮王朝前期（十五十六世紀）的哲學思想。其中有一個論題是中國朱子學與朝鮮前朝朱子學之比較。據說，他們原先決定敦請牟老師擔任主講，牟老師高年憚於勞頓，不欲遠行。之後，便想約我出席。他們先透過留華的金炳采君（台大碩士、現讀輔大博士班）和我接洽，金君又轉託臺大哲研所的胡以嫺、尤惠貞二位小姐，先後打長途電話向我「遊說」，他們三位都是從游於牟老師的後起俊秀，我感於他們的熱忱，便同意了。

五月中旬，接到東洋學研究所李熙昇所長的來信，對我應允出席擔任講演表示感謝，並說明在韓期間將有專人接待我，來回機票以及參觀旅行之一切費用，也由他們負責。至於朝鮮朱子學的資料，將寄送一部「退溪全集」供我參考云。這時候，牟老師已應臺大邀請，由港來臺指導研究生寫論文，我到臺北拜謁，又遇見韓國留華的梁承武君（師大博士班），承他熱心，將「朝鮮儒學史」先借我參閱，順着書中的漢字，我也約略看出了一些線索。

七月初，正式的邀請函與退溪全書，皆先後寄到。八月下旬，我忙完了「中國哲學史講義」的編述，便趕緊撰寫論文：「朱子學的綱脈與朝鮮前期之朱子學」，以供檀大東洋學報之用（此文已刊於本刊上期）；另外，又寫了一份四五千字的提要，以便譯成韓文，使講演時翻譯先生有個依據。兩篇稿子，於九月三日以航空快遞寄出。

二、行前種種

八月末，我在東海大學「中國文化研討會」講演，哲學系馮滬祥主任問我幾時去韓國，手續辦了沒有？我說，十月九日出發，現在還早。他屈指一算，還有四十天，說，不早了，該辦手續了。我問，現在出入境手續不是一週之內就可辦好嗎？他說出國參加學術會議，得由學校去函教育部徵求同意批准，這趟公文就得十天半月，然後向外交部申請出國護照，再加上出入境證的手續，以及韓國大使館的簽證，四十天的時間已經不很從容了。對於這些事情，我是完全不清楚。經他這麽一提，便趕快請學校出公函報教育部，又拜託中國文化大學哲學系楊祖漢先生，請他代我在臺北各處「跑手續」（這是最辛苦的差事），並請臺大政治系教授繆全吉兄轉託朋友「催公事」。後來，由於金炳采君住在木柵，聯絡不便，又臨時麻煩梁承武君到韓國大使館代辦簽證手續，以及向韓航領機票，訂班機，並打國際長途電話到漢城，告知飛機到達的時刻，以便檀大派人到機場接我。這一連串的麻煩事，都由於朋友們的熱心幫忙而辦妥了。我自己則一直安坐臺中，享受滿滿的、珍貴的友情。

十月八日下午，我自臺中北上，祖漢夫人邱清恩女士親治晚餐，並約梁承武君共餐相敍。飯後，與繆全吉兄通電話，他是中韓學會的常務理事，韓國已去過兩三趟了。他問我帶了多少錢，答道，「美金三百」。他說，你單人匹馬，初次出國，就只帶三百美金嗎？我說，這次全部免費，我只要買一點高麗人蔘回來就行了。他說，你這幾個錢，買些人蔘茶和白蔘之類是可以的，要是買紅蔘，還不够一盒的價錢。我說，那就買白蔘好了。又問，有沒有帶點禮物送人？我據實回答，沒有。他說，你眞是，講理學也不能不懂一點人情世故呀！那末，名片總該帶了吧？我說，帶啦，共有七八張之多！他一聽，大叫，你老兄永遠是個大書呆！不過七八張名片，居然也算「之多」？你去開會，那麼些人，幾乎全是初次見面，人家給你名片，你就光收而不送嗎？我愣了一下，說，那可怎麼辦？他說，現在加印已來不及，你到時除了向人家說對不起，還能怎麼辦？接着，又「諄諄告誡」，教我如何出入機場，如何托運行李，如何過關卡，萬一那邊沒人來接，又如何與中國大使館聯絡……一連串的叮嚀，竟把三十年老友的深情厚誼，藉着那神奇的電話線，一股腦兒傳入我的心坎。

放下電話，祖漢承武提議把名片拿去影印，商酌既定，祖漢卽刻下樓，把八張名片排列影印了十大張，又夫婦合作，用剪刀一張張剪好。我從旁悠然地看他倆剪剪裁裁，有說有笑，宛若一幅「搬家家酒」的畫面——很美。

九日，祖漢夫婦有課，一早便出門了。承武又來陪我選購茶葉（他說該買香片、不要烏龍），之後，一同到松山機場與鄺錦倫兄會齊。錦倫臺大哲研所畢業後，待機赴西德讀博士，此時正好由港來臺小住，知道我去韓國，特來送我上飛機。我們乘中興號到桃園國際機場，錦倫的新婚夫人楊小梅女士就在機場做事，也來見面相敍，還請我喝了一杯六十元高價的檸檬汁。臨行照了兩張相，就由小梅引導我過關闖卡，一直送到機門。

三、從桃園到漢江

上飛機找好座位，只聽得左旁一個四五歲的小女孩嚷嚷：我不要坐小飛機，我要坐有電影的大飛機，要很大飛機，好不好嘛？一位六十開外的老者答道，好、好，晚上到了東京，就會換一架大飛機，一直看電影看到美國。鄰座是中國人，自然就攀談起來。原來這位老先生僑居美國，回臺探親返美，友人託他把小孫女順便帶交她的父母。他和東海前任吳德耀校長相熟，便又談了些東海的事情，旅途上頗不寂寞。

飛機於漢城時間下午五時半左右降落，不免又是一番通關過卡的手續。出了機場，在一大堆接機的人羣中，很快就找到「檀國大學」的牌示，高興地微微一笑，向舉牌的先生揮手致意。他快步走過來，我問，是辛先生嗎？答道，是的。這位辛勝夏先生，留學臺大史研所，前幾年還到淡江大學做過訪問教授，現在檀大歷史系任教，也是東洋學研究所的研究員，每次邀約外籍教授出席會議，都是他在負責。他是全韓中國學會的副會長，其人爽朗練達，細密週到，中國話說得出人意料的好。在進城的路上，一面介紹沿途的景物，一面又爲我說明講演會討論會的日程，以及旅行參觀的計畫。他的親切熱忱，使我留下深刻的印象。

一會兒，過橋了。我問，這就是漢江嗎？其實，我自己也知道，當然是的。只是我想像中的漢江，至少該有家鄉貢水那樣大的江流，而江面之上，也應該有風帆漁舟或者新式小輪在往來行駛，結果竟是一片半沙半水的河床，不免有點失望。辛先生大概覺察出來，便說，漢江上游建了大水庫，下游的水量就不大了。我說，是的，自來水飲用，畢竟比「漫漫江水」的景色，更能滿足現實的需要。

車子在暮色蒼茫中，走了一段蜿蜒的市區山道，大約六時半許，抵達退溪路的國賓大飯店。據說，這是漢城三大飯店之外，亞一流的觀光飯店，我住進十樓十六號套房，第一件事便問辛先生可否直接打國際長途電話，他說可以。我告訴他：這次來韓國，內子和女兒倒是很平靜，小兒子別無心事，只渴望我爲他帶些韓國硬幣回去，反而是那讀高二的大兒子，對我「一個中國人」出遠門很不放心，要求我一到漢城，就先寄「航空信」以報平安。我說寫信太慢，等信寄到時，我已回到臺中了。他說，那就打個電話回家吧。我講這幾句話不打緊，却讓檀大多花了七八千韓幣的國際電話費，更讓辛先生破費，送了三套韓國硬幣給我的三個孩子。當然，也讓我自己承受了更多的友邦情誼。

當晚，辛先生主張吃西餐。餐廳的侍者都是十八世紀的法國裝束，頭上還戴着假髮，很有「觀光」的排場。我請辛先生盡量簡單，結果還是吃了二萬七千元韓幣。我一面感謝盛情的款待，一面表示西餐到此爲止，我要改吃韓國菜了。

四、檀大之訪

十月十日，是中華民國的國慶，漢城的中國大使館自有一番熱鬧。離臺之前，東海梅校長，還有繆全吉兄，都曾把大使館的幾位先生介紹給我，說必要時可以訪候一下。我因人地兩不熟，又無別事，所以沒去打擾他們。

上午十時，辛先生接我到檀國大學，先拜訪東洋學研究所的所長李熙昇先生。一見之下，纔知道是一位八六高齡的老學者。李老先生在日據時期，就編過一部韓文字典，以發揚民族文化爲職志，結果坐了三年多的監牢。韓國光復，就任漢城大學教授。退休之後，檀大校長又禮請他出來領導東洋學研究所。李老先生身量不高，背微駝，但上下樓梯，腰脚穩健，步履輕快。爲人謙和溫煦，說話也親切有味。當我聽到他已八六高齡時，就說，等您一百歲時，我希望能親自登門向您拜壽。他聽了，笑笑說，謝謝，但人太老了，恐怕會被人駡哩！好像中國也有類似的一句話吧？我說，不知您指的是不是孔子的話，但只有像原壤那種「幼而不遜不悌，長而無可稱述，又老而不死」的人，纔會受責於聖人。像您這樣人人尊敬的耆宿，年高八六，猶然眷懷邦國文化，領導學術研究，必將是貴國學界的人瑞，大家敬愛您都來不及，誰還捨得駡您呢？他聽了，又開懷地笑了起來。

李老先生說他十多年前到過臺灣，也曾訪問東海大學，而留下三點最深的印象。一是中國傳統風格的校舍，不管它是唐式、宋式或明式，都使人有舒爽的感覺。二是學生少而校園廣濶疏朗，是個修學的好環境。三是全校沒有「工役」，一切工役雜事都由學生擔任（他指的足勞作制度），這是一種很好的生活教育。他還提到東海校長的「官舍」，聽說和教授住宅一樣，很合乎平等的原則。我說，校長住宅的格局雖稍有不同，大小倒是和A種教授住宅差不多，但院子則特別大。不過那座院子，也常常是學校師生宴會座談的地方，很有開放的精神。談了一會，我說爲了答謝貴所惠贈「退溪全書」的雅意，特將拙著五種以及我主編的「牟宗三先生的哲學與著作」，致贈於貴所圖書館。他一面道謝，一面歡迎我參觀一下他們所裏的圖書館。

這所圖書館就在研究所大樓的四樓上，大約有兩間教室大。除了韓國的古書典籍與新近各種學術彙刊，日本的東洋學書籍也收藏不少。而臺灣出版的大部頭書，差不多都購置了。地板上還有一大堆新買的書刊，正由二位工作人員在整理編目。看來臺灣各大學的「系、所」圖書館，恐怕很少有這樣豐富的圖書，這是値得我們各級主持學政的人，作爲借鏡和加勉的。

之後，又去拜訪了張忠植總長（他們稱大學校長爲總長，學院院長稱學長，系稱科，系主任稱科長）。張校長年約五十上下，樸實而幹練，對教育很有熱忱。我曾問到「檀國」大學的取名，是否有紀念檀君以發揚韓國民族精神的意思。他表示，檀君開國的史迹，雖含有神話傳說的性質，但它能激發韓國的歷史意識和民族意識，這對一個國家的教育而言，乃是一項基本的責任。我覺得張校長這個說法是對的。學校教育不能離開民族、歷史的立場，而學術研究也必須有縱的承續和橫的融通，他在檀大創設東洋學研究所，又每年舉辦學術會議，想來正是有見於此。

張校長也常到臺灣訪問。次日在他主持酒會時，曾主動用中國話和我作過簡短的交談，並祝我有一個愉快的參觀旅行，我謝謝他的禮遇和接待。後來我纔知道，發起創辦這所大學的，正是張校長的尊翁。校園裏有一幢名爲「惠堂」的校館，還有一座中國風格的亭子，就是爲了紀念張校長尊翁創校而建造的。我想，一個國家如能多有這樣熱心教育的人士，對於人才的培育和文化學術的發揚，都會留下不可磨滅的功績。

五、雨遊民俗村

拜會事畢，辛先生問我想不想一遊民俗村，我同意。他先領我到一家百貨公司的頂樓，吃了一份有名的「蔘雞湯」。我記得臺視的大銀幕節目，就曾特別介紹這種韓國名餐。雞包糯米、人蔘、紅棗、香菰，當那鑲有木邊的小砂鍋端上桌子時，裏面的湯還在滾滾冒泡，加上幾碟韓國的辣泡菜，吃得滿身發熱，很夠意思。

民俗村離漢城大約一小時的車程，有高速公路可通。過了漢江，首先入目的是一列列整齊矗立的高級公寓，以及體育館、球場、集會場之類的大建築。出了市區，進入京畿道的界域。這時，本來就陰沉沉的天氣，終於下起雨來。不過，沿途的鄉村田野，山嶺景色，也因着煙雨濛濛的染襯，顯得更有情味了。出了高速公路，便是京畿道的「道治」。路旁樹立一些大標語，寫着「京畿道」、「奮追」、「躍進」的字樣，大概是表示加緊地方建設，力求發展進步的意思。

到了民俗村，買好門票，開始雨遊。這是一個還算開濶平坦的山谷。在小溪河的兩邊，傍山建造了韓國古代的鄉村農舍、以及士大夫、富豪人家的宅第。房屋的規格以及裏面的陳設，完全依照古時的樣子，而且分別安排穿着古老服飾的「今之古人」，以顯示當時生活工作的情況。

那些大宅第的格局，有門樓前庭，有正堂內室，有客廳書齋，也有假山池砌，以及小姐的深閨別院。據說這些屋舍的建材，有些還是從各地古宅拆運來的。宅院正廳的門柱，每一根都書寫着對聯。辛先生告訴我，三年前方豪教授來此參觀，正好天氣晴和，他慢慢地觀賞，對這些聯語特感興趣，每一副都要唸一遍，據說還辨正了幾個錯字。我只略作觀覽，未能細看。但記得有二副對聯：「春風大雅能容物，秋水文章不染塵」，「萬物靜觀皆自得，四時佳興與人同」，這都是平時很熟悉的。

有關手工藝方面，如鐵器、銅器、染織、器皿，都有裝扮成的古人在作坊現場工作，銅器成品還可以當場銷售。另有一個小市場，也由穿着古服的人在那裏買賣古時的用品食物，我們喝了二瓢古法釀造的農製酒，和幾碟古式菜餚，我覺得味道很好。

又有一處建了一間術士的屋子，裏面大概裝神弄鬼，我們沒有進去，但看到幾位從裏面跑出來的女性遊客，個個「花容失色」，彷彿受驚不小。還有一座完整的縣衙門，六房書吏的辦公處所，以及大堂官廳、刑室牢獄，全依古時的規格式樣。看看那些刑具，不禁毛骨聳然！

小溪另一邊，有一座舂米的水碓，那水輪被水沖得眞在轉動，看來和我們家鄉的樣式大同小異。二十多年前，我在桃園鄉間也見到過一座。這是很有江南山鄉風味的器物，圓動、靈巧、清爽、潔淨，既可入畫，也可入詩。若和那粗笨的龐然大物——荷蘭風車相對比，就會知道「東方」的水碓，是很有「靈性」的東西。尤其當它眞的座落在鄉村的山邊水涯時，更會散發一種鮮活的樸野之趣。

此外，還有書院、寺廟等等，是逐年加建的。一路走馬看花，印象不深，而雨却大起來了。我們走進一家茶館休息。辛先生介紹我喝一杯「雙合茶」，說這是以前國王每日飲用的補品，由人蔘粉、雞蛋漿、紅棗、蜂蜜拌和而成，果然甘美可口。

五時乘車回漢城，雨仍然下個不停。辛先生說，明天要演講，讓我早早休息。這一夜睡得很安舒，很酣暢。

六、講演會

十一日是學術講演會。共同主題是朝鮮王朝前期的哲學思想，分別由六人擔任主講，每人五十分鐘。上午三人，首先由高麗大學哲學系尹絲淳教授講「朝鮮初期性理學之時代的意義」。其次由我講「朱子學的綱脈與朝鮮前期的朱子學」。第三題本已約好一位日本學者擔任，因他半途爽約，改請延世大學裴宗鎬教授主講「朝鮮前期的性理學與日本」。裴教授這種爲人「補缺」的器度，令人敬佩。我們國內的學者，恐怕不少的人都欠缺這種雅量。尹、裴兩位用韓語演講，我聽不懂，只能從掌聲中知道他們講得很精采。

講演會是在一座約有四五百個座位的禮堂擧行，辛先生來飯店接我時，說今天漢城有好幾處擧辦國際性的學術活動，他們擔心有些被邀約的學者未必能來，而學生也因停課，不一定會踴躍來聽講。結果，情況並不錯，除了前幾排有二三十個空位，大致都坐滿了。講演會由研究所朴天圭教授「司會」（主持）。開講之前，成均館大學儒學院柳正東教授特來致意，說他已讀過我的論文，有很多新論點，可以爲韓國的儒學研究，提供新的方向。他的謙虛，令人感佩。柳先生去年曾在臺北見過，今年八月他又參加在臺北召開的漢學會議，東海大學的中國文化月刊曾轉載他的論文，我代表東海哲學系謝謝他。

尹先生講畢，輪到我講。大致是依照已經譯爲韓文而印在會議「講演鈔」中的論文提要講下去。共分爲十二小段（朱子對文敎學術的貢獻與影響，朱子的理氣論、心性論、工夫論、格物論，朱子學在朝鮮前期的傳衍，朝鮮前期朱子學的中心論題，如理發氣發、理氣一元二元、性情善惡、人心道心等），講一段，由辛先生翻譯一段。我看在場聽講的，似乎中年以上的人比較多些。人人手中一本講演鈔，青年人多半邊聽邊對照，中年人則聽的多而對照的較少，還有幾位老先生，好似北平人聽戲，是閉起眼睛來專心靜聽的（看他們昂首、直腰、側耳，絕不可能是打瞌睡）。大約講了一小時，臺下客氣地響起了熱烈的掌聲。

十二時二十分，第三論題也已講完。散場時，嶺南大學哲學系李完栽敎授、忠南大學柳南相敎授過來敍晤，他們分別從大邱和大田遠道而來，熱誠可感。過後，檀大副校長朴武成敎授祝賀我講演成功，高麗大學崔東熙敎授，也說這是很有價值的講演。我謝謝他們。

中午，由檀大文學院長車文燮敎授招待午餐。下午的三題，是漢城大學沈在龍敎授講「朝鮮前朝的儒佛對論」，檀大趙鏞一敎授講「朝鮮前期的道家思想及其歷史形成的理法」，慶熙大學金泰永敎授講「朝鮮前期國家意識的獨自性」。由於我不通韓語，他們特別安排我參觀李朝故宮與成均館，容下文談漢城風物時再來敍述。

下午四時許，張校長設酒會招待主講人以及受邀參加講演會的學者。在那裏又認識了好幾位留華的韓國學人。像檀大中文系前後兩位系主任成宜濟先生和池榮在先生。成先生留學政大，池先生留學師大。他們告訴我檀大有一位剛畢業的女生金苑小姐，正在東海中研所就讀，託我就近給予照顧。（我已約見過這位韓國小姐，知道她的新婚夫婿金載斗君也在臺中中國醫藥學院研究中醫，我準備邀他們小夫婦倆到舍下吃中國菜。）另外，還認識了一位留學政大現在檀大任教的全樂熙先生。他說很早就知道我，只是無緣見面，又說到他夫人仍留在政大讀學位、寫論文。我說，既然如此，你就和我一同回臺北看你太太吧！他哈哈大笑。

酒會過後，順便參觀歷史系主辦的拓本展示會，這是他們系裏師生從各地考察發現的一些古物古碑的拓片。門口兩位女同學請我題字，我因毛筆字太差而怯於揮毫，可是那位笑容可掬的女生已將一支大毛筆雙手遞了過來，我提着筆，回頭看看滿牆壁的拓本，倒也斑爛可觀，於是便在大棉紙簿上寫下「古蹟斑爛」四個字。出門時，不禁又轉頭看看題字簿，覺得詞意尚可，字則欠佳，自己搖搖頭，却見那兩位學生小姐正向我含笑欠身，口稱謝謝。（我相信她們說的韓語，一定是謝謝的意思。）

七、討論會

十二日是討論會，在惠堂紀念館舉行，程序的安排，和講演會相同，每題討論一小時。想是所長年高，會議由文學院長主持，但老所長仍然就座出席，而且自始至終，了無倦容。討論席上有三十餘人，都是正式邀請來參加討論的。我看會議册上的名單，除了漢城的高麗大學、漢城大學、成均館大學、慶熙大學、延世大學、梨花女大、東國大學、國民大學、檀國大學和精神文化院之外，還有中南部的忠南大學、清州師大、嶺南大學、啓明大學、全北大學和光州博物院等。出席的先生，都是對這次主題研究有素的學者。左邊旁聽席，也有三四十人。其中有位女士（後來知道她是檀大新近成立的民俗博物館的館長），還有二位穿着僧服的法師，從旁聽席上的人數，也可以看出韓國學界對學術討論的重視。

上午十時，開始討論尹絲淳先生主講的論題。我看他們都是直對問題而發言，不說客套話，我覺得這是很好的討論態度。對於我主講的論題，有四位先生發言。首先，是李完栽先生提到心統性情的問題，問「心統性」與「心統情」畢竟如何分別？又問，朱子說「心是氣之靈」，而退溪則說「心是理氣之妙合」，二人的講法似有不同，退溪之說是否頗有創意？其次，是柳南相先生問到，神義、寂感義從理上脫落的意指，以及關於朱子系統中「神與理爲二」的問題。再來是柳正東先生，他問到退溪主理氣互發與栗谷主氣發理乘，何人的說法更合朱子義？他覺得退溪之說很有創意，問我有何意見？又問「心卽理」與「性卽理」的說法，畢竟何者的境界較高？又說依韓國儒者的說法，道心是先天的，人心是後天的，似乎不是我論文中的那個講法。第四位發言的是漢城大學哲學系的李楠永先生（曾留學臺大哲研所），他一連提出四個問題，其中問到韓國的性理學，是否有逸出朱子學而獨立自發的創意？而更主要的則是關於理氣一元二元以及唯理論、唯心論、唯氣論之名詞應用的問題。我在論文中曾指出，以二元論一元論來講說儒家思想，很不妥當；而說程朱是唯理論、陸王唯心論、橫渠是唯氣論，更是「不明學術之實而胡亂混濫的說法」。我這個講法，李先生大概不能同意。他說，我可以舉一個中國哲學的大權威陳榮捷先生來證明，他就是用這些名詞來講宋明理學的。又說，蔡先生既然認爲這這些詞語不對，請問你用什麼新名詞來代替？

李先生用韓語發言，又用中國話對我說一遍。他提到的大權威，我當時聽不明白到底是指誰——那時我也不想問清楚，以免引出情面問題而影響我的解答。會後才知道他是指陳榮捷先生。〔今按、陳先生，廣東人，是哲學界的前輩。三四十年來在美國弘揚中國哲學，譯述中國典籍文獻，發起東西哲學家會議，貢獻甚大。陳先生講宋明理學的論點，是否如李楠永先生所說，我不清楚。去年國際漢學會議在臺北召開，陳先生曾回臺灣，但緣慳一面。直到今年——七十年一月底和二月下旬，先後接得陳先生自美來信，約我出席明年七月在夏威夷舉行的「朱子學國際會議」，陳先生擔任主席，屆時將有中、日、韓以及歐美各國的學者四十人正式參加宣讀論文。中國學者除臺、港、海外，據說也有大陸上的學者出席。〕我回答時表示：西方哲學的名詞，有些可以引借，有些則不能直接搬過來用。以西方觀念的框框來講中國哲學，常常不合中國學問的原義，甚至一套上西方的形式框框，便使中國哲學失去作爲「原則、方向」的意義，而變成一堆被人擺弄的材料了。所以東方學者在應用西方詞語時，必須特別謹愼，以免造成誤解和歪曲。至於新名詞的問題，像牟宗三先生的「心體與性體」書中，就曾提出不少恰當相應的詞語，近年來也已爲學界人士所了解，而且日漸普遍地在應用。若一時不熟悉這些詞語，還有一個基本的老辦法，那就是順着性理學中本有的詞語，先作確切相應的了解，等到義理綱脈朗現出來，新而恰當的名詞自然會適時出現。若是現在硬來撰擬幾個新名詞，我想未必有什麽意義，也不可能起什麽作用。何況二元一元、唯理唯心唯氣，只是些概括性的形式用詞，我們不採用它，照樣可以把學術的內容加以講明，並不是非要馬上找個新名詞來代替不可。

以上四位先生的問題，我都一一作答。〔仍由辛勝夏先生擔任翻譯。他的翻譯明快中肯，獲得大家一致的讚賞。〕關於我的解答，在此無法多說。東洋學研究所將根據錄音整理出來，發表在下一年的東洋學學報上。我曾向辛先生建議用中文記錄，再寄給我作訂正補充，而後發表（發表時直接用中文，或再譯爲韓文，皆可。）辛先生表示同意，認爲能由講者親自訂正，再好不過。等這份答問的紀錄寄來時，或者也在本刊同時發表，以就正於國內的學者。我這個論題的討論，費了兩個多小時。等第三論題討論結束時，已經是下午二點多了。

會後，在學校餐廳共進午餐。有西餐，有白飯。我問何謂「白飯」？李楠永先生說，就是簡便的韓國餐。我選了白飯。飯後，尹絲淳先生將他的兩册大著「退溪哲學之研究」、「韓國儒學論究」贈送給我。我也再把「宋明理學南宋篇」送他一本（北宋篇，去年在臺北送過了）。我又向柳正東先生打聽「栗谷全書」那裏有售？他說可以送我一部。我發現韓國的學者眞是慷慨。

下午繼續討論其餘三個題目，我則由辛先生陪同去參觀他的母校高麗大學（下文再敍）。五時半回到會場，討論還在進行。我不好意思在討論快結束時再入討論席，就和辛先生在門邊旁聽席的後排坐下。十多分鐘之後，討論完畢。主席請光州博物院長李乙浩先生和柳正東先生作一總結式的評述。李先生說話的聲音很宏亮，講着講着，聽到他說「東海大學」、「蔡敎授」、如何如何，我只聽得出這七個字，其他的話就不懂了。但語氣間可以覺察出，是對我的某些論點很不以爲然（他的座位背對我，大概不知道我已回到會場）。而辛先生似乎不想翻譯給我聽。李先生講完，再由柳正東先生作評述，開頭講了幾句，辛先生就自動翻譯了：柳先生說，蔡敎授的論文很有價值，其中有許多論點，是韓國學界以前沒有注意到的，正可爲我們以後研究性理學之借鏡。現在蔡敎授已回到會場，應該請他講幾句話，方爲公平。我說，謝謝，不用再說了。

晚餐，由李所長在漢江之畔一座餐廳設宴。上菜之前，我以臺灣的金龍牌香煙分請煙友。李乙浩先生坐在我右對面，便也敬他一支，他遞一張名片給我，我也回遞一張。之後還相互舉杯喝了酒。寫到這裏，我想補述一段揷曲。

去年十一月，近世儒學與退溪學國際會議在臺北召開。我看日本學者的名單上有東京帝大名譽敎授宇野精一先生，他是宇野哲人的哲嗣。二十多年前，我看過老宇野先生的書，道理講得很平實。後來從唐君毅先生的一篇講錄裏，知道唐先生遊日本時，曾應九十高齡的宇野老人之邀，到他家裏做客，並與宇野父子合照留念。唐先生覺得自己與精一先生年輩相當，便一同站在後面；而宇野老人則以客禮待唐先生，一定要唐先生同坐，而讓精一先生侍立在後。這張照片我見過，留下很深的印象。因此之故，我便有意乘這次會議之便，和宇野精一先生見見面。第一次晤談，他給我的印象很好。當談到唐先生牟先生時，他顯得很親切，還說了幾句簡單的中國話。我表示要送他幾本書，他也欠身道謝。

第二天，十一月十二是國定假日，書局休息，我臨時取不到書，便先把身邊的「王陽明哲學」送給他，並且說明還有幾本書，等以後補寄到日本去。他接過書，先看看封面，再看看封底，封面，封底，搖來擺去四五次之多，然後一點頭，「哈」了一聲，便擺出一派不經意的神情，低着頭，隨意而反覆地，翻弄我那本書的書頁，好像我這個「人」已經不在他面前了。他這種舉止意態，使我大爲驚訝。當時腦海中立刻閃出一個念頭：如果牟老師看見我辦了這麼一件窩囊事，一定大聲呵斥我自取其辱！隨之又想，昨天他是宇野哲人的兒子，今天好像不是了。復又想到：這個「大」日本的學者，可能對我那本四十開本「體積很小」的書看不上眼，所以有意藐我。好吧，再寄兩本體積較大的書給他看看！（何況，我本就要補寄給他的，豈可食言？）

回到臺中，把「宋明理學北宋篇」、「墨家哲學」航空寄去（內夾名片一張，上面不寫字）。很快，他來信了，而且很客氣。信上雖用了片假名、平假名，但十之七八是中國字。一開頭他坦誠表示，前在臺北，甚爲「粗略失禮」，承蒙「海容」，又惠贈「高著」二册，「千萬領謝」；接着，又說他對墨子亦勉强下過工夫，但對「邏輯方面不可解之點」，多有「困惑」，今讀「高著」，方得「啓蒙」云云。

我加上這一段挿曲，意在作一個對照。韓國和中國接壤，土親，人也親。所以討論學問雖或觀點不同，但面對面時，仍然以禮相見，而可以自自然然地杯酒交歡，了無隔閡。日本與中國，隔得遠一點，彼此交往相處，也就不免多生一些曲折。但日本畢竟也深受中國文化之薰陶，所以，宇野精一先生也終於能够通過「禮」，而化解一個中國人對他的「低視」。我和宇野精一先生這件事情，在我這邊，只是沾染一份意外的窩囊氣，孟子說，君子有終身之憂，而無一朝之患。我也相信自己終能把它視爲「一朝之患」而「無」掉它。但在宇野精一先生方面，則是自家有意做出來的一項德行上的過咎。我寄書時，也曾想到可能石沉大海。但他終於因我之「海容」寄書，而能把過咎化掉，我很引以爲慰。覺得他畢竟還是宇野哲人的賢嗣。

八、漢城風物

漢城，是朝鮮李朝五百年的古都。如今雖已充分現代化，但古都的風貌，還是可以領略到的。

講演會那天下午，辛勝夏李完栽二位先生陪我參觀。首先到博物館，這是一座新型大建築，裏面陳列的器物，是上自三國時代（指高句麗、新羅、百濟）、新羅統一時期，下至高麗王朝、朝鮮王朝各個時代的銅器、陶器、玉器、織器、石雕、碑碣、冠冕、服飾、印版、繪畫、以及名家書法等等。其規模內容雖不能和我們故宮博物院相比，但也可以看出韓國光復以後，歷史文物意識之發揚。尤其近十年來的努力，成效卓著，令人欽佩。

博物館過去，便是朝鮮的王宮。我們先去觀覽王宮御花園的遺址，池砌亭欄，花蔭垂柳，頗饒幽靜之趣。回轉過來，是一座三面湖水環繞的「慶會樓」，三個大字寫得沉穩端方，是國王御宴的所在。下層由數十根白色方柱懸空支柱，樓影倒映水中，益增美感。在樓上可以眺望城外的風光山色，也可以俯覽近前的園柳池蓮，看來這是王宮中最佳的建築設計了。

王宮正殿以及後宮一帶的建築，大體是中國的形式，莊重之外，還給人一種素樸簡潔的感覺。而宮牆正門內庭，則氣象較爲恢廓。可惜日據時期的總督府，竟橫擋在宮門之前，似乎有意要隔斷朝鮮王宮的風水。我曾在宮門前站一站，立刻感到那總督府就像一堵貼面的高牆，心胸頓爲之塞，令人非常不舒服。可見風水之說，也並非全屬無稽之談。（但民間一些風水師的種種說法，則不可輕予聽信。）

出了王宮，坐車經過一段彎彎曲曲的山坡巷道，來到成均館。（成均、古太學名，見周禮春官大司樂。）這是朝鮮王朝的國學所在，前爲孔子聖廟，後爲明倫堂與學館。故合稱成均館。那天是週末，聖廟不開，只好在宮牆後院兩株古銀杏樹下留影，以誌仰念。

倒是明倫堂前有一對新人正在擧行婚禮，證婚人諄諄訓誨，古風猶存。明倫堂是敞開的，梁上的匾額不少，字用白漆書寫。其中一方大匾，據說是朱子的手筆（當然是集字或摹寫）。退溪的聖學十圖，也用書桌大小的牌匾，懸示在上面。由此也可看出朝鮮王朝對於退溪的景仰了。

次日下午參觀高麗大學，它有四處校區，我參觀的是校本部，以文理法商學院爲主。校舍傍山而建，仿英國劍橋大學的樣式，用灰岩石磚砌成。我在那裏拍了幾張照片。大兒子看了，驚奇地問，爸爸也去歐洲了嗎？我說，不，這是高麗大學。他又說，如果我把照片給同學看，告訴他們這是爸爸遊歷歐洲的留影，他們一定會相信。

韓國人士目高麗大學爲民族精神學府。數年前過世的李相殷先生就在該校哲學系任教。李先生出身北京大學哲學系，和牟先生是前後期同學。二十多年前，他讀到牟先生「歷史哲學」書中所引用的「人統之正，託始文王」二語，覺得這句話莊嚴懿美，特別修書致意，並詢問它的確切出處。牟先生只記得這是公羊家的話，至於出自何書何卷，却也記不起來了。（我也曾試圖查證，尚無着落。）那天，當我站在高麗大學的山坡上，眺望遠處的蒼蒼山色和陽光籠罩下的田野溪河時，不禁記起這段往事。可惜相殷先生已歸道山，無緣向這位友邦前輩當面請益了。

離開高麗大學，辛先生說時間還早，可以一遊北岳山。車子順沿而上，風景甚美。據說許多遊客都喜歡在這條路上兜風觀光。山頂有一座樓，設有茶座供遊客休憩。憑欄而望，可以觀覽漢城全城的市景，那座巍然獨存的南大門，亦隱約可見。此山位於王宮背後，山脊上還留存蜿蜒如帶的城牆。山勢順兩翼向前延伸，正是堪輿家所謂的左青龍、右白虎，王宮居其中，很有安穩之象。宮城遙對南山，景觀很好。以前的王都，就在這四圍山形的拱衞之中，現在當然已向外擴展，成爲更廣濶的新首都了。

此外，我對南山公園的銅像，留下極佳的印象。檀大和國賓飯店，皆位於南山近旁。在我每日來往的山道邊，樹立了不少銅像，有的是學者，如李退溪、丁茶山，有的是對兒童福利敎育極有貢獻的敎育家（已忘其名），也有對復國獨立運動卓著勳績的領袖，如金九。此外，當然還有在別條路上我沒有見到的。這些銅像散置在風景線上，使它本身也成了風景。不過，它是歷史的、人文的、藝術的。我一向認爲，「自然」必須加上「人文」，纔够美，纔能使空間的風景伸展到古往今來的時間流裏，而令人俯仰興思，流連低回。中國的名勝古蹟、古刹廟宇，全都是自然與人文的融合。人在其中，旣可以神遊千古，也可以心通天地。可惜現代的中國人，對這個意思不甚了了。這次看到漢城南山公園的銅像，却使我獲得幾分「此意猶存」的喜慰。

九、陶山之行

會議過後，開始南下旅遊，第一站便是陶山書院。辛先生陪我乘坐十二日晚上九點二十分的夜快車，先到慶尚北道的安東市過夜。雖是臥鋪，却久久未能入睡。直到子時過後，始入夢鄉。次日凌晨三點，車抵安東，再到一間觀光旅館休息。小睡一覺之後，於十三日七時二十分左右，雇計程車直開陶山書院。

安東一帶，代出賢儒，風俗淳樸，民德歸厚。一路上看見不少穿着古式衣服的村翁農婦，或蹲坐於村舍門前，或工作於田隴之上。看他們樸訥從容，悠然自得的樣子，覺得這纔實實地是在過一種「安於土」的生活。我忽然想起了孟子「王者之民，皞皞如也」的話。可是，在這一個「大戰國」的時代裏，求一齊桓管仲且不可得，何來王者？我只是看見韓國鄉民的服飾情態，引起感懷，一個人在那裏「發思古之幽情」而已。

約半小時，車子抵達一塊籃球場大小的土坪。由此徒步而行，左邊是山，右邊是大水庫，沿途有不少松樹，頗引發我的家山故園之思。約行二三百步，便是陶山書院。這時不到八點，書院門戶緊閉，我們來得太早了。昨天在漢城，柳正東先生聽說我有陶山之行，特意打長途電話和這邊管事的人聯絡，請他們引導參觀。但他們不會想到客人竟來得如此之早（平常九時開門）。過了一會兒，有人從山隈走過來，辛先生和他說了幾句話，正是書院中人，說昨夜漢城有電話來，他們知道了，請我們稍候，馬上開門。應門的金先生大約三四十歲，是書院管理所的所長（公務員身分，因為陶山書院已列為韓國的國家文化財產，故設專人管理。）他領着我們一路參觀，把一堂、一齋、一屋、一井，以及各種器物的來歷，全都說得清清楚楚。

陶山書院實分「書堂」「書院」兩部分。前門進去是退溪讀書講學的「陶山書堂」，和門徒住宿的「隴雲精舍」，這是退溪從五十七歲起逐年親手建造的。另有一間「亦樂書齋」，又稱童蒙齋，是一個弟子的家長所獻建，也算是書堂這部分。

由「進道門」再進去，便是書院，乃退溪逝世五年之後，由門人弟子和一些仰慕退溪學德的士大夫所創建。正中央是「典敎堂」，門簷之上懸有「陶山書院」的匾額，是書院落成時，宣祖大王所頒賜，字則出於李朝四大名筆之一的韓石峰之手筆。大廳上還懸掛有白鹿洞規與四勿箴等等的牌匾。典敎堂之左右兩側，設「博約齋」「弘毅齋」，是肄業儒生的居處。堂之前院兩邊的東西「光明室」，是先後興建的藏書庫，據說裏面有五千餘卷藏書，而珍本之多，爲全韓第一。另有「藏版閣」，裏面的木雕印版，已列爲國家文物，敬謹保藏。另有一間「玉振閣」，是退溪遺物的陳列室，除文具書籍、生活用品之外，還有一個渾天儀，由弟子依照退溪的設計而製成。最後一進，是供奉退溪牌位的「尙德祠」，牌木用白漆書寫「退陶李先生神位」，我由執事引導參拜行禮，禮畢，再用一個木盒套上，並加鎖揷，這是我第一次見到的禮俗。

整座書院的建築，十年前曾由政府重新改建過，顯得很整齊，很雅潔。書院背後與兩側，是林木青翠的山嶺，門前有山突峭壁，形成左右犄角。在早先的時候，順門前的階路走下去，是洛東江上游之水滙成的湖潭，現在則已成爲一平如鏡的安東大水庫。而當年的「濯纓潭」和「盤陀石」都已沉入水底。隴雲精舍的「觀瀾軒」，也已經無有湍瀾可觀了。不過，有一座「試士壇」因爲與王命有關，建造水庫時便特別加工墊土，使它浮升水面，而保存了這個古蹟。在門庭右翼臨水，有「雲影台」，取朱子詩「天光雲影共徘徊」之意。當我在雲影台前拍照留念，想到牟老師七月間訪韓遊此，曾爲書院寫留朱子此詩，覺得無論就書院的山水景觀而言，或就退溪的學脈淵源而言，都是非常貼切的。

退溪的學術，我所知有限，本文也不宜多作討論。而從退溪的人品性情看，知道他確爲聖賢一路的人物。他敬謹而切摯地遵守朱子之教，戒愼步趨，而莫之或違。他爲書堂二間屋舍取名「玩樂齋」、「巖栖軒」，都是出自朱子的詩文。正因他正心誠意，沉潛功深，故能篤實踐履而有得於己，觀其言詞也往往親切而有味。他不是在天資器局上近合朱子，而是在主敬的實踐徑路上追蹤朱子。「海東考亭」之目，固非虛譽；而韓邦人士尊之爲東國聖人，也同樣不算「阿其所好」。這次，我在論文中也說到「退溪一生的行誼、著述、居官、講學，一以朱子為法，而其戒之愼之、敬謹篤厚的精神，在朱子的門人後學之中，似乎亦罕有其匹。」我是在觀覽過退溪年譜以及他的言行錄之後，而說出這幾句話的，所以也不同於一般信口而出的應酬之語。當然，我並不認為退溪之「學」不可批評。但我相信理論思想上的客觀批評，決無傷於退溪在韓國文教學術上的崇高地位，也不會減低退溪對日本朱子學有過重大影響的歷史事實。我希望有志弘揚退溪學的友邦學者，能夠有此信念，有此襟懷。

此番陶山之遊，思緒特多。我曾湊成韻句三首，不知詞乎？曲耶？自己看看，只覺得不能算詩。也曾想自創一個新語，美其名曰「詞曲格」，又怕似通非通，招人笑話。故而不敢。總之，無論詩詞曲，皆非素習，俚句淺語，聊誌感懷云爾。讀者幸賞其意，勿計工拙可也。

陶山行

陶山居，花木深；秋谿古院有清音。
濯纓潭，漫湖水；盤陀石，水底沉。
簷下觀瀾當年事，成遙想，變古今！
我來隴上訪雲影，引得松風吹滿襟。

見洞規

白鹿洞，遊白鹿；家鄉水，到洞邊。

退溪見得洞規意，照映陶山有餘妍。

思白鹿

匡廬下，是鄉關；鄉關夢遠幾時還？
白鹿洞，鄱陽水，性理通流天地間。
海東儒學分一脈，不見白鹿遊陶山。
思白鹿，夢鄉關；鄉關遠，幾時還？

十、新羅古都

從陶山書院回到安東吃早點，十時再乘公路車到大邱。在兩小時的車程中，發現鄉村的農舍都是新建的。屋瓦有的紅，有的黃，有的藍，有的綠，湊在一起，煞是熱鬧。原來韓國推行新農村運動，第一件事便是改善民居。政府設計了三種圖樣，由農民選圖貸款建造，所以家家戶戶的規格形式，看來都是一個樣子。而且農家門院之內，竟也淸一色地都是一二株柿子樹。遠遠看去，稀疏的枝葉襯託着朱紅點點，不但很美，而且給人一種吉祥的感覺。

正午十二點，車抵大邱。嶺南大學哲學系敎授鄭仁在先生已在車站相候。鄭先生是留華博士，在華岡早相識，這次見面，分外親切。他領我們到一個茶座和李完栽先生會齊。李先生問我想喝點什麼飲料，辛先生知道我對雙合茶印象很好，便替我叫了一杯。李先生又說，觀光飯店雖然舒適，但希望我能接受他的邀請，住在他家，並約幾位留華的朋友一同餐敍。

感於他的盛情，我欣然同意。我和李先生已是七八年的老友，他在華岡訪問半年，常相敍晤。回韓之後，還經常通信。他小我二歲，所以在漢城同遊王宮時，他對辛先生笑稱我是他的「哥哥」。午餐之後，李先生表示要回家準備一下，不能陪我遊慶州。我請他務必簡便，大家喝兩杯，暢敍一番，也就可以盡兄弟朋友的情誼了。

下午一時半左右，辛鄭二位陪我乘高速公路車向慶州進發。慶州是新羅將近一千年的古都。朝鮮半島北部的高句麗，東南部的新羅，和西南部的百濟，於漢代先後建國，到隋唐之際，高句麗最强。後來泉蓋蘇文弑王專政，又因囚唐使而觸怒唐朝，太宗討之，圍平壤，無功而還。高宗時，百濟攻新羅，唐遣使喻之息兵，不從，又與高句麗連結共謀新羅。新羅遣使於唐，請伐百濟。唐命蘇定方伐之，新羅亦遣大將軍金庾信率兵來會，百濟降滅，唐置都護府以撫之。不久，百濟王族謀叛，勾結日本出兵，唐將劉仁軌大敗日寇於白江口(錦江口)。旣而，泉蓋蘇文卒，三子爭權，一子投唐。唐遣李勣率兵圍平壤，高句麗降，唐置安東都護府於平壤。新羅自貞觀末年仿唐衣冠，與唐通好。自百濟高句麗滅後，新羅漸次擴張，其後，唐允以大同江(平壤附近)以南之地與之，新羅遂領有半島中南部，是爲新羅統一時期。

車子一路前行，漸漸覺得山勢越來越雄峻，加上煙雨雲霧，愈發顯示一種鬱鬱蒼蒼的氣象。心想，慶州位於半島一隅，而能成爲千年古都，山川的形勢，恐怕也是一個重要的因素。慶州城內，除了車站、旅館、銀行、株式會社等的新型建築之外，一律都是傳統古式。聽說這是慶州市政府的決策，以期保留古都的風貌，好讓慶州成爲觀光勝地。

我們先遊「佛國寺」，這是韓國最大的寺廟。傍山而建，形勢不錯。看看那些斑駁的石階牆基，更顯出它歷史的久遠。大雄殿的兩座石塔，以及兩邊的長廊，很具特色。觀音殿寧靜幽雅，其他幾處僧舍，也頗有「禪房花木深」的意味。而寺前一片古松林，蒼虬盤空，使這座名山古刹，生色不少。

離開佛國寺，辛先生又特別雇了一輛包車，以便在很短的時間內，能夠多遊幾處古蹟。印象較深的是芬皇寺與鮑石亭。「芬皇寺」的寺殿早已毀壞無存，唯一殘存的是一座古塔。塔身四方形，基層四門各有一對守門的立姿石獸，風格很特殊。可惜這座九層塔只剩下三層，如今唯有從想像中去描摹它那巍巍矗立的雄姿了。「鮑石亭」是當年國王的離宮。現在除了一大區葱翠的園林，唯一可供憑弔的，只有古樹下「流觴曲水」的遺跡。

慶州最大的特色，其實還是歷代國王的墳坵。一座座大小不等的綠色圓形小山丘，到處都是，大的有兩三層樓那麼高。其中只有一座建有圍欄墓碑，知道是新羅第幾代王。其餘既無墓碑，也無標誌，裏面的構造，也一直無人知悉。爲此，韓國政府特別下令開掘，並做了一個切面剖視，以圓墳的一半修造成一座「天馬塚」，供人參觀。古墳的構造很單純，先砌成一個塚，以放置遺體與各種陪葬的器物。然後用一尺方圓的石塊，累成七八公尺高的圓形石丘，上面再加上二公尺的泥土，植以綠草，這就是新羅王墳的結構。至於爲什麼不立墓碑標誌，至今仍然是一個無法解開的謎。

從國王陵園出來，時間是四點半。辛先生說，我們再去看看大干國將軍墓。干國，意即國之干城。名之爲大干國，當然是一位有大功的將軍了。車子在山頭前停下，首先見到的是一座享堂。上了台階，往左行，兩旁松木蒼茂，再略一轉彎，便是一座大墳。我對辛鄭兩位說，你們這位將軍比那些國王幸運多了。獨佔一個山頭還不說，而且有享堂，有圍欄，也有墓表，他是誰呀？辛先生說，是一位對新羅統一有大功的將軍。我一看墓表，上面刻着「太大干國金庾信」的字樣。原來就是上文提到那位助唐伐百濟的新羅將軍。鄭先生指着「大干國」上面的「太」字說，這是在他官爵無以復加之後，再加上的一個尊稱。我想，這也可以說是「一字之褒，榮於華袞」了。圍欄之內，環繞着墳牆，鑲有十二生肖的石刻圖像，我們子鼠丑牛寅虎卯兎……一路數下去，發覺自己的舉止，和那些遠足旅行的小學生一般無二，不禁相視大笑。

十一、大邱夜談

從慶州回到大邱，先到車站買好次日回漢城的火車票，然後一同到李完栽先生家裏晚餐。這時，在啓明大學哲學系任敎的林秀茂先生也來了。林先生是熟朋友，他臺大哲研所畢業後，再轉輔仁讀博士，現在回國敎書，同時準備寫論文。另外一位是留學臺大中研所，現在嶺南大學中文系任敎的李章佑敎授。當我們進門時，完栽的三個兒子，依序站立客廳，一面向我鞠躬，一面同聲致「歡迎詞」（以那位老么的聲量最高，也最脆最甜），雖只是三兩句我聽不懂的韓國話，却令人感到親切和溫暖。完栽又介紹他的夫人，還有鄭仁在夫人孫貞淑女士，也來幫忙調理晚膳，我特別謝謝她們。孫女士留學臺大史研所專攻藝術史，她的中國話比鄭先生更標準，所以嶺大中文系聘請她擔任華語課程。

晚餐時，六人盤腿而坐，長方几案上的菜餚，比我在國賓飯店韓餐館吃的還要豐盛。原來完栽夫人不但相夫敎子，持家有方，而且是位調製餚饌的能手。可惜我不熟悉韓國風俗，不敢造次，否則，我眞應該敬她一杯酒，以表謝意。酒是慶州名產，和日本京都名酒「月桂冠」同一風味，而甘美醇厚則似過之。我雖不敢貪杯，但酒與頗濃，特別仿效韓國敬酒的方式，豪爽地乾了好幾杯。

飯後，另一位留學臺大中研所、現任嶺大中文系教授的李徽教先生，也來參加客廳夜談。他和完栽都是退溪的裔孫，在輩份上他是完栽的族叔。這位李先生談鋒甚健，他的軒朗，和李章佑先生的篤厚，形成一個對照。但這兩位李先生却一直「焦不離孟，孟不離焦」，當年同在臺大留學，隨後又同在檀大中文系任教，如今轉回南部家鄉，仍然同系教書。我問了些韓國各大學中文系的情形。據說，韓國原先只有四個中文系，這幾年蓬勃發展，已經有十四所大學有中文系了。

話頭轉到哲學方面，也談了不少。首先，我想順着我的一個印象，說明一些意思。韓國學界似乎認爲牟老師是陽明學派，所以纔會批評朱子。我從牟老師遊，又首先出版「王陽明哲學」，所以也目我爲陽明學派中人。我說，以前有朱陸異同之爭，也有王學與朱子學的對斥，而時到如今，早已沒有這種門派了。在拙撰「宋明理學南宋篇」第四章的「附識」裏，我曾指出，以前的程朱陸王之爭，常常是借題發揮，至於對方的義理進路，彼此都欠缺客觀相應的了解。在牟先生的「心體與性體」書出之前，實可以說，從未有人眞正窮盡地了澈朱子學的義理綱脈。故牟先生雖然認爲朱子之學，並不能恰當地順承北宋周、張、明道所開發的義理方向，而只是貫徹伊川一人之思理而完成的大系統（依此而說朱子並不真能集北宋「理學」之大成）；然而，牟先生却是朱子最大的知音，也是講明朱子學以顯發其眞實價値的最大功臣。

牟先生「心體與性體」第三册，專講朱子學，裏面指出，朱子之論學，自有軌轍，自有義法；以朱子精誠之生命及其存養察識之眞切，也能徹至心性之微，而以自己之思路表出內聖成德之教的義理。但歷來尊朱者，却只把朱子之學，下委於「割離道德心性之源」的無本的「居敬」，散塌於「捨棄內聖成德之教」的空泛的「道問學」；好像要把朱子拖出「內聖之學」的大門之外而後甘心！這實在不是所以尊朱之道。牟先生曾說過一句很有意思的話，說是如果請朱子本人表示意見，他一定會認爲你們這些「尊朱、宗朱」的人，拼命在門外尊我宗我，還不如陸王在門內與我爭而不宗我哩！我想，天下一味尊朱而又不得其「尊之」之道的人，都應該三復斯言。

我也曾表示，凡是順着先秦儒家下至周張大程的儒學大統，以疏導或評述朱子之學，都不可以誤解爲有意貶朱（朱子在文教學術上的重要地位，沒有人能加以否認，伊川朱子一系的義理綱脈，我們也認真講習，而且重視它的價值），更不是自居陸王學派以反對朱子學派。我們的用心，只在講明學術異同，暢通文化生命，絕不爲任何學派所拘限。（所以對釋道二家也同樣作如理如實的理解，而不取相斥的態度。）同時也應該知道，講述儒家學術的最高標準，是孔子，而不是朱子。即使專講宋明階段的理學，也只能以朱子爲中心，爲焦點，而不可直接以之爲定則，爲標準。這樣，纔能對宋明六百年的儒家學術作一個全盤的了解，也纔能對宋明諸儒的義理綱脈作一個公平而恰當的評述。

其次，李完栽先生問到，中國哲學界對西方哲學的態度如何？對中西哲學思想的會通有什麼比較明確的看法？我說，關於這二個問題，我不一定能作很好的回答。民國以來，西方哲學在中國一直很流行，也有一些學者對西方哲學有很好的造詣。近一二十年，臺、港、海外中年以下的中國學人，對西方現代哲學也已有了較爲相應的理解。但如果把標準提到文化的攝取融會上來考量，則也可以說，中國人學習西方哲學的成績並不理想。譬如對西方哲學原典的翻譯，就做得非常不够。（想想當初中國人對於佛教的吸收消化，是何等浩瀚的精神，是何等精勤的工夫，就知道這數十年來學習西方哲學的成績，是非常不足人意的。）

至於中西哲學思想會通的問題，數十年來也是各說各話，尙未歸一。唯牟先生則一貫認爲，中西文化的會通，必須通過雙方主流思想的觀摩對比、相融相攝，乃能有濟。而康德之學，尤爲通中西文化之郵的最佳橋梁。所以三十年前，牟先生就寫成一部「認識心之批判」，就康德哲學向邏輯數學方面伸展的一套，而予以修正與改造。十年前，又撰「智的直覺與中國哲學」一書，進而對康德向形上學方面伸展的一套，再重新加以疏導；並抉發中國儒釋道三大敎所含的智的直覺之意義，以證成「人可有智的直覺」。二三年後，更出版一部「現象與物自身」（此書可視為牟先生七十以前思想之綜結），此書主要的用心，是依於中國哲學傳統與康德哲學之會合，而激出一個浪花，以見出中國哲學傳統之意義與價值、以及康德哲學之不足處；並指出由人的道德意識而顯露的「自由無限心」，既是道德的實體（由此開道德界），同時也是形上的實體（由此開存在界）。進而，(1)由自由無限心開存在界而成立「本體界的存有論」，此乃中國哲學之勝場而可提升康德者。(2)再由自由無限心開出「知性」，由「識心之執」執成現象而成立「現象界的存有論」；於此，是以佛家之「執」的觀念來融攝康德所說的現象界，並以康德之學充實這個「執」，來凸顯「知性主體」以開出科學知識。這就是中西文化融攝會通的中心綱領。

近十年來，牟先生一直陸續地在進行康德「純理批判」的翻譯工作。他說，老年心境鬆閒，從容舒坦，邊看邊譯，邊譯邊解，字斟句酌，煞有味也。他很從容，但却是極爲認眞地在做這件工作。牟先生常說，康德是西方哲學的高峰，也是西方哲學的寶庫。旬前函示有云：近來只從事於整理純理批判譯稿，務期做到使「看者可以懂，懂者亦可以看」，而且必須使人「從中文懂」。康德之書如不能正式譯到中國來、使中國人從中文懂，則中國人將無法眞正知道西方哲學是什麼，亦將無法眞正學會作哲學性的思考。牟先生的話，使我立刻想到一千多年以前，中國人翻譯而且消化佛教經論的精神之復活。而我的這個感想，也該是有志於學術翻譯的時賢後進，最宜鄭重措意而發心立願的所在。

最後，我還要補述一筆。當那天中午抵達大邱時，鄭仁在先生一見面，就向我表示歉意。原來二三年前他學成返韓，行前曾過訪臺中，表示要翻譯牟先生的「中國哲學之特質」一書，又知道我剛剛寫成一篇四萬餘言的長文，以綜述「牟先生的學思歷程與著作」，他說正好一併譯出附在書中，作爲對牟先生學術思想的總介紹。等他回到漢城，發現已經有人翻譯牟先生的書，他的計畫只好作罷。鄭先生就是爲這件事向我致歉，由此可以知道他爲人的謙誠和任事的認眞。我說，牟先生去年在臺大哲研所講學，又把中國哲學所涵蘊的問題，作了一次更爲詳盡的縱貫的講述（共計十九講）。錄音帶也已陸續整理出來，正在東海大學的「中國文化月刊」連載，等到全部完稿，當可輯印成書。那時你可將此書譯出，其意義將更爲重大。鄭先生聽了，非常高興。立刻表示他要訂閱月刊，先讀爲快。他對學術的熱忱，使我深爲感動。他在嶺南大學也擔任宋明理學課程，他還建議我多留一二日，以便在大邱作一次講演。我以機票已定，而且要趕回臺灣上課，所以婉謝了他的美意。

十二、告別與歸程

十四日早起，完栽夫婦裝好一紙箱栗子和梨，要我帶回給太太小孩嚐一嚐。他倆的心意，已經贏得我家熱烈的感謝和回響——小孩們異口同聲地說，爸爸如果再去韓國，還要帶這樣的水果回來吃。吃罷早點，李章佑、李徽教二位先生也來送行，情誼可感。而完栽、仁在更直送我們上火車，然後依依作別。

到了漢城，辛先生陪我去買人蔘，果如全吉兄所說，我的三百美金不够買一盒紅蔘。我買了一盒白蔘，還有人蔘精、人蔘茶、人蔘煙斗之類。回到東洋學研究所，大約是下午一點半，距離上飛機場的時間還有二三小時。於是再打電話「尋找」高麗大學哲學系金忠烈教授。金先生是我最早認識的韓國朋友，他在臺灣讀博士，又曾在華岡作短期講學，常有機會敍晤。這次我在漢城三天，他正好回家鄉原州度假。我希望返臺之前，能和他見見面，以敍濶別之情。

這一通電話果然靈驗，十多分鐘之後，他來了。我們在辛先生的研究室裏談這談那，非常愉快。他告訴我一件事，說，今天「朝鮮日報」有一段關於你的報導，說是中國一位蔡仁厚教授，在東洋學的會議席上，指說韓國性理學的講法通通不對，爲韓國學界帶來很大的衝擊。後面又說，你認爲朝鮮性理學者的每一個字，每一句話，全都是從朱子來。他停一下，問我，你眞會這樣講嗎？我還沒開口，辛先生已先我答道，沒有，不是這樣講的。討論是很熱烈，觀點也有不同，但話不是這樣講的。大概記者沒聽淸楚，會錯意了。我說，這樣不行呀！是不是請你們所裏去函更正一下？辛先生說，沒關係，等我找報紙看了再說。我請辛先生把報紙剪寄給我，但此刻尙未收到。（在此，我想說明一個意思。如果真如朝鮮日報所說，韓國學界對我的論點有着「衛學」之感，那也不是我的本意。我在論文中所寫的，以及在討論會上所說的，都是本乎自己之所知與所信，而且大體是順着朱子學的義理綱脈而說話。我自信對學術有真誠——雖然我所知有限，我也願意在學術的立場上，討論我學力所能及的各種問題。但我不希望因為失實的報導，而造成不必要的誤會。）

三時許，辛先生陪我去向所長李老先生告辭。金先生說，他也去。原來他和李老先生的公子大學同學，而且情同手足，所以也親暱地稱李老先生爲「阿爸」。李老先生看見他陪着我，顯得很高興的樣子。之後，又知道我們是多年相熟的朋友，他那一貫溫煦的臉龐，更綻開了歡愉的笑容。我對李老先生那天在晚宴席上的講話，表示敬佩，更謝謝他數日來親切的關愛和照顧。辭出之時，李老先生又特別送我一盒人蔘，長者厚賜，眞是却之不恭而受之有愧了。

回到六樓，我又問起金先生的著述計畫，他說現在正着手寫一部講論韓儒曹南冥的書，曹氏與退溪同時，他的思想比較不受注意，金先生覺得必須加以表彰。此外，還要寫兩部書：一部講道家，一部講華嚴宗（這也是他正在講授的兩門課程）。我希望他的書能同時用中文在臺出版（金先生的中文素養很深），以發揮學術交流的效果。這時，韓國文化藝術振興院院長宋志英先生也來到研究所，牟先生的「中國哲學之特質」就是這位宋先生譯爲韓文的。這次有緣相見，可謂巧遇。

四時半，離開檀大到機場，看看漢江垂柳，迎風搖曳，不免引動離情。金先生和我一同唸出王維的「渭城曲」，唸到最後一句，金先生說，不對呀！你是回家，不是「西出陽關」，家人朋友正在等候你，迎接你，怎麽能說「無故人」呢？話沒說完，三人一同大笑起來。到機場辦完手續，一面和金先生握手話別，一面對辛先生五六天來全天候的周到照顧，表示誠摯的謝意。

飛機在五時二十分升空，我坐在右邊靠窗的位子，看出去是一片汪洋的海水。這海水，是畫中國地圖時必然要標示出來的「黃海」，而正西方大約臺北到臺南的距離，便是山東半島。然而，我雖然可以自由出入異邦，却不能飛向那被赤色汚染的大陸河山。三十年的睽隔，眞是情何以堪！那年那月，纔能够結束中華民族的噩夢？什麽時候，纔能够重現五千年來淵懿和平的泱泱國風？想着，想着，紅輪入海了。起先是圓邊邊開始沾水，顫動一下，便沉下小半塊，再往下一頓，又吞下一半多，最後，剩下一條脫節似的紅線條，沒入海中。這就是我見到的黃海日落。至於那海天雲霞，却未曾展示它瑰麗的景象，讓我一飽眼福。

機窗外面由灰濛濛轉爲黯沉沉，再沒有什麽可看的了。但我仍然不時向窗外掃視一下，忽見機下有一大塊較深的顏色隱約呈現，上面還有二處簇集幾片疏落有致的發白的東西。我揣度一下，恍然有悟，對，這是濟州島！那幾片發白的東西，正是山巔之上的白雲。這六七片白雲，休憩在山嶺之懷，恬恬的，靜靜的，是我這次在高空之上所見到的、最精緻最美麗的東西。我繼續仔細地搜尋，想要發現島山的人造物，終於在西南海邊看到一個微弱的光點，那該是海灣的燈塔了。

一個多小時之後，飛機漸漸下降。隔窗鳥瞰，下面是林口近海一帶疏疏落落的燈火。鄉村的燈光，原來比都市更有性情，是那樣的晶瑩潔淨，那樣的素樸亮麗。回到桃園國際機場，海關柵欄邊排着一條條長龍。我趁空打電話給祖漢，問中興號回臺北時，在那一站下車比較方便，他說到終站松山機場下車好了，他要來接我。到了祖漢家，梁承武君已在相候。談了些在韓國的情形，又分點小禮物給承武和祖漢夫婦，聊表心意。之後，打個電話回家，話沒說幾句，內子就告訴我，老爸爸移動衣櫃，閃了腰，引發坐骨神經劇痛，普通的止痛針沒有用，早上已住進彰化基督教醫院神經外科治療，正由三弟在陪侍，希望我早早回臺中。我看十點已過，趕回臺中太晚了。而且五六天來日程緊湊，早上從大邱回漢城時，辛先生就提醒我回家以後要好好休息。甚至他還作了一個預斷，說是照這幾天勞累的情形看來，你回到臺灣，一定會生一場小病。我自己也覺得有點累了，就暫且放下心來，在祖漢家大睡一覺。

十五日一早回臺中，又和內子陪着老岳母趕去彰化探視岳父大人。謝謝醫生，老人家的神經劇痛已經止住，神情也顯得很安靜。在那裏療養了十天，於光復節前夕出院。現在，我這位老將軍岳父又恢復打他的太極拳，而且興致勃勃地到後院掘土，準備繼南瓜之後，要栽種幾株玉蜀黍了。至於我自己，託大家的福，並沒有累病。寫到這裏，我忽然想起家鄉老人的話，說人生一些小災難，若能事先說破，便可無事。我想，這次能够免於一場小病，大概就是辛先生早早爲我說破的緣故。我在此臨風寄意，謝謝他。

六十九年十二月刊於「中國文化月刊」與「鵝湖」66、67兩期

答問錄（哲學・思想・現代化）

省立「臺中一中」高三23班的同學，是內子楊德英女士的學生。在此分秒必爭的時刻，這些可愛的年輕人，竟然無懼於聯考的壓力，而要辦一個班刊，刊名是「弗措」——取中庸：「學之弗能、問之弗知、思之弗得、辨之弗明、行之弗篤，皆「弗措也」之義。他們特意選在「三」月「廿三」日出版：十六開本，一四四頁，真可算是一本巨型的班刊了。「弗措」採訪組提出六個問題來訪問我，而做成了這份訪問錄。我這些話是回答青年同學的，我想到「鵝湖」的讀者，也有很多在學青年，所以再送請「鵝湖」予以發表。

一、什麽叫做哲學？

答：這是一個最容易被提出的問題，但却很難有一個令人滿意的回答。在西方，哲學philosophy 一詞本源於希臘語，意思是愛智。哲學卽是一種愛好知識以探求眞理的活動。但「愛智」的意義是很籠統而寬泛的，科學不也是愛智的活動嗎？正以此故，在亞里斯多德的哲學裏便包括數學和物理學，而且直到近代像康德等人，也不少本是數學、物理學的教授。所以在西方，哲學與科學是同源而後纔異流的。等到科學從哲學裏獨立出來，分門別類地發展下去，變得各自爲政而陷於支離，於是大家又嚷嚷要來科際整合了。

西方哲人也曾對哲學下過好多定義，其實，還是各說各話，他們的「定義」多半都是

「不定」的。於是有人總括一下，說哲學乃是原理之學。譬如：探究形上原理的爲形上學（此中又分爲本體論與宇宙論）。探究人生原理的爲人生哲學，由人生問題通出去，涉及整個價值世界，於是有所謂價值哲學，如道德哲學、藝術哲學（美學）、教育哲學、法律哲學、社會與政治哲學、歷史哲學、文化哲學乃至宗教哲學等等。另外還有探究知識原理的知識論。這些都屬於原理之學。但第一次大戰之後，維也納學派興起，他們認爲哲學只是一種釐清的活動，邏輯分析、語意分析等便是順此而衍生出來。這派人反對形上學與價值哲學，認爲以前的哲學家說了一大套，都是一些情感的語言，不是邏輯科學的語言。而情感的語言不能表示眞理，只有邏輯科學的語言才足以表述眞理。其實，這種二分法是不妥當的。因爲，還有一種語言，他們沒有提到，那就是「啓發的語言」（唐君毅先生說）。在道德、宗教和人生的領域裏，很多都是含藏甚深智慧的啓發性的語言，如果一概加以揮斥，哲學的王國，就不免要鬧「貧血症」了。

、說了半天，算不算解答了什麼是哲學的問題呢？好像還很難說。現且回頭看看中國方面。「哲」字在古經典早就出現，如尚書「知人則哲」、「天其命哲」。哲是明智的意思。一個人對宇宙人生的道理達到明智的境地，就可稱爲哲人，孔子臨終時便自稱「哲人」。中國以往沒有用「哲學」這個名詞，但經典裏說的道理，諸子百家發出來的學說理論，都是哲學。而儒、釋、道三教所表現的哲學智慧，更爲西方所不及——西方哲學的長處是哲學思考，在哲學智慧方面並不很高，至少不如儒釋道三教高。他們表現的是智思，却不一定有了不起的智慧。以前西方人寫哲學史，內容雖限於西方，而書名却直稱「哲學史」，意思就是不承認東方有哲學。但二次大戰之後，他們變得謙虛一點了。像羅素寫的書就稱爲「西方哲學史」，表示他的書不包括東方哲學，這就等於承認東方的中國印度也是有哲學的。（本來就有！只是西方人狂妄無知，閉着眼睛不承認而已。）

平情的說，任何一個文化體系都有它的哲學，你承認它的文化體系，就必須承認它有哲學。（至於深淺、偏全、以及性質上的不同，那是另外一回事）。照這個意思來說，我認爲牟宗三先生的話說得最恰當。他說：凡是對人性活動所及的範圍和內容，用理智與觀念去加以反省說明的，便是哲學。我們知道，人性的活動，遍及宇宙和人生的全部範圍，它的內容兼含「知、情、意」等方面。對此等等，人都會有反省，有說明，但零零碎碎、斷斷續續的經驗層上的反省和說明，不能算是哲學。必須運用理智與觀念，去作一種清晰的反省和系統的說明，纔能稱爲哲學。也就是說，哲學必須提出一種理由的說明，而不能只是一些經驗的憶述或事實的報告。

二、羅家倫新人生觀第一章有云：「牧童啊！你何嘗沒有哲學？」請問您的看法

答：原則上說，每一個人都有他的哲學性的活動，牧童也有他哲學性的活動，牧童也有他立身處世，做人做事的態度和觀點，這就是所謂人生觀，也可以說就是他的哲學。譬如孔子少年時做過「乘田」（管牧場一類的工作），他只是做到「牛羊茁壯長而已矣」。我們似乎也可以說，這句話就代表孔子少年時期的牧童哲學。其他如「萬事不如杯在手，人生幾見月當頭」，這是酒徒哲學；「飯後一支煙，快活似神仙」，這是煙客哲學；曹操說：「寧我負天下人，

不使天下人負我」，這也就是曹操的人生哲學或處世哲學了。不過，這些都只是一個態度，一個觀點，如果我們都說這些就是哲學，便是濫用「哲學」這個名詞，當然不恰當。

三、請問墨子和楊朱的思想如何？

答：楊朱「爲我」，「拔一毛而利天下，不爲也」，這是徹底的個人主義。。但我們也不要直接說他自私自利，在另一方面，他却能「以天下奉一身，不取也」。他的意思，是人人各管自己的事，既不幫助人，亦不要別人幫助。如果各人解決自己的問題，就不會彼此爭權奪利，而天下也就太平了。他這個主張當然行不通，因爲人間社會本就是互助合作的。人幼小時靠父母養育，老了靠兒女奉侍，沒有人眞能離羣索居。就是西方小說中的魯賓遜，他也有一個「星期五」和一條狗，而且是靠了從破船上取得一些工具食物之類，才能生存下來。楊朱忽視羣體組織和公共生活的價值，所以孟子評擊他「是無君也」（君是羣體組織的象徵）。

墨子是一個偉大的人格，他的精神是令人敬佩的。但他的思想理論却不很高明。「兼愛」是一句很漂亮的話，視人如己，「愛無差等」，說起來當然很動聽。但己之父母與人之父母，畢竟有親疏遠近之差別。墨子只緊緊抓住愛的「普遍性」（無差等的兼愛），却沒有顧及愛的表現是要具體落實的，一落實於人與事，便必然地有先後之序——這就是差等，就是「差別性」。一個道理要在現實上表現，一定要顧到「差別性」，否則，永遠只是空的理，無法在事上實現。所以先親其親，先子其子，而後推己及人，再親人之親、子人之子，乃是天經地義的事，是天理人情之自然。禮運大同章說「不獨親其親，不獨子其子」。孟子說得更明白：「老吾老以及人之老，幼吾幼以及人之幼」。又說「親親、仁民、無物」。儒家不空講「兼愛」，而講求「推愛」，層層推擴以至於萬物，與天地萬物爲一體，豈不比墨子的兼愛更好？豈不更合乎天理，本乎人情？

孟子書中曾記載一個墨者之徒名叫夷之的，父母死了，他「厚葬其親」，人家批評他違背墨家兼愛和薄葬的原則，他答辯說：我以爲「愛無差等」，而「施由親始」。他的話看來說得很漂亮，但前後兩句却互相矛盾。因爲施愛由自己父母親開始，乃是儒家「愛有差等」的推愛（先親其親而後親人之親），而不是「愛無差等」的兼愛。你夷之如果說：爲人子者，理當先愛父母，如果對父母都不能先盡一番孝心，還算一個人嗎？是的，你這話完全對！所以，你也不必死守什麼「愛無差等」的空道理了，否則，連對自己的父母，也將不能克盡人子之責。孟子批評「墨氏兼愛，是無父也」，正是這個道理。孟子的話並不過分。我們之所以會覺得孟子的批評好像太過分，是因爲我們本乎人子之心，推想墨子也不至於目中無父。至於墨子到底如何待其父，史書沒有記載。而孟子也並沒有說墨子心中或目中無父，而是指說他那兼愛的思想理論，不容許人先親其親，到最後必將落到「視己之父若人父」的「無父」的地步。

四、中國哲學的源流及其未來的方向如何？

答：這個題目太大，只能簡單的說一說。

關於中國哲學的源流，我們可以拿孔子作一個基點。由孔子向前回溯，是中國哲學的「源」，孔子以後的，便是「流」。中國哲學源於二帝三王的道統（民族文化之統）。淺近地說，就是聖王的禮樂教化，代表的文獻是六經。這些經典經過孔子的整理和解釋之後，而顯示了新的意義和價值。荀子說「王者盡制，聖者盡倫」。王者盡制以聖王爲標準。王者的禮樂文制是生活行爲的形式規範。人們遵循生活的規範，接受禮樂教化的薰陶，自然可以成就君子人品。但這時人們只是被動地受薰受化，是不自覺的。這樣雖然也很幸福，但一旦禮壞樂崩，生民便苦了。孔子出來，說了一句極爲重要的話：「人而不仁，如禮何？人而不仁，如樂何？」他指點出禮樂的內在本質乃是「仁」，而「仁」是內在於每一個人生命之中的，是先天本有的。所以說「我欲仁斯仁至矣。」經過孔子的點醒，那些生活行爲的規範便不止是外在的形式，而是在我們生命中有着一個內在的根。這時候，禮樂之教轉化爲成德之教，生活規範轉而爲自覺的道德實踐，人人可以自我作主，以完成德性人格，成就人生價值，不再是被動的接受沐浴薰化了。孔子爲民族文化之統（道之本統）作了開光點醒的工作，他爲人類（不只是為中華民族）作眼目，所以他的學生說「夫子賢於堯舜遠矣！」後來孟子亦說「孔子之謂集大成」。以上是說「源」的問題。

經過孔子的開光點醒，中國哲學的智慧（說「德慧」比較更好）便「明」出來了。所以孔子以後，諸子學說百花齊放，光輝燦爛。從此以後，便是中國哲學的「流」。在流衍變化之中，當然有盛衰起伏，這種盛衰起伏也就是文化生命和學術思想的「開合」。諸子學說百花齊放，是開，開的好處是多姿多采。但「開」也表示文化生命的破裂、歧出，所以孟子荀子便要求由開轉合。到漢代進到「合」的階段，但這個合並不圓滿。因爲內聖方面只落於倫常敎化的層面，而德慧生命不透（故西漢儒生對聖人與人性皆無善解）。外王方面形成君主專制政治（雖然漢代的士人政治也有可稱道處，但那只是治權一面的開放）。文化生命旣漸漸維持不住，於是由東漢的清議轉爲魏晉的清談，文化生命又歧出去了。這還是內部的開。接着玄學接引佛敎的般若學，佛敎思想正式進入中國的文化心靈，中華民族的文化生命乃因異質文化的加入而大開了。這一開就是好幾百年，等到吸收和消化佛敎的工作完成之後，民族文化生命纔又返本歸位，而進到宋明儒學，重新回到「合」的階段。宋明理學有六百年的發展，表現了哲學思想的光輝。但這個階段的「合」仍然不完整。簡單一句話，就是牟先生說的「內聖强而外王弱」。明末顧黃王三大儒看出其中的癥結，於是又由合轉開，要求「由內聖轉外王」，以開出外王事功。（實際上，這就是近代化或現代化的問題，請參看問題六。）但滿清入主，使我們的民族生命受到大的挫折，文化生命也受到大的歪曲。而滿清一代又正好是西方文化節節上升的時候，人升而我降，差距愈拉愈大，這就是近百年來我們所面臨的文化問題。

以上是說中國哲學的「源」「流」，現在可以談談中國哲學未來的方向了。

首先，有一個意思必須分辨一下：所謂「中國哲學」，不是說「哲學在中國」，而是指「中國的哲學」。外來的哲學思想在中國風行並不能算是「中國哲學」。例如羅素哲學在中國，杜威哲學在中國，甚至馬列唯物哲學在中國，或者西方宗敎哲學在中國，這些思想無論在中國如何興盛，如何流行，都不是中華民族的慧命，都不算中國的哲學思想。（須知，客觀地研究外國的文化學術，是一回事，這個，沒有人會加以反對；而如何使中國哲學重開光明，則是中國人自己的天職，這個，卻有不少的人從來沒有意識到！）

中國的哲學，自有其源遠流長的傳統，而這個傳統是以儒家爲主流。以儒家爲主流的哲學思想，乃是民族文化生命中的常數——定常的骨幹，這是不可斷絕的。守護得住這個定常的骨幹，纔能談中國哲學的存在。如果以儒家爲主流的這個骨幹倒塌了，或者被吞沒了。則中國哲學便失去了「現在」，而中國民族也就沒有資格談什麼哲學思想的未來了。必須這個定常的骨幹能充實、能發展，中國哲學纔有「未來」。現在是未來的基礎，未來是現在的延伸。所以中國哲學未來的前途，就看以儒家爲主流的這個「定常的骨幹」，是否有進一步的充實和發展。

再者，中國哲學未來的發展，除了要挺顯它自身的義理綱維，還要看中華民族能否像當初消化佛教一樣，以消化西方哲學。能吸收而加以消化，就有未來的發展。否則，就很難有光輝的前途。大體說來，西方哲學的大流有三支。柏拉圖代表一支，萊布尼茲加上羅素代表一支，康德代表一支。柏氏一支以及萊氏形上學一面，已消化於康德。康德是西方哲學的高峯，而且是「通中西文化之郵」的最佳途徑。能消化康德，就無異於接通了西方哲學的主流。另外，萊氏以及羅素所代表的邏輯分析一套，則要中國人自已來直接吸收它、消化它。

如果我們一方面能夠挺顯以儒家爲主流的中國哲學的義理綱維，又能做到這二步消化西方哲學大流的工作，中國哲學便必然會有光輝燦爛的未來。但這不是一時之事，而是一個持續性的文化思想運動。必須學術界、思想界的人士，貫精誠，注心力，分工合作，以滙合成一股堅實恢弘的精神力量，纔能爲民族文化開出新路。

五、請談一談現代青年對哲學應有的體認

答：剛才第四個問題所說的，便是現代青年對中國哲學應有的認識。現在，我再提幾點原則性的意思，作一個補充說明。

首先，青年要具備「開放而凝聚的心靈」。能開放，則不會形成心靈的封閉；但光是開放又易趨於散馳流走，所以同時還要能凝聚。凝聚方能貞定專一，以定住自己的生命方向。

其次，要培養「平正而超俗的識見」。不平不正就會形成偏見，但在平正之中又要能超俗，否則就容易流於平庸。在此，唯有持守正大的立場，再加上學養工夫，方能超俗而又不失平正。

另外，我們應該知道：文化孕育哲學思想，而哲學思想又引導着文化發展的方向和途徑。所以我們必須關聯着文化來了解哲學。中國文化正處於一個艱困的階段，我覺得下列三點意思，是青年朋友應該認取的：

(1)激發憂患意識——中國文化是在憂患中成長的文化，而人生的智慧也必須在憂患中磨練而成。易傳云：「作易者，其有憂患乎！」文王處於艱危之世，他演易的智慧，正是根於他深切的憂患意識而顯發出來。孟子也說：「人之德慧術知，恒存乎疢疾。」所謂疢疾，不是指身體的疾患，而是指困頓的遭遇和艱危的處境。人在這種時候，「操心危，慮患深」，所以能「動心忍性」，磨練出明達的德性和智慧。

(2)要培養文化意識以重建人文精神——個人的生命，如果不能投入民族文化生命的大

流，就只是一個自然人，不可能具有文化意識。一個知識分子，如果不懂得去肯定全面的文化價值（諸如哲學科學、道德宗教、文學藝術、以及政經建設等等的價值，都不可忽視），就不會了解人文精神。中國文化是最能表現人文精神的。唐君毅先生的「人文精神之重建」、「中國人文精神之發展」，希望你們找來看一看。

⑶要認識孔子，以發揚仁道哲學——孔子所講的「仁」，應該是人類文字中最美善聖潔、最莊嚴淵懿的一個字了。而孔子的仁道哲學，也是本乎人性的要求，合乎人類的需要，而能從根解救中國以及世界文化危機的一個中心思想；而且是心同理同，可以不分種族，不分國界，共同來求其實現的。

六、何謂現代化？

答：所謂現代化或近代化的「近代」或「現代」，並不是一個時間觀念，而是一個有價值涵指的價值觀念。它有眞實的價值內容，此卽所謂「近代文明」。西方從文藝復興以來，漸次地完成了：

1.民族國家的建立：依於民族歷史文化的背景，而使國家成爲一個集團的存在，成爲一個有機的大個體，它是不可分的。

2.人權運動：通過民主憲政的政治形態，使人人成爲一個「權利義務」的主體，成爲一個政治的存在。「人權」，乃是政治層面上的觀念，它必須在「法律的軌道」中運行，必須在「權利義務的對待」中求其實現。這是民主政治最基本的規範。（至於家庭父子、學校師生，則另有一套道德倫常的規範。家庭與學校是「養育、教育」的天地，而不是政治活動的領域。父母子女的身分，老師學生的身分，和政治上「公民」的身分是不同的。這一點，民國以來的知識分子都弄混了，連那些政治學教授也不太清楚此中的分際。那就難怪共產黨要假借「自由、民主、平等」的美名，濫用到家庭學校來鬧家庭革命和師生鬥爭了。）

3.知識的獨立發展：所謂知識的獨立，在西方是對中古以來的教會而言。譬如「地動說」就會受到教會的壓制，後來壓制不住，知識自由了，科學的發展一日千里。由科學知識的原理而發展爲技術，再下來便是「產業革命、工商發達、自由經濟」，這都是順知識獨立而發展出來的成果。

從以上三點，可以知道近代文明代表了歷史文化發展中的一個階段。這個階段中的「價值內容」，是每一個民族都必須「自我完成」的。所以「近代化」這個階段必須一步一步走過去。後來起步的國家，其步伐雖然可以加快，但絕對不能騰空跨過去。（共產黨愚昧無知，想要騰空跨越近代化，而進到虛無不實的共產社會之夢境，所以才把中國大陸帶到一個斷潢絕港的困境。好在近年來大陸的知識青年，業已從噩夢中覺醒了。）

就中國而言，所謂近代化可以歸結爲兩個問題：

第一、是「民主建國」的問題——中國傳統政治架構的三大困局（朝代更替、君位繼承、宰相地位），在民主憲政的政治形態下都可以迎刃而解，問題只在我們全體中國人如何來完成民主建國這一步莊嚴而艱鉅的工作。在形式條件上，我們已有了「憲法」，進一步就是如何使憲法施行於全國，使民主政治的體制，眞正成爲中國政治一個定常的軌道。這個軌道建立之後，「自由、平等、人權」，便是天經地義的家常便飯，而且能夠得到法律的保障。

第二、是「科學發展」的問題——首先第一步，必須在以「德性主體」爲本的民族文化心靈之中，自覺地轉出「知性主體」，使「認知心」從「道德心」的籠罩之下透顯出來，使它獨立起作用，發揮功能。第二步，要自覺地培養「純知識的興趣」，確立「重視學理而不計較實用」的態度，學習「主客對列」的思考方式；如此乃能開啓科學的心智，成就知識之學，以建立純知識的學理。第三步，便是依據學理而提供出「開物成務」的具體知識和實用技術，以滿足「利用、厚生」的要求。（一般人只知道從最後第三步實用的觀點着眼，而忽視了知識原理，此乃逐末而舍本，是膚淺的現實主義、功利主義的頭腦，是貪便宜、吃現成的心理，這是要不得的，不頂事的。）

總之，民主與科學乃是國家近代化或現代化的兩大骨幹，光要「科技」而排斥「民主體制」，是不行的。大陸上魏京生要求第五個現代化（民主政治），便是看出在共產主義的體制下不可能完成國家現代化。沒有民主政治的體制和自由開放的社會，國家的建設必然要落空（即使一時之間做出了一些成績，但政策方向一旦發生大轉變，那些成果仍將慘遭摧毀）。這是鐵律，沒有人能夠違背。

最後，必須交代一句。國家的近代化雖以民主科學爲骨幹（這是外王事功一面），但就中國文化的前途而言，還有精神思想的導向和文化學術的問題。所以，哲學思想的價值，道德宗教的眞理，文學藝術的創作，同樣有它本質上的重要性。

六十九年三月「弗措」創刊號
六十九年四月「鵝湖」五十八期

本書作者著述目錄

1. 家國時代與歷史文化　四九年香港人生出版社
2. 儒家哲學與文化眞理　五六年香港人生出版社
3. 孔門弟子志行考述　五八年臺北商務印書館
4. 王陽明哲學　六三年臺北三民書局
5. 宋明理學北宋篇　六六年臺灣學生書局
6. 墨家哲學　六七年臺北東大圖書公司
7. 牟宗三先生的學思歷程與著作　六七年編入「牟先生的哲學與著作」臺灣學生書局印行
8. 宋明理學南宋篇　六九年臺灣學生書局
9. 中國哲學史講義　六九年東海大學哲學系
10. 孟子要義　六九年臺北臺灣書店
11. 新儒家的精神方向　七一年臺灣學生書局
12. 孔孟荀哲學　（臺灣學生書局排印中）

國家圖書館出版品預行編目資料

新儒家的精神方向

蔡仁厚著. — 初版. — 臺北市：臺灣學生，1982[民 71]
面；公分

ISBN 978-957-15-1028-6 (平裝)

1. 儒家 — 中國

121.2 89009949

新儒家的精神方向

著作者：蔡仁厚
出版者：臺灣學生書局有限公司
發行人：楊雲龍
發行所：臺灣學生書局有限公司
臺北市和平東路一段七五巷十一號
郵政劃撥戶：〇〇〇二四六六八號
電話：（〇二）二三九二八一八五
傳眞：（〇二）二三九二八一〇五
E-mail：student.book@msa.hinet.net
http://www.studentbook.com.tw
本書局登記證字號：行政院新聞局局版北市業字第玖捌壹號
印刷所：長欣印刷企業社
新北市中和區中正路九八八巷十七號
電話：（〇二）二二二六八八五三

定價：新臺幣五五〇元

一九八二年三月初版
二〇一七年三月五刷

12802

ISBN 978-957-15-1028-6 (平裝)